NANNING SURVEY YEARBOOK

南宁调查年鉴

2024

国家统计局南宁调查队　编

中国统计出版社
China Statistics Press

图书在版编目（CIP）数据

南宁调查年鉴. 2024 / 国家统计局南宁调查队编. 北京 : 中国统计出版社, 2024. 10. -- ISBN 978-7-5230-0512-5

Ⅰ. C832.671-54

中国国家版本馆 CIP 数据核字第 2024UX2427 号

南宁调查年鉴 2024

作　　者/ 国家统计局南宁调查队
责任编辑/ 姜　洋
封面设计/ 李雪燕
出版发行/ 中国统计出版社有限公司
地　　址/ 北京市丰台区西三环南路甲 6 号　邮政编码/100073
发行电话/ 邮购（010）63376909　书店（010）68783171
网　　址/ http://www.zgtjcbs.com
印　　刷/ 河北鑫兆源印刷有限公司
经　　销/ 新华书店
开　　本/ 890mm×1240mm　1/16
字　　数/ 350 千字
印　　张/ 13.5　彩页 3
版　　别/ 2024 年 10 月第 1 版
版　　次/ 2024 年 10 月第 1 次印刷
定　　价/ 238.00 元

《南宁调查年鉴 2024》
编委会和编辑工作人员

编委会

编辑工作人员

编者说明

一、《南宁调查年鉴 2024》是国家统计局南宁调查队编辑出版的大型资料性年刊，本书收录了 2023 年南宁市城乡住户、价格调查和农业调查等方面的主要统计调查数据。

二、全书内容分为 5 个篇章，即：1.综述；2.城乡居民生活；3.价格调查；4.农业调查；5.调查工作要事；附录一、全国及各省（区、市）主要统计调查数据；附录二、主要经济指标解释。

三、资料中所使用的度量衡单位均采用国际统一标准计量单位。

四、本年鉴总量指标计算所采用的价格均为当年价格。

五、本年鉴部分数据合计数或相对数由于单位取舍不同产生的计算误差均未作机械调整。

六、资料中部分药品、化学、矿产品名称采用中文汉语拼音拼写。

七、符号使用说明：

“…”表示数据不足本表最小计量单位数；

“#”表示其中的主要项；

“—”表示没有、不详或未掌握该项数据；

八、在本年鉴的编辑过程中，得到了许多单位和同志的大力支持，在此我们深表谢意！由于我们水平有限，年鉴中的错误和不足之处在所难免，恳请广大读者给予批评指正。

领导关怀

2023 年 10 月 10 日，广西调查总队党组书记、总队长廖金昌（左一）到南宁调查队督导读书班工作

2023 年 11 月 15 日，国家统计局主题教育第三巡回督导组和胜平（左三）和广西调查总队党组成员、副总队长陆奉昌（左二）参加南宁调查队第二党支部主题党日活动

2023 年 8 月 18 日，广西调查总队党组书记、总队长廖金昌（左二）到南宁调查队督导“大访户”工作

2023 年 8 月 18 日，广西调查总队党组书记、总队长廖金昌（第二排右四）一行到武鸣区锣圩镇淝阳村开展住户调查调研工作

2023 年 5 月 19 日，广西调查总队、南宁调查队联合举办青年运动会，广西调查总队党组成员、副总队长陆奉昌（右二）出席活动

2023 年 7 月 12 日，南宁调查队党组书记、队长卢定新（左四）陪同广西调查总队党组成员、副总队长陆奉昌（左三）一行到企业开展乡村文旅消费情况调研

2023 年 10 月 24 日，广西调查总队党组成员、副总队长黄茂平（左二）到上林开展晚稻实割实测工作

2023 年 11 月 17 日，广西调查总队党组成员、副总队长黄茂平（右二）到宾阳县建立主要畜禽大型户名录库工作

2023 年 8 月 8 日，南宁调查队与南宁市发展和改革委员会开展工作交流

2023 年 10 月 8 日，时任南宁调查队党组成员、纪检组长朱必臻到横州队开展党风廉政工作检查

2023 年 3 月 17 日，时任南宁调查队党组成员、副队长成中文（右一）带队到企业开展工业生产者价格调研

2023年5月8日，南宁调查队党组成员、副队长陆宇平（右二）到马山县周鹿镇开展农作物春播情况调研

2023年6月9日，时任南宁调查队二级调研员覃善武（右二）带队到经开区坛白村进行住户调查入户访问

2023 年 8 月 3 日，时任南宁调查队二级调研员覃善武（左二）到企业检查工业生产者价格调查基础工作

2023 年 8 月 9 日，南宁调查队党组成员、副队长陆宇平（左一）在邕宁区住户调查点开展住户调查“大访户”督导

2023 年 8 月 10 日，时任南宁调查队党组成员、纪检组组长朱必臻（左一）在兴宁区住户调查点开展住户调查“大访户”督导

2023 年 10 月 24 日，南宁调查队党组书记、队长卢定新（右三）带队前往上林县塘红乡石门村开展晚稻实割实测

2023 年 11 月 24 日，南宁调查队党组成员、副队长罗莎（左一）在上林县督导住户调查“加强统计调查 提升统计服务”专项行动

2023 年 1 月 16 日，南宁调查队召开 2023 年消费价格调查工作布置暨业务培训会

2023 年 2 月 1 日，南宁调查队召开 2022 年度广西青年发展状况专项调查培训会

2023 年 3 月 28 日，南宁调查队召开 2023 年新设立小微企业和个体经营户跟踪调查培训会

2023 年 3 月 29 日，南宁调查队召开 2023 年南宁市粮食和畜牧业统计调查业务培训会

2023 年 4 月 14 日，南宁调查队召开 2023 年南宁市工业生产者价格调查培训会

2023年4月26—28日，南宁调查队举办南宁市劳动力调查业务培训班

2023 年 4 月 27 日，南宁调查队举办南宁市住户类调查工作推进暨党建与业务融合培训班

2023 年 6 月 24—30 日，南宁调查队在上海市复旦大学举办“依法统计 提高调查数据真实性”专题培训班

2023 年 9 月 6 日，南宁调查队举办 2023 年上半年南宁市农业调查工作总结暨业务布置培训班

2023 年 9 月 22 日，南宁调查队联合广西调查总队召开第十四届“中国统计开放日”广西座谈会

2023 年 9 月 22 日，自治区相关职能部门、服务对象代表及调查对象代表翻阅广西调查总队和南宁调查队出版统计调查刊物

2023 年 9 月 22 日，南宁调查队联合广西调查总队在武鸣区陆斡镇开展第十四届"中国统计开放日"统计科普宣传现场体验活动

2023 年 9 月 22 日，南宁调查队向自治区相关职能部门、服务对象代表及调查对象代表等展示粮食统计调查的无人机

2023 年 9 月 23 日，广西第十四届"中国统计开放日"现场宣传活动在南宁市三街两巷举办

2023 年 9 月 23 日，广西第十四届"中国统计开放日"现场宣传活动启动仪式

2023年6月15日，南宁调查队生产价格调查科工作人员对房价调查对象开展普法宣传

2023年6月15日，南宁调查队生产价格调查科工作人员对工业生产者价格调查对象开展普法宣传

2023 年 6 月 23 日，南宁调查队农业调查科工作人员对调查对象开展普法宣传

2023 年 9 月 12 日，南宁调查队工作人员在劳动力培训会上普法宣讲

2023 年 10 月 25 日，时任南宁调查队党组成员、纪检组长朱必臻在上林县党校开展统计法治宣讲

2023 年 11 月 14 日，南宁调查队企业调查科工作人员对小微企业调查对象开展普法宣传

2023 年 11 月 22 日，南宁调查队住户调查科工作人员在 2023 年南宁市住户调查业务年报会上开展统计法宣讲

调查一线 价格调查

2023 年 8 月 23 日，消费价格调查科在采价点进行数据核查

2023 年 10 月 26 日，消费价格调查科到农贸市场进行粮油价格调研

2023 年 11 月 27 日，生产价格调查科到房地产项目开展走访调查

2023 年 12 月 5 日，生产价格调查科到企业开展工业生产者价格调查基础数据检查工作

2023 年 4 月 12 日，劳动力调查科到五象湖社区劳动力调查入户陪访

2023 年 5 月 11 日，劳动力调查科前往苏圩镇隆德村开展劳动力调查入户陪访

2023 年 6 月 6 日，农业调查科到西乡塘区开展二季度畜牧业生产形势走访调研

2023 年 8 月 3 日，农业调查科到企业了解农产品生产者价格

2023 年 10 月 26 日，农业调查科到青秀区开展晚稻晚玉米实割实测和数据质量核查

2023 年 10 月 27 日，农业调查科到隆安县开展晚稻晚玉米实割实测和数据质量核查

2023 年 5 月 23 日，企业调查科到企业开展采购经理调查数据质量核查抽查工作

2023 年 6 月 6 日，企业调查科到宾阳县企业开展新设立小微企业和个体经营户跟踪调查回访核查工作

2023 年 10 月 13 日，南宁调查队执法人员协助横州队开展统计执法工作

2023 年 10 月 19 日，南宁调查队执法人员对小微企业开展统计执法工作

2023年1月7日，住户调查科到西乡塘区和强村开展住户调查访户工作

2023年8月9日，住户调查科到武鸣区高二村开展住户调查访户工作

2023年8月10日，住户调查科到青秀区那里村开展住户调查访户工作

2023 年 7 月 28 日，专项调查科到企业开展“美丽南宁 · 整洁畅通有序大行动”考评满意度工作座谈

2023 年 1 月 17 日，时任南宁调查队党组成员、纪检组组长朱必臻（左七）和党组成员、副队长成中文（左五）到方村慰问

2023 年 3 月 2 日，南宁调查队召开 2022 年度机关党总支部书记述职评议会

2023 年 3 月 3 日，南宁调查队召开 2023 年南宁辖区国家调查工作暨党建工作会议

2023 年 3 月 8 日，南宁调查队开展“巾帼心向党 奋进新征程”国际妇女节主题活动

2023 年 3 月 17 日，南宁调查队党总支联合长虹路社区党支部开展“全民志愿行　弘扬雷锋精神　共创卫生城市”主题活动

南宁辖区调查队系统干部职工学习贯彻党的二十大精神培训班 2023.04.12

2023 年 4 月 12—14 日，南宁调查队在北海市委党校举办南宁辖区调查队系统干部职工学习贯彻党的二十大精神培训班

2023 年 4 月 27 日，南宁调查队劳动力调查科“党建 + 业务”培训班上优秀党员调查员进行经验交流

2023 年 5 月 19 日，广西调查总队、南宁调查队举办青年干部主题教育观展活动暨红色运动会

2023 年 5 月 31 日，南宁调查队开展“共学法治思想，引领党建融合”主题党日活动

2023 年 6 月 29 日，南宁调查队党总支组织党员参观中共一大会址

2023 年 7 月 5 日，南宁调查队开展“庆七一 学先进 践初心”主题党日活动

2023 年 9 月 22 日，南宁调查队党组书记、队长卢定新为全体干部职工上主题教育专题党课

2023 年 9 月 23 日，南宁调查队派员参加 2023 年市直机关工间操比赛

2023 年 10 月 9—10 日，南宁调查队举办学习贯彻习近平新时代中国特色社会主义思想主题教育读书班

2023 年 10 月 29 日，南宁调查队派员参加 2023 年市直机关气排球比赛

马山调查队

2023 年 4 月 17 日，财政部行政政法司中央行政二处处长操佳佳（左二），国家统计局财务司副司长刘京（右一），广西调查总队党组成员、副总队长邱洪刚（左一）到马山县开展调研

2023 年 11 月 15 日，国家统计局主题教育督导组和胜平（左二）和广西调查总队党组成员、副总队长陆奉昌（左一）一行到马山调查队指导第二批主题教育工作

2023 年 12 月 8 日，马山调查队开展《统计法》颁布 40 周年宣传活动

2023 年 2 月 21 日，马山调查队召开 2023 年上半年住户类辅助调查员业务培训会

2023 年 8 月 11 日，马山调查队到乔利社区开展劳动力调查

2023 年 8 月 2 日，马山调查队到古寨乡开展住户调查访户工作

2023 年 10 月 11 日，马山调查队到兴科村开展晚稻实割实测调查工作

2023 年 11 月 15 日，国家统计局主题教育督导组和胜平（右一），广西调查总队党组成员、副总队长陆奉昌（左一）到上林开展第二批主题教育督导检查

2023 年 5 月 16 日，时任广西调查总队党组成员、党组纪检组组长姜永亮到上林调查队开展主题教育调研

2023 年 6 月 8 日，广西调查总队党组成员、副总队长黄茂平（右二）到上林调查队开展脱贫人口务工助力增收情况调研和农民工监测调查基础工作检查

2023 年 9 月 20 日，上林调查队开展第十四届“中国统计开放日”宣传活动

2023年5月31日，上林调查队赴镇圩乡镇马社区开展劳动力调查入户陪访工作

2023年8月23日，上林调查队赴西燕镇寨鹿村开展住户调查访户工作

2023年10月17日，上林调查队到白圩镇长岭村联合县气象局开展“党建引领聚合力 共护粮安测稻情”实割实测主题党日活动

2023 年 1 月 12 日，时任广西调查总队党组成员、纪检组组长姜永亮（右三）到校椅镇临江村开展劳动力调查陪访质量检查

2023 年 11 月 7 日，时任横州市委副书记李金发（右二）到陶圩镇走访住户调查记账户

2023 年 12 月 4 日，横州调查队开展“12・4”国家宪法日暨《统计法》颁布 40 周年宣传活动

2023 年 3 月 31 日，横州调查队召开 2023 年主要畜禽监测调查样本轮换摸底调查工作培训会

2023 年 5 月 26 日，横州调查队到横州镇洪德社区开展劳动力调查回访工作

2023年10月12日，横州调查队召开 2023 年横州市劳动力调查业务培训会

2023年10月24日，横州调查队到平马镇五权村委开展晚稻实割实测工作

目　　录

第一篇　综　述

国家统计局南宁调查队概况……3
2023 年南宁市国民经济和社会发展统计公报……14
南宁市：2023 年城镇居民收入平稳增长……26
南宁市：2023 年农村居民收入平稳增长……29
南宁市：2023 年居民消费价格低位运行……32
南宁市：2023 年房地产价格持续低位……36
南宁市：2023 年粮食生产保持四连增……40
南宁市：2023 年畜牧业生产平稳增长……43
1-1　南宁市行政区划（2023 年）……48
1-2　乡（镇）、街道办事处一览表……49
南宁市主要调查指标统计图……50

第二篇　城乡居民生活

2-1　南宁市城镇居民家庭人均收支(2010—2023 年)……57
2-2　南宁市农村居民家庭人均收支(2010—2023 年)……57
2-3　南宁市城乡居民家庭人均收入情况(2023 年)……58
2-4　南宁市城乡居民家庭人均支出情况(2023 年)……59
2-5　广西主要城市城镇居民人均可支配收入(2010—2023 年)……60
2-6　广西主要城市城镇居民家庭人均收支情况(2023 年)……62
2-7　广西主要城市农村居民家庭人均收支情况(2023 年)……64
2-8　马山县城镇居民家庭人均收支情况(2023 年)……66
2-9　马山县农村居民家庭人均收支情况(2023 年)……66
2-10　上林县城镇居民家庭人均收支情况(2023 年)……67
2-11　上林县农村居民家庭人均收支情况(2023 年)……67
2-12　横州市城镇居民家庭人均收支情况(2023 年)……68
2-13　横州市农村居民家庭人均收支情况(2023 年)……69
2-14　南宁市分县(市、区)城镇居民家庭人均收支情况(2023 年)……70
2-15　南宁市分县(市、区)农村居民家庭人均收支情况(2023 年)……72

第三篇　价格调查

3-1　居民消费总指数(1984—2023 年)……77

3-2　南宁市居民消费价格分类指数(2023 年) …… 79
3-3　南宁市分月居民消费价格同比指数(2023 年) …… 80
3-4　南宁市分月居民消费价格环比指数(2023 年) …… 100
3-5　广西主要城市居民消费价格总指数(1984—2023 年) …… 120
3-6　广西主要城市居民消费价格分类指数(2023 年) …… 122
3-7　南宁市房地产价格调查汇总指数表(2023 年) …… 124

第四篇　农业调查

4-1　南宁市和各县(市、区)畜牧业生产数据(2023 年) …… 128
4-2　南宁市和各县(市、区)粮食作物单位面积产量(2023 年) …… 130
4-3　南宁市和各县(市、区)粮食作物播种面积(2023 年) …… 132
4-4　南宁市和各县(市、区)粮食作物总产量(2023 年) …… 134
4-5　南宁市和各县(市、区)粮食作物生产情况(2023 年) …… 136

第五篇　调查工作要事

5-1　南宁调查队 2023 年调查工作要事 …… 145
5-2　马山调查队 2023 年调查工作要事 …… 150
5-3　上林调查队 2023 年调查工作要事 …… 153
5-4　横州调查队 2023 年调查工作要事 …… 156

附录一　全国及各省(区、市)主要统计调查数据

附录 1-1　全国和 36 个大中城市居民消费价格指数(2013—2023 年) …… 160
附录 1-2　全国主要城市住宅销售价格指数(2023 年) …… 162

附录二　主要经济指标解释

附录 2-1　城乡居民生活主要统计指标解释 …… 213
附录 2-2　价格调查主要统计指标解释 …… 214

第一篇

综　述

国家统计局南宁调查队概况

【机构沿革】

根据《国务院办公厅关于印发国家统计局直属调查队管理体制改革方案的通知》（国办发〔2005〕14号）、中央编办《关于国家统计局各级调查队机构设置和人员编制的批复》（中央编办复字〔2005〕149号）、《国家统计局直属调查队管理体制改革实施方案》（国统字〔2005〕158号）、《国家统计局关于印发省级以下各级调查队组建办法的通知》（国统字〔2006〕89号）和《国家统计局关于广西地区国家统计局市县级调查队“三定规定”调整方案的批复》（国统人事函〔2019〕54号），设立国家统计局南宁调查队（简称南宁调查队）。南宁调查队是国家统计局的派出机构，为正处级单位。

南宁调查队既是政府统计调查机构，也是统计执法机构，依法独立行使统计调查、统计监督的职权，独立向国家统计局和国家统计局广西调查总队上报调查结果，并对上报的调查资料的真实性负责。在高质量完成国家统计局布置的各项统计调查任务的前提下，按照总队布置或经批准后完成有关地方统计调查任务。主要有：完成国家统计局和总队布置的各项统计调查任务；协助地方统计局完成重大国情国力普查任务；组织指导地方调查队的有关业务工作；依法查处本单位组织实施的统计调查中发生的统计违法行为；受总队委托，协助管理所在行政区域内国家统计局县级调查队的有关工作；开展统计信息化有关工作；负责本单位机关党的建设、纪检监察和干部管理工作；完成国家统计局和调查总队交办的其他事项。

南宁调查队内设办公室、纪检法规科、综合科、农业调查科、住户调查科、劳动力调查科、生产价格调查科、消费价格调查科、企业调查科、专项调查科和机关党建工作办公室。

【工作情况】

2023年，南宁调查队坚持以习近平新时代中国特色社会主义思想为指引，扎实开展学习贯彻习近平新时代中国特色社会主义思想主题教育，聚焦“数据真实、服务优质、基础扎实”工作主线，紧扣“四个一流”目标要求，全面落实广西国家调查工作会议工作部署，圆满完成各项统计调查任务。

一、以更高的站位谋划部署，机关党的建设成效显著

深入学习贯彻党的二十大精神。组织干部职工参加国家统计局视频辅导报告会、广西调查队系统宣讲报告会和市委讲师团宣讲报告会；组织专题党课学习，廖金昌总队长以“深入学习贯彻党的二十大精神 在统计现代化改革新征程上不断增添新作为”为题，为南宁辖区调查队干部职工讲党课；举办南宁辖区调查队学习贯彻党的二十大精神宣讲报告会，队长卢定新作宣讲报告；举办南宁辖区国家调查队党的二十大精神学习培训班，60余人参加脱产培训；开展“党的二十大精神宣讲进乡村暨春节慰问”活动，深入西乡塘区下楞村和横州市方村开展宣讲和慰问。

5 月 29 日，广西调查总队党组书记、总队长廖金昌到南宁调查队以“深入学习贯彻党的二十大精神在统计现代化改革新征程上不断增添新作为”为主题讲党课

1 月 17 日，时任南宁调查队党组成员、副队长成中文（左五）和党组成员、纪检组组长朱必臻（左七）带队到党建结对共建点横州市栾城镇方村开展春节慰问

扎实有序开展主题教育。一是召开主题教育工作布置会暨专题党课。队长卢定新作工作部署并讲专题党课。二是精心组织理论学习，向全体党员、干部发放主题教育 8 种教材供学习，10—11 月举办为期 7 天读书班集中研读。三是坚持问题导向大兴调查研究之风，组织开展 5 项课题调研，深入基层把情况摸清、把问题找准、把对策提实。

10 月 10 日，广西调查总队党组书记、总队长廖金昌（左二）到南宁调查队调研主题教育和基层党建工作

11 月 15 日，国家统计局主题教育第三巡回督导组和胜平（前排左四）和广西调查总队党组成员、副总队长陆奉昌（前排左三）参加南宁调查队第二党支部主题教育党日活动

二、以更实的举措压实责任，全面从严治党纵深推进

不折不扣落实主体责任。一是狠抓意识形态建设，组织党组理论学习中心组学习 7 次，党组会“第一议题”学习 23 次；加强对各类文稿、出版物、宣传稿件的审核，确保政治方向、舆论导向、价值取向不出偏差。二是召开辖区调查队党建暨党风廉政建设工作会议 2 次，听取县队专题汇报并作工作部署。三是定期召开全面从严治党专题研究会议，聚焦“加强对总队巡察、三项清理、审计问题的整改”及“加强制度执行力，夯实管理基础，完善内控机制”开展专题研讨，提出工作措施。

3 月 3 日，南宁调查队召开南宁辖区调查工作暨党建工作会议

持续强化落实监督责任。一是组织辖区 6 名纪检干部对 3 个县队、市队 11 个科室开展党风廉政建设工作检查，围绕各队班子、各部门负责人履行“一岗双责”情况，“人、财、物、数”的管理情况，巡察、三项清理、审计问题的整改情况，防惩统计造假弄虚作假、统计执法情况等开展全面“政治体检”。二是组织县队纪检干部 3 批次到队跟班交流，提升辖区纪检业务水平。

三、以更大的合力攻坚克难，数据质量保障持续加强

2023 年，南宁调查队严格执行调查方法制度和业务操作规程，组织业务培训 30 余次，培训对象近 2000 人次；加大走访、普法力度，严格把控源头数据质量。强化工作保障，汇集合力，高质量完成住户调查等 20 多项常规调查任务；有序开展“美丽南宁·整洁畅通有序大行动”等专项调查。

3 月 31 日，时任南宁调查队党组成员、副队长成中文（左一）主持开展“美丽南宁·整洁畅通有序大行动”专项调查工作

住户调查——市政府高位部署推进：一是推动市政府召开全市住户调查工作推进会，市政府领导、总队领导出席会议并讲话，通报新一轮样本维护存在问题并作规范性要求。二是推动市政府印发工作文件，从提高站位、明确分工、访户培训、样本维护、工作保障、责任监督进一步加强和规范住户调查工作。三是市领导主持召开专题会议研究提高记账补贴工作方案，并给予专项经费支持。

4 月 27 日，南宁调查队召开南宁市住户类调查工作推进暨党建与业务融合培训班，广西调查总队党组成员、副总队长黄茂平（主席台左二）、居民收支调查处处长林家豪（主席台左一）莅临指导

农业调查——多部门联合推动：市领导主持召开专题会议研究部署南宁市粮食统计“县县抽样”调查试点工作，以市政府名义印发实施方案，市农业农村局、统计局积极配合，试点工作有序开展。主要畜牧监测样本轮换全面摸底工作实现统计、农业农村等相关部门高效联动，联合调研、实地指导，有效提高调查对象配合度，摸底工作顺利完成。

11 月 21 日，南宁调查队党组成员、副队长陆宇平（一排右二）与市农业农村局一行到武鸣区城厢镇督导 2023 年建立主要畜禽监测调查大型养殖场户名录库工作

劳动力调查——立体宣传全覆盖：一是配强“装备”，为全市近300名入户调查员配备帽子、马甲、雨伞等全套“统计蓝”访户装备，印制统计LOGO及宣传标语，树立统一、良好的调查员形象。二是亮出“名片”，购买“来电名片”业务，调查对象接到回访电话时手机显示“南宁劳动力调查来电回访，请您接听”等内容，回访配合度显著提高。三是构建“宣传矩阵”，设计宣传海报，联合市人社局在商业广场、公交车站、大型社区等20多个LED宣传栏开展全天候、长时期的滚动宣传；构建县、乡、村三级联动责任体系，通过悬挂横幅、张贴标语、LED屏等形式构建宣传矩阵，营造全方位、立体式的宣传氛围。

8月10日，南宁调查队党组成员、副队长陆宇平（右七）到青秀区津头村开展“大兴调查研究之风 共谋就业发展良策”调研活动

生产价格调查——以赛促训稳基础：举办线下业务知识竞赛，约110家样本企业派员参与，比赛内容涉及党建、工业生产者价格调查业务、统计法等相关知识，参赛人员反响热烈，通过以赛促训提高统计员调查技能水平，极大拉近队、企距离。

4月14日，南宁调查队工业生产者价格调查业务知识竞赛现场

消费价格调查——进一步推广扫描数据应用：南宁市消费价格调查应用电子扫描数据的品类涉及居住、生活用品及服务、教育文化娱乐、医疗 4 个大类下的 46 个基本分类共计 600 个代表规格品，占基本分类的 17.2%，规格品占比由 27.8%提高到 32.4%。每年向每个扫描数据应用调查网点发放补助和慰问品约 1500 元，补贴及慰问标准在 14 个市队中最高，有效维护样本稳定。

2 月 6 日，南宁调查队消费价格调查科向消费价格调查采价点发放宣传品

采购经理调查——强审核提高年报质效：审核提精度，对于资产总计、营业收入等关键数据，要求企业提供财务报表辅助核查，异常数据提交情况说明留存备查。核查强力度，自查、抽查和上级核查融合推进，实现 300 家样本企业全覆盖。年内面访、抽查以及执法检查均未发现数据质量问题。

8 月 28 日，南宁调查队陪同广西调查总队社会调查处处长陈钧（左二）到企业开展采购经理调查数据质量核查

四、以更新的理念提升能力，宣传及服务效能稳步提升

构建统计调查宣传新格局。一是联合市统计局承办第十四届“中国统计开放日”广西现场活动，通过有奖问答、展板展示、现场讲解、发放图册等形式强化宣传效果；邀请相关职能部门、社会公众、调查对象等代表体验粮食产量调查数据生产全过程，让社会公众进一步认识统计、支持统计。二是借力媒体多角度宣传，自治区驻邕及市属主流媒体直接采用新闻通稿 31 篇次。三是充分发挥新媒体平台宣传优势，2023 年共发布微信推文 116 期，原创作品《穿越回宋朝，半遮面茶坊来了采价员？》《当壮族“三月三”遇上劳动力调查》分别获首届广西国家调查队系统微信创作技能大赛一等奖和二等奖。

9 月 22 日，南宁调查队联合广西调查总队在武鸣区陆斡镇开展第十四届“中国统计开放日”统计科普宣传现场体验活动

提升统计信息写作能力。举办信息写作培训班，邀请总队办公室、综合处业务骨干分别就政务信息、调查信息报告写作为辖区市县队约 110 名干部职工授课，围绕当前“两个信息”的采编形势、特点及撰稿技巧讲解，对撰写高质量信息具有很强的指导性和实践性。

提升统计信息服务效能。强化调查指标的跟踪监测和预警分析，挖掘苗头性、趋势性和拐点性问题，及时为党政领导提供重要参考。2023 年调查信息、报告获总队采用 99 篇次，市“两办”采用 49 篇次。以“南宁调查”公众号为主阵地，借力南宁日报、南宁新闻网等主流媒体发布和解读数据，提供便捷高效的统计服务。借调研走访之机针对性提供统计咨询服务，满足调查对象的实际需求。

五、以更严的要求强化法治，统计监督作用日益凸显

持续推进统计法进党校。南宁调查队连续两年受南宁市、横州市、上林县等地方党校邀请为青年干部培训班等作统计法治专题讲座，进一步提升青年干部对防惩统计造假弄虚作假的思想认识和对统计法的敬畏意识。

10 月 8 日，时任南宁调查队党组成员、纪检组长朱必臻到横州市委党校青年干部培训班进行统计法治专题讲座

筑牢防惩造假“主阵地”。一是扎实开展统计造假专项治理行动，建立工作进度台账并动态更新，及时跟进督促，推动专项治理行动落地见效。二是加大对调查陪访和数据评估的监督力度，有效防范廉政风险和数字腐败；开展规范化和数据质量“全覆盖”抽查，对发现问题予以反馈，督促整改，保障检查取得实效；召开数据质量风险防控警示教育会，年内对 3 人开展教育提醒谈话，推进纪检监督与统计监督统筹衔接。

打造更严防范惩治机制。完成对 4 家县级统计局“双随机”统计执法检查“回头看”，对 6 家企业开展“双随机”统计执法检查，持续强化对执法检查发现问题整改情况的督导落实，抓实统计执法监督“后半篇文章”。

10 月 16 日，南宁调查队执法人员到青秀区统计局开展统计执法工作

六、以更远的谋划培养干部，综合素质提升卓有成效

一是坚持岗位锻炼。选派 2 名干部分别到上林队、马山队基层锻炼，1 名干部到马山县驻村担任第一书记，为干部提供更多锻炼机会和施展平台。二是大力选拔任用。提拔科级领导职务 4 人，职级晋升 5 人，队伍结构不断优化。三是提升专业素质。组织辖区局、队共 60 名业务骨干赴复旦大学举办素质能力提升班，组建队伍参加系统第二届统计建模比赛，组织 21 名干部参加统计专业职称考试，促进干部巩固基础、提高素质。四是激发青年活力。组织参加系统青年干部学习贯彻党的二十大精神交流汇报会和市直机关民族团结运动会、市直机关才艺大展演等，联合总队开展“奋进新征程 建功新时代”红色运动会，激发青年干事创业热情。在全体队员的努力下，南宁调查队连续三年获南宁市绩效考评一等（优秀）等次，选送参赛节目获市直机关才艺大展演优秀奖，在2023年系统劳动力调查业务技能竞赛中荣获团体三等奖，卿嵩岚同志获评南宁市政府系统政务信息工作表现优异个人，申智慧同志多次参加国家统计局督察、统计执法、巡视工作获认可表扬。

4 月 15 日，南宁调查队派员参加 2023 年南宁市直机关健身运动会

5 月 19 日，广西调查总队、南宁调查队联合举办青年干部主题教育观展活动暨红色运动会，广西调查总队党组成员、副总队长陆奉昌（第二排左七）出席活动

6 月 25 日，南宁调查队赴上海举办“依法统计 提高调查数据真实性”专题培训班

七、以更高的效率强化保障，行政服务效能持续优化

一是高标准办文，办理各类文电 1300 余件，确保政令畅通。二是严要求督办，确保重点工作任务、会议议定重大事项落实。三是严格执行财务制度，重大开支集体决策，日常开支严格审批，进一步健全内控体系。四是强化保密红线意识，全员完成“保密观”线上课程。五是扎实做好信息化建设、档案、综治、维稳、信访、民族团结、精神文明建设等其他综合性工作。

3 月 17 日，南宁调查队党总支联合长虹路社区党支部开展“全民志愿行 弘扬雷锋精神 共创卫生城市”主题活动

（撰稿：唐欢、李泉麟）

2023年南宁市国民经济和社会发展统计公报

南宁市统计局　国家统计局南宁调查队

2023年是全面贯彻党的二十大精神的开局之年，是三年新冠疫情防控转段后经济恢复发展的一年，也是南宁加快建设面向东盟开放合作的国际化大都市、中国—东盟跨境产业融合发展合作区的起步之年。南宁市委、市政府坚持以习近平新时代中国特色社会主义思想为指导，全面贯彻落实党的二十大、二十届二中全会精神，深入贯彻落实习近平总书记对广西重大方略要求，认真贯彻落实自治区党委、政府部署要求，着力学思想、拼经济、稳增长、惠民生，攻坚克难，加压奋进，推动全市经济运行回升向好，社会大局保持稳定，为奋力谱写中国式现代化南宁篇章开好了局、起好了步。

一、综合

初步核算，全年全市地区生产总值5469.06亿元，按可比价格计算，比上年增长4.0%。三次产业中，第一产业增加值636.4亿元，增长4.5%；第二产业增加值1194.58亿元，增长1.1%；第三产业增加值3638.08亿元，增长4.8%。按常住人口计算，全年人均地区生产总值61338元，比上年增长3.3%。

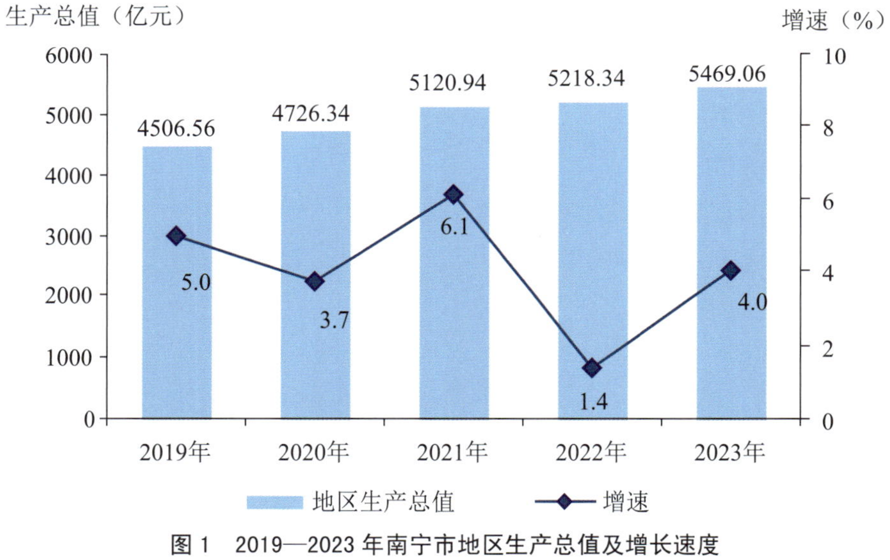

图1　2019—2023年南宁市地区生产总值及增长速度

三次产业的比重为11.6∶21.8∶66.5。与2022年比较，第一产业比重上升0.1个百分点，第二产业比重下降0.8个百分点，第三产业比重上升0.7个百分点。对经济增长的贡献率分别为14.1 %、6.0%和79.8%。

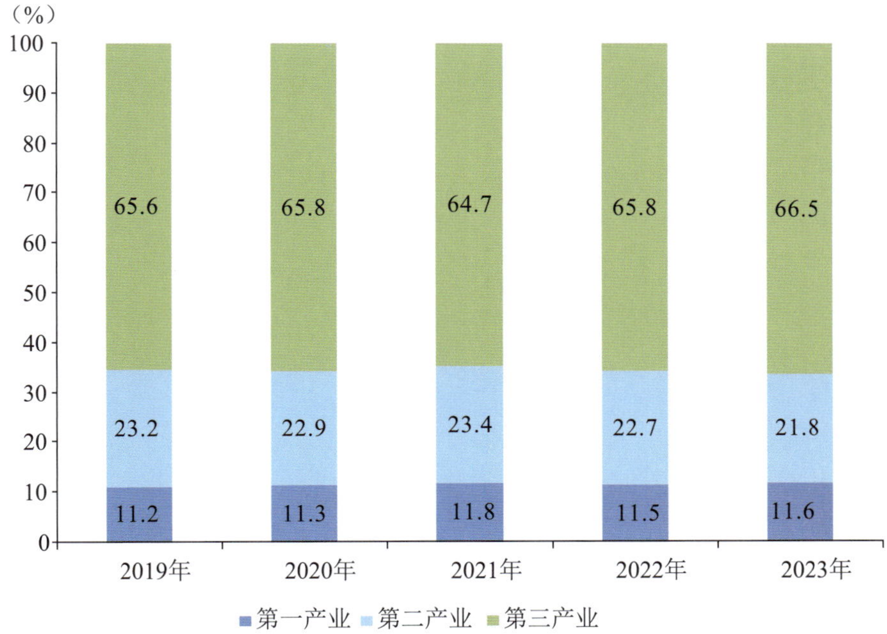

图 2 2019—2023 年南宁市三次产业增加值占全市地区生产总值比重

年末全市户籍人口 818.84 万人，比上年增加 8.77 万人，增长 1.1%。其中，市区人口 440.9 万人，增加 10.55 万人，增长 2.5%。全市户籍人口出生率为 6.87‰，比上年下降 0.46 个千分点；户籍人口死亡率 2.95‰，比上年下降 0.01 个千分点；户籍人口自然增长率 3.92‰，比上年下降 0.45 个千分点。

年末常住人口 894.08 万人，比上年增加 4.91 万人，增长 0.6%。其中，城镇常住人口 638.08 万人，城镇化率 71.4%，比上年提高 1.0 个百分点。全年常住人口出生率 8.2‰，比上年回落 0.20 个千分点；常住人口死亡率 6.67‰，比上年提高 0.42 个千分点；常住人口自然增长率 1.53‰，比上年回落 0.62 个千分点。

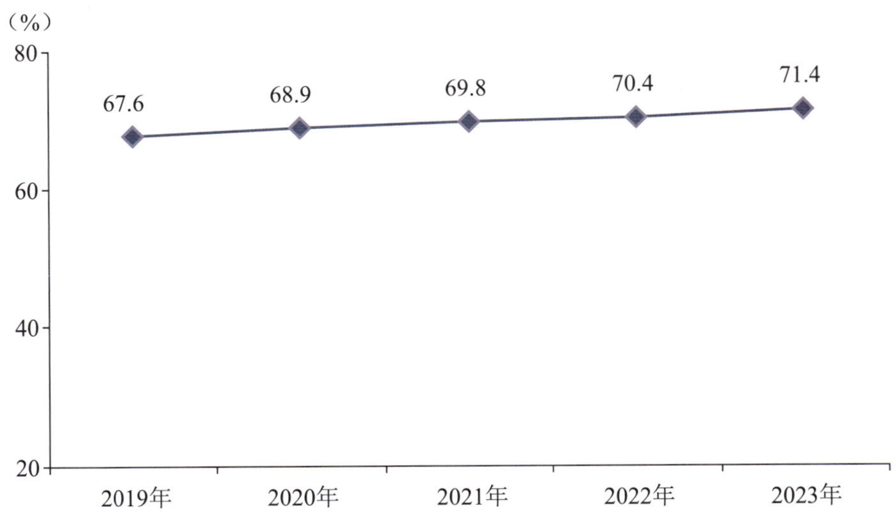

图 3 2019—2023 年年末南宁市常住人口城镇化率

全年居民消费价格比上年下降 0.3%。分类别看，八大类消费价格指数“四升四降”（见表 1）。

表 1　2023 年南宁市居民消费价格指数

指　　标	2023 年	比上年涨跌（%）
居民消费价格指数	99.7	-0.3
食品烟酒	99.5	-0.5
衣着	103.1	3.1
居住	99.3	-0.7
生活用品及服务	99.3	-0.7
交通和通信	96.1	-3.9
教育文化和娱乐	102.0	2.0
医疗保健	101.0	1.0
其他用品和服务	103.1	3.1

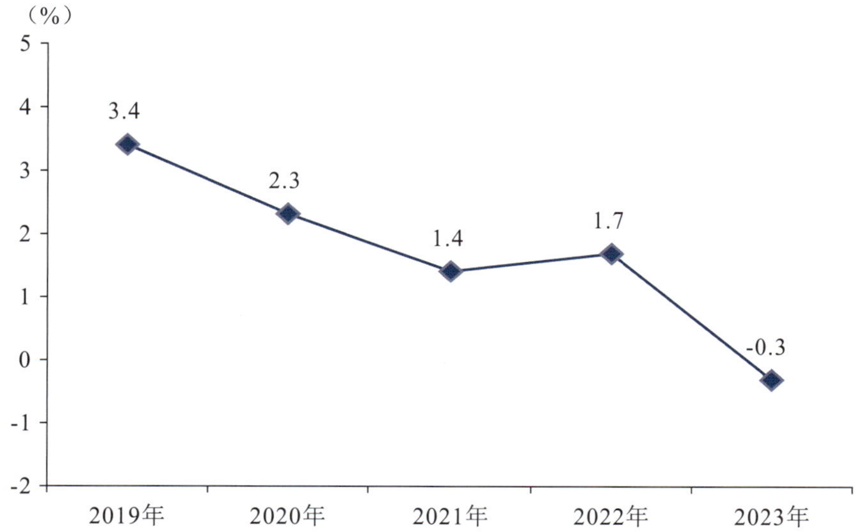

图 4　2019—2023 年南宁市居民消费价格涨跌幅度

新产业新动能加快成长。一是高技术制造业增势良好。全年规模以上工业中，高技术制造业增加值比上年增长 34.9%，占规模以上工业比重为 19.2%，比上年提高 3.5 个百分点。其中，锂离子电池制造业增加值同比增长 15.3 倍，拉动全市规上工业高技术制造业增加值增长 7.0 个百分点。二是新能源投资快速发展。太阳能发电项目投资增长 23.2%，生物质发电项目投资增长 37.3%。

民生保障更加有力有效。一是居民收入保持增长。全年居民人均可支配收入 35802 元，比上年名义增长 5.6%。二是物价运行平稳。食品烟酒、衣着、居住、生活用品及服务、交通和通信等八大类重要民生商品和服务价格总体稳定，保供稳价成效明显。三是就业总体稳定。全年城镇新增就业、失业人员再就业、就业困难人员实现就业人数全部超额完成年度任务。四是民生支出稳定保障。全年民生领域财政支出 615.66 亿元，占一般公共预算支出的比重为 75.4%。

绿色转型发展持续推进。一是绿色发展加速推进。全年规模以上新能源（风能、太阳能、生物质和垃圾焚烧）发电量比上年增长 15.2%。二是生态环境质量位居全国前列。全市主要流域地表水水质优良比例为 100%，市、县两级饮用水水源水质达标率继续保持 100%，建成区原有黑臭水体水质达标率 100%，那考河入选全国第二批美丽河湖优秀案例。南宁市空气质量综合指数为 2.97，同比变好 3.3%；空气质量优良天数比例为 98.9%，同比上升 2.2 个百分点；PM2.5 平均浓度为 25 微克/立方米，同比下降 3.8%；空气质量在全国 168 个重点城市中排名第 16 位，省会城市排名第 6 位。

二、农业

全年实现农林牧渔及服务业总产值 987.89 亿元，比上年增长 4.7%。其中，农业产值 645.16 亿元，比上年增长 4.5%；林业产值 51.13 亿元，比上年增长 6.7%；畜牧业产值 222.94 亿元，比上年增长 5.2%；渔业产值 39.39 亿元，比上年增长 3.3%；农林牧渔服务业产值 29.27 亿元，比上年增长 5.4%。占农林牧渔及服务业产值的比重分别为：农业 65.3%，比上年提高 4.1 个百分点；林业 5.2%，比上年下降 0.1 个百分点；畜牧业 22.6%，比上年下降 4.0 个百分点；渔业 4.0%，与上年持平；农林牧渔服务业 3.0%，与上年持平。

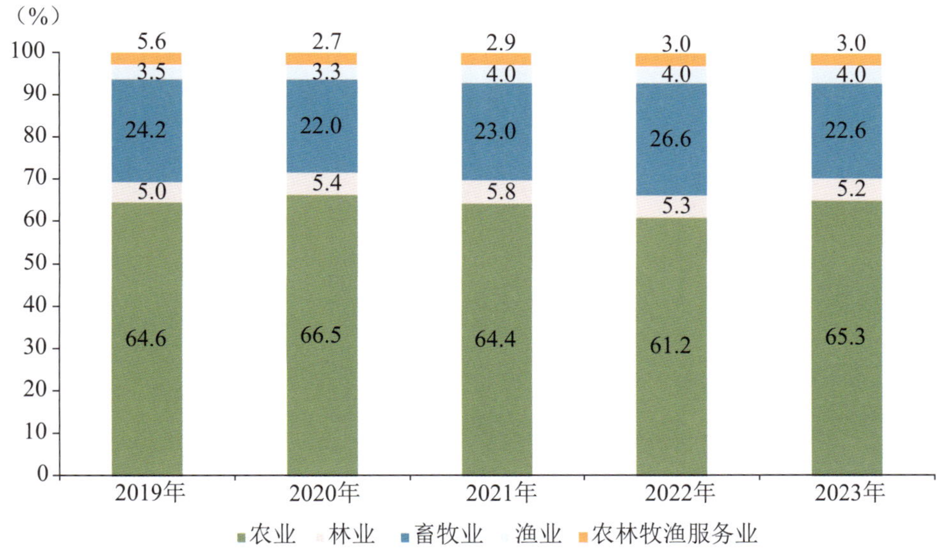

图 5　2019—2023 年南宁市农林牧渔及服务业总产值构成

全年农作物播种面积 1454.63 万亩，比上年下降 0.4%。其中，粮食种植面积 639.32 万亩，比上年增长 0.01%；经济作物种植面积 815.31 万亩，比上年下降 0.8%；甘蔗种植面积 170.10 万亩，比上年下降 3.2%；油料种植面积 74.67 万亩，比上年增长 4.3%；蔬菜种植面积 443.74 万亩，比上年增长 2.8%。经济作物种植面积占农作物总播种面积的比重为 56.1%，粮食作物和经济作物的种植面积比例为 1∶1.3。

全年粮食总产量 212.65 万吨，比上年增长 0.1%。其中，春收粮食 1.14 万吨，比上年增长 2.8%；夏收粮食 109.76 万吨，比上年增长 0.2%；秋收粮食 101.74 万吨，比上年增长 0.2%。谷物产量 205.40 万吨，比上年增长 0.1%。其中，稻谷产量 150.74 万吨，比上年增长 0.1%；玉米产量 54.64 万吨，比上年下降 0.02%。

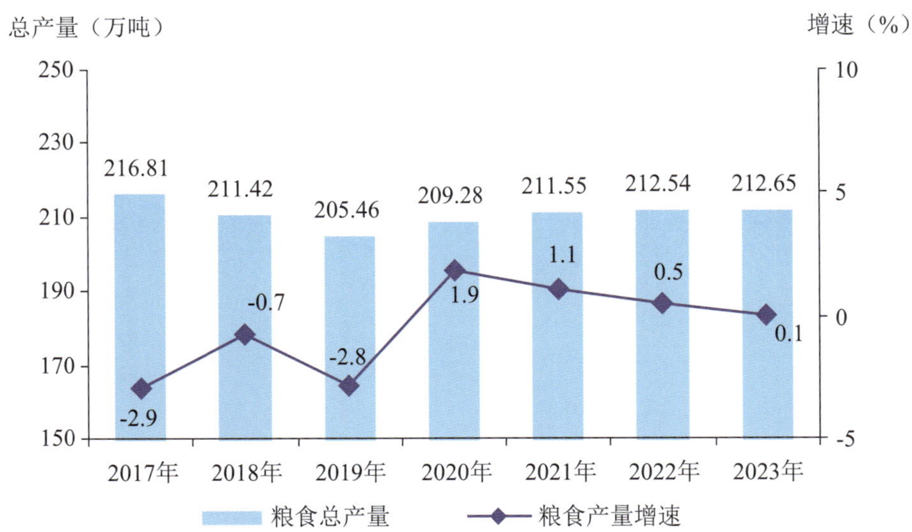

图 6　2017—2023 年南宁市粮食总产量及增长速度

蔬菜产量749.13万吨，比上年增长4.6%；水果产量516.67万吨，比上年增长4.2%；甘蔗产量981.49万吨，比上年增长0.4%；花生产量15.29万吨，比上年增长4.6%。

全年肉类产量70.01万吨，比上年增长5.9%。其中，猪肉产量38.79万吨，比上年增长6.2%。全年生猪出栏492.47万头，比上年增长6.4%；生猪存栏287.84万头，比上年增长4.0%；禽蛋产量4.53万吨，比上年增长21.0%；牛奶产量0.76万吨，比上年下降11.3%；水产品产量24.98万吨，比上年增长3.4%。

全年社会木材采伐量742.19万立方米，比上年增长7.0%。

表2　2023年南宁市主要农产品产量及其增长速度

产品名称	产量（万吨）	比上年增长（%）
粮食	212.65	0.10
其中：稻谷	150.74	0.10
其中：早稻	75.99	0.20
晚稻	72.96	-0.10
玉米	54.64	-0.02
油料	15.40	4.50
其中：花生	15.29	4.60
甘蔗	981.49	0.40
其中：糖料蔗	960.72	0.90
蔬菜（含菌类）	757.29	4.40
园林水果	516.67	4.20
其中：柑橘类	303.12	2.90
香蕉	116.33	6.00
火龙果	46.16	6.10
肉类总产量	70.01	5.90
其中：猪肉	38.79	6.20
禽肉	28.27	6.00
蚕茧	6.68	2.20
水产品	24.98	3.40

三、工业和建筑业

全年全部工业增加值698.37亿元，比上年增长7.3%，规模以上工业增加值比上年增长8.3%。在规模以上工业增加值中，分经济类型看，国有企业比上年增长0.7%，集体企业比上年增长11.4%，股份制企业比上年增长15.9%，外商及港澳台投资企业比上年下降10.1%。分轻重工业看，轻工业比上年增长24.4%，重工业比上年下降5.7%，轻工业增速快于重工业30.1个百分点。分门类看，采矿业下降11.5%，制造业增长8.4%，电力、热力、燃气及水生产和供应业增长8.2%。

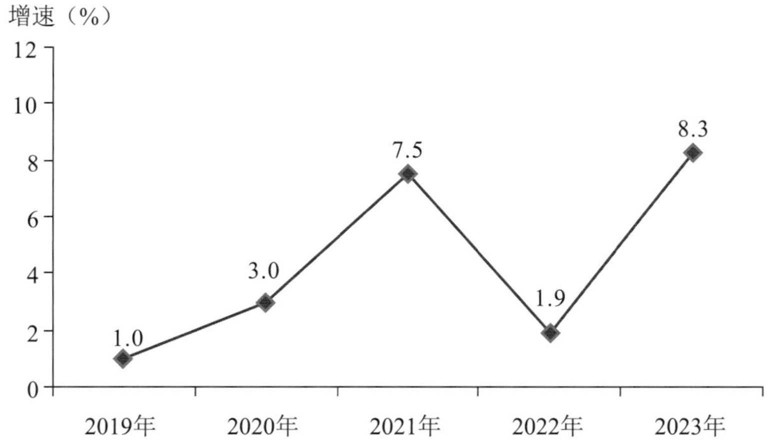

图 7 2019—2023 年南宁市规模以上工业增加值增长速度

全年全市规模以上工业中，烟草制品业增加值比上年增长 3.8%；电气机械和器械制造业增加值比上年增长 640.0%，其中，电池制造业增加值比上年增长 2178.9%，计算机、通信和其他电子设备制造业增加值比上年下降 13.7%，电力、热力生产和供应业增加值比上年增长 8.4%，非金属矿物制品业增加值比上年下降 15.7%。

全市规模以上工业企业营业收入 2802.62 亿元，比上年增长 0.9%；利润总额 105.19 亿元，比上年增长 27.4%。全年规模以上工业产销率 96.2%，比上年下降 1.0 个百分点。

年末拥有规模以上工业企业 1497 家，比上年增加 91 家。其中，工业产值超亿元的企业 406 家。

表 3 2023 年南宁市规模以上工业主要工业产品产量及增长速度

主要原材料	2023 年	同比增长（%）
饲料（万吨）	653.68	4.0
成品糖（万吨）	82.74	-7.7
乳制品（万吨）	17.25	19.8
啤酒（千升）	267260.00	0.6
饮料（万吨）	352.80	31.2
卷烟（亿支）	360.48	0.4
人造板（万立方米）	918.63	-5.6
纸浆（万吨）	32.63	-5.0
机制纸及纸板（万吨）	69.24	169.0
合成复合肥料（万吨）	78.91	-18.1
化学试剂（万吨）	9.74	13.3
塑料制品（万吨）	19.33	-30.7
硅酸盐水泥熟料（万吨）	812.15	-18.8
水泥（万吨）	1357.81	-9.6
商品混凝土（万立方米）	1571.24	-21.6
平板玻璃（万重量箱）	1082.01	-15.1
钢材（万吨）	53.35	-12.0
铝材（万吨）	32.48	-1.0
汽车用锂离子动力电池（千瓦时）	13895434.00	-
电力电缆（千米）	392127.00	5.5

全年规模以上工业企业利润总额比上年增长27.4%。分经济类型看，国有控股企业利润比上年增长27.5%，股份制企业增长81.4%，外商及港澳台商投资企业下降52.5%，非公有制企业增长27.9%。

全年全社会建筑业增加值499.30亿元，比上年下降6.8 %。年末具有资质等级的建筑企业600家，比上年增加25家。全市建筑业总产值2956.88亿元，比上年增长5.2%，其中，国有控股企业完成2174.26亿元，比上年增长6.1%。

四、服务业

全年批发和零售业增加值473.23亿元，比上年增长9.9%；交通运输、仓储和邮政业增加值345.03亿元，增长8.5%；住宿和餐饮业增加值157.65亿元增长11.3%；金融业增加值684.67亿元，增长5.7%房地产业增加值512.63亿元，下降2.8%；其他服务业增加值1448.95亿元，增长4.3%。全年规模以上服务业企业营业收入比上年增长 12.1%，利润总额增长58.1%。

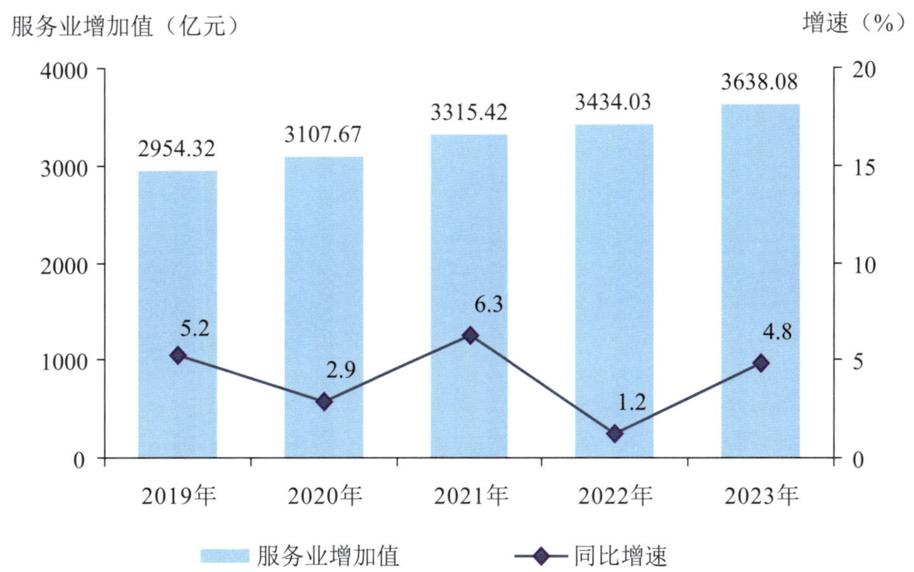

图8　2019—2023年南宁市服务业增加值和增长速度

全年公路货运量3.84亿吨，比上年增长5.7%；水路货运量4389.7万吨，比上年下降3.6%；航空货邮吞吐量18.9万吨，比上年增长24.7%。

全年公路客运量 3142.39 万人，比上年增长11.6%；水路客运量20.24万人，比上年增长48.5%；航空客运吞吐量1369万人，比上年增长105.6%。

年末实用公共汽（电）车营运3523辆，其中，新能源公共汽车2564辆。公共汽（电）车客运总量22992.76 万人次。年末轨道交通运营线路总长度128.2公里，轨道交通客运总量34992.33万人次。

年末民用汽车保有量242.90万辆，其中，私人汽车保有量230.46万辆。新能源汽车保有量19万辆，其中，非营运新能源汽车 15.32 万辆。小型载客汽车保有量237.92万辆，其中，非营运汽车232.52万辆。

全年完成邮政业务总量 82.94 亿元，比上年增长20.7%，其中，邮政寄递业务量1.36亿件，快递业务量5.73亿件。全年完成邮政业务收入72.31亿元，比上年增长4.1%，其中，邮政寄递服务收入2.09亿元，快递业务收入57.36亿元。

全年完成电信业务收入 111.5 亿元，比上年增长 2.4%。电信业务总量 122.5 亿元，比上年增长1.2%。年末移动电话用户数1263.1万户，比上年增长4.3%。互联网宽带接入473.3万户，比上年增长12.16%。

五、固定资产投资

全年固定资产投资（不含农户）比上年下降23.7%，其中，第一产业投资比上年下降36.3%；第二产业投资比上年增长 12.8%，其中，工业投资比上年下降10.1%；第三产业投资比上年下降27.3%。民间投资比上年下降 29.4%，社会领域投资增长0.4%。

分投资主体看，国有经济投资比上年下降22.2%，集体经济投资比上年下降40.0%，私营个体投资比上年下降 29.4%，港澳台商投资比上年下降 9.0%，外商投资比上年增长 11.0%，其他经济投资比上年增长 5.4%。

全年房地产开发投资 496.05 亿元，比上年下降 32.6%，其中，住宅投资 363.5 亿元，比上年下降 30.0%；办公楼投资 18.37 亿元，比上年下降 40.1%；商业营业用房投资 30.72 亿元，比上年下降 32.4%。商品房销售面积 952.6 万平方米，比上年下降 15.1%，其中，住宅 574.58 万平方米，下降 9.0%。年末商品房待售面积 830.40 万平方米，增长 63.0%，其中，商品住宅待售面积 303.84 万平方米，增长 76.0%。

全年各类保障性住房完成投资 19.05 亿元，比上年下降 0.2%，其中，公共租赁住房完成投资 2.5 亿元，比上年下降 31.1%。全年公租房解决住房困难家庭 8231 户。

六、国内贸易

全年社会消费品零售总额 2424.8 亿元，比上年增长 2.8%。按经营单位所在地统计，城镇消费品零售额 2241.06 亿元，比上年增长 2.7%；乡村消费品零售额 183.74 亿元，比上年增长 3.5%。按消费形态统计，商品零售额 2200.07 亿元，比上年增长 2.1%；餐饮收入 224.73 亿元，比上年增长 10.7%。全市限额以上贸易单位网上零售额增长 41.3%。

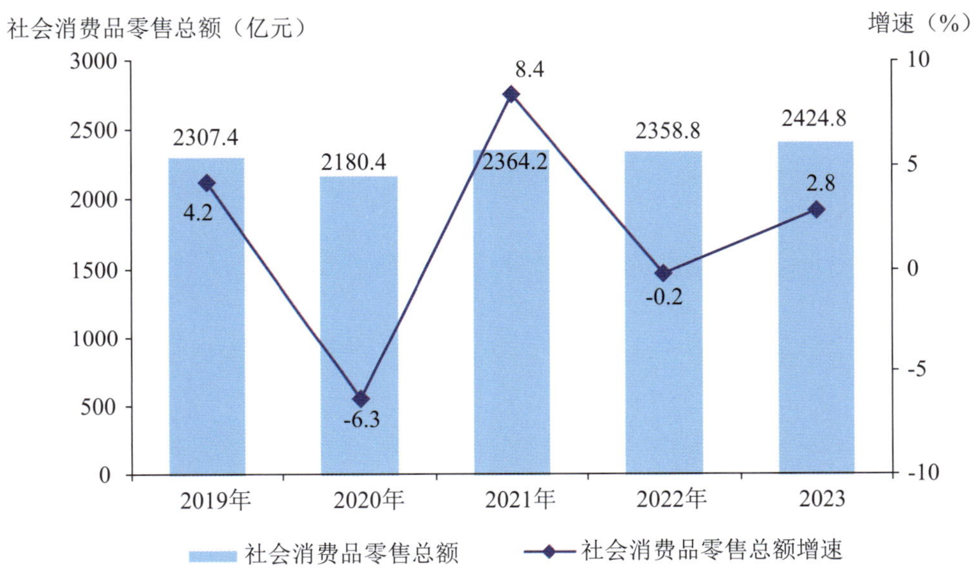

图 9　2019—2023 年南宁市社会消费品零售总额和增长速度

全年限额以上单位商品零售额中，汽车类零售额比上年增长 2.6%，家用电器和音像器材类比上年下降 4.9%，通讯器材类比上年下降 12.6%，体育娱乐用品类比上年增长 0.2%，文化办公用品类比上年下降 5.9%，家具类比上年下降 15.6%，建筑及装潢材料类比上年下降 22.0%，日用品类比上年下降 26.2%，粮油、食品类比上年下降 4.4%，饮料类比上年下降 25.9%，烟酒类比上年增长 24.4%，服装、鞋帽、针纺织品类比上年增长 12.4%，化妆品类比上年下降 27.3%，金银珠宝类比上年增长 71.5%，中西药品类比上年下降 2.2%。

七、对外开放

全年外贸进出口总值 1259.06 亿元，比上年下降 14.7%。其中，进口总值 636.02 亿元，比上年下降 15.4%；出口总值 623.04 亿元，比上年下降 13.9%。

全年招商引资实际到位资金比上年增长 15.0%。当年新设外商投资企业 291 家，比上年增长 19.3%。全年合同外资额 26.85 亿美元，比上年增长 30.4%。

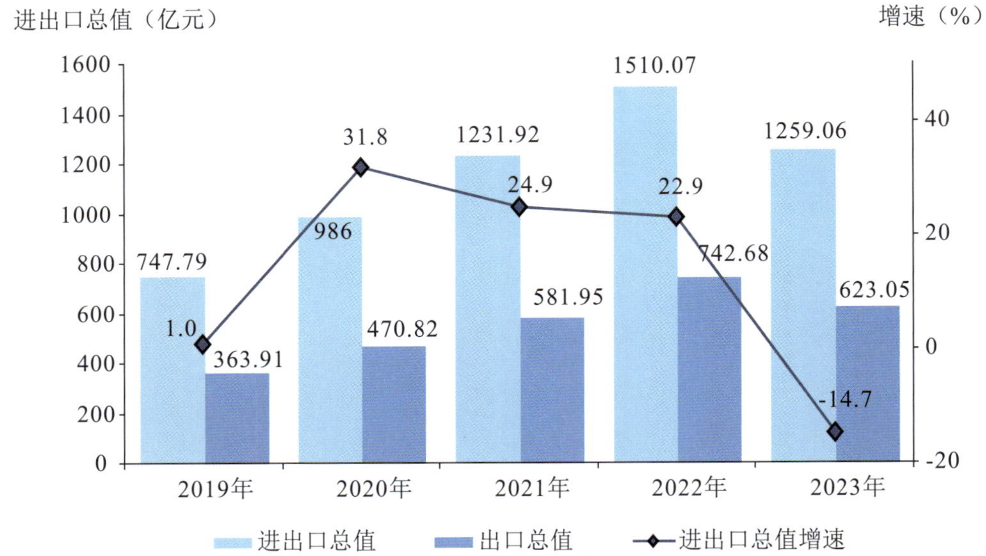

图 10　2019—2023 年南宁市进出口总值及增长速度

八、财政和金融

全年一般公共预算收入 400.88 亿元，比上年增长 2.1%。其中，税收收入 265.12 亿元，比上年增长 18.9%，占一般公共预算收入的比重为 66.1%。

全年一般公共预算支出 816.48 亿元，比上年下降 2.5%。其中，交通运输支出增长 54.0%，住房保障支出增长 16.3%，社会保障和就业保障支出增长 7.5%，文化旅游体育与传媒支出增长 6.6%。

年末金融机构本外币存贷款余额 36114.23 亿元，同比增长 9.4%。其中，金融机构本外币存款余额 14361 亿元，比上年增长 9.2%；住户存款余额 6140.18 亿元，比上年增长 11.2%。金融机构本外币贷款余额 21753.22 亿元，比上年增长 9.4%。

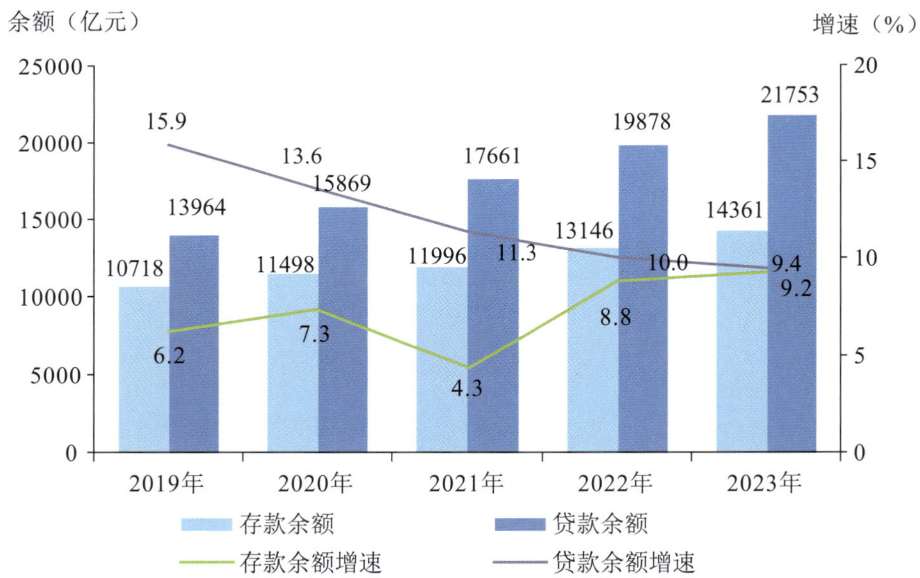

图 11　2019—2023 年南宁市金融机构存款余额和贷款余额情况

全年保费收入 314.29 亿元，同比增长 5.1%。其中，财产险公司保费收入 111.21 亿元，同比下降 1.3%；人身险公司保费收入 203.08 亿元，同比增长 9.0%。

九、居民生活和社会保障

全年居民人均可支配收入 35802 元，比上年增加 1899 元，名义增长 5.6%。按常住地分，城镇居民人均可支配收入 44469 元，比上年增加 1833 元，名义增长 4.3%；农村居民人均可支配收入 20369 元，比上年增加 1368 元，名义增长 7.2%。

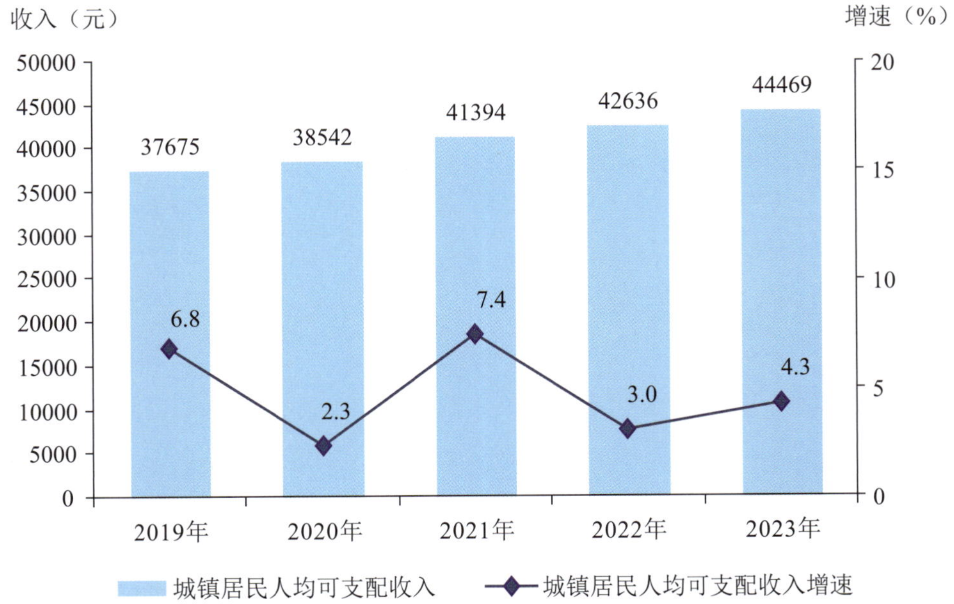

图 12　2019—2023 年南宁市城镇居民人均可支配收入及增长速度

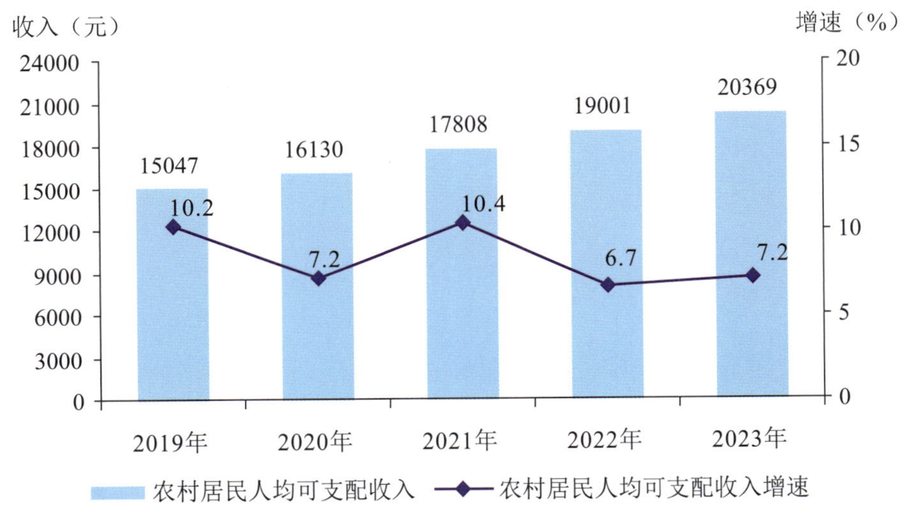

图 13　2019—2023 年南宁市农村居民人均可支配收入及增长速度

全年居民人均消费支出 19846 元，比上年名义增长 8.6%。按常住地分，城镇居民人均消费支出 22556 元，名义增长 9.4%；农村居民人均消费支出 15090 元，名义增长 5.7%。全市居民恩格尔系数为 31.6%，其中，城镇为 32.1%，农村为 30.3%。

年末基本医疗保险参保 744.39 万人，比上年下降 0.4%。其中，职工基本医疗保险（含生育险）参保 165.8 万人，比上年增长 1.8%；城乡居民基本医疗保险参保 578.59 万人，比上年下降 1.0%。

年末参加基本养老保险 506.98 万人，比上年末增加 13.47 万人。其中，参加城镇职工基本养老保险 234.22 万人，参加城乡居民基本养老保险 272.76 万人。参加失业保险 122.57 万人，比上年末增加 4.04 万人。年末全市领取失业保险金 2.28 万人。参加工伤保险 150.94 万人，比上年末增加 8.45 万人。

年末提供住宿的社会服务机构 175 个。其中，提供住宿的养老服务机构 166 个，收住 7906 人；为儿童提供收留抚养和救助服务的机构 8 个，年末在院人数 249 人；为智障与精神病人提供收留抚养服务的机构 1 个，年末在院人数 1414 人。

全年城市特困人员救助供养 3914 人，农村特困人员救助供养 2.34 万人，临时救助 6606 人次。

全年全市城镇新增就业 7.79 万人，失业人员再就业 2.15 万人，就业困难人员就业 0.74 万人。

十、科技和教育

全年普通高中招生 6.5 万人，毕业生 5.41 万人。普通初中招生 12.45 万人，毕业生 10.66 万人。普通小学招生 15.14 万人，在校生 85.28 万人，毕业生 12.24 万人。特殊教育招生 204 人，在校生 1549 人，毕业生 209 人。九年义务教育巩固率 103.3%。

普通高中 88 所，普通初中 274 所，普通小学 1054 所，幼儿园 1421 所，特殊教育学校 12 所。高中专任教师数 1.29 万人，初中专任教师数 2.51 万人，小学专任教师数 4.89 万人，特殊教育专任教师数 419 人。

全年获认定自治区科技成果转化项目 449 项，安排科技项目 61 项，全年技术合同登记 5685 项，技术合同成交 294.55 亿元。

全年新引进和建设新型产业技术研究机构 5 家，引进国家级人才 15 名，新增国家级创新创业平台 2 家、自治区级创新创业平台 78 家。全市高新技术企业保有量达 1721 家，占全区总数的 42%；科技型中小企业入库达 1510 家，占全区总数的 32%；广西瞪羚企业达 52 家，占全区总数的 29%。

十一、文化旅游和卫生体育

年末，全市公共图书馆 14 个，文化馆 13 个，博物馆 23 个,乡镇文化站 102 个。公共图书馆藏书量 380 万册，少儿图书馆藏书 73.8 万册。

全年接待游客 1.55 亿人次，实现旅游总收入 1724.43 亿元。

年末卫生机构 5157 个，其中，医院（含乡镇卫生院）291 个，诊所（门诊部、所）3238 个，农村卫生室 1412 个。年末全市卫生专业技术人员 9.37 万人，其中，执业（助理）医师 3.39 万人，注册护士 4.37 万人。医疗卫生机构床位 6.73 万张，其中，医院床位 5.05 万张。

年末公共体育场 748 个，大型体育场馆 16 个，篮球场 13368 个，足球场 835 个，排球场 1745 个，游泳场 452 个，乒乓球场 9552 个，羽毛球场 2187 个，滑冰场地 1 个，全民健身路径 6144 个，健身房 687 个，健身步道 669 个，其他体育场地 1167 个，人均体育场地面积达 2.55 平方米。年内举办各类运动竞赛 1064 项，其中，竞技体育项目比赛 167 项，全民健身赛事 897 项。全年在全国比赛中共获得 236 枚奖牌，其中，金牌 89 枚，银牌 75 枚，铜牌 72 枚。全年在国际比赛中共获得 49 枚奖牌，其中，金牌 21 枚，银牌 18 枚，铜牌 10 枚。

十二、资源、环境和其他

全年水资源总量 103.25 亿立方米，降水量 1366.40 毫米，用水总量 32.41 亿立方米。

南宁市空气质量为优 207 天，良 154 天，轻度污染 4 天，无重污染天，空气质量优良天数比例为 98.9%。细颗粒物（PM2.5）年平均浓度 25 微克/立方米。

全市地表水总体水质优良。城市集中式饮用水水源地水质达标率为 100%。

全年全市平均气温为 22.5℃，比上年上升 0.8℃，共有 4 个热带气旋直接影响南宁。

全年四上企业发电量 140.01 亿千瓦时，比上年增长 2.7%。其中，火力发电量比上年增长 8.9%，新能源（风能、太阳能、生物质、垃圾焚烧）发电量比上年增长 15.2%。

年末管道燃气用户 140.5 万户，液化石油气用户 58.78 万户，公共供水总量 7.17 亿吨。

年末全市森林覆盖率 43.8%。全年完成造林面积 28.19 千公顷，其中，人工造林面积 0.66 千公顷。迹地萌芽更新 17.15 千公顷，迹地人工更新 9.26 千公顷。森林抚育面积 41.13 千公顷。

全年道路交通事故 2186 件，比上年下降 11.5%；刑事案件立案数 4.53 万件，比上年下降 3.0%；治安案件查处 5.8 万件，比上年下降 2.5%。

年末污水处理厂 23 个，城市污水处理率 99.8%，城市生活污水集中收集率 77.21%。

生活垃圾无害化处理率 100%。建成区绿地率 38.71%，建成区绿化覆盖率 43.07%，人均公园绿地面积 12.22 平方米。

注：

1.本公报中数据均为初步统计数。部分数据因四舍五入的原因，存在总计与分项合计不等的情况。

2.地区生产总值、三次产业增加值、工业增加值、农业产值增速按可比价格计算；工业总产值增速按现行价格计算。

资料来源：

本公报中户籍总人口数据、汽车保有量数据、道路交通事故和刑事案件立案数来自南宁市公安局；财政数据来自南宁市财政局；物价、居民收入支出、居民恩格尔系数数据来自国家统计局南宁调查队；进出口数据来自南宁海关；招商引资数据来自南宁市投资促进局；金融数据来自中国人民银行南宁中心支行；保险数据来自中国银行保险监督委员会广西监管局；文化、图书馆和旅游数据来自南宁市文化广电和旅游局；教育数据来自南宁市教育局；旅客、货物运输量数据来自南宁市交通运输局和广西机场管理集团有限责任公司南宁吴圩国际机场；人口出生率、人口死亡率、人口自然增长率数据和医疗卫生健康数据来自南宁市卫生健康委员会；社会保障数据来自南宁市人力资源和社会保障局；电信业务数据来自南宁市通信管理局；社会服务及救助数据来自南宁市民政局；用水量数据来自南宁市水利局；空气质量、细颗粒物、地表水总体水质、城市集中式饮用水水源地水质达标率数据来自南宁市生态环境局；邮政业务数据来自南宁市邮政管理局；基本医疗保险、生育保险数据来自南宁市医疗保障局；保障性住房投资、管道燃气用户、液化石油气用户、污水处理和供水总量数据来自南宁市住房和城乡建设局；体育数据来自南宁市体育局；科技数据来自南宁市科技局；平均气温、热带气旋等数据来自南宁市气象局；森林覆盖率、造林面积、森林抚育数据来自南宁市林业局；生活垃圾无害化处理、建成区绿地率数据来自南宁市市政和园林管理局。其他数据均来自南宁市统计局。

南宁市：2023 年城镇居民收入平稳增长

2023 年，南宁市认真贯彻落实中央、自治区各项决策部署，聚焦经济建设中心，全力做好稳增长、稳就业、防风险工作，国民经济加快恢复，城镇居民收入平稳增长。

一、城镇居民收入增速有所加快

2023 年，南宁市城镇居民人均可支配收入为 44469 元，比上年增加 1833 元，增长 4.3%（名义增速，下同），比上年增速（3.0%）提升 1.3 个百分点，比全区平均水平（4.0%）高 0.3 个百分点，在全区 14 个地级市排位第 3 位，比上年前进 6 个位次。

2023 年，南宁市城镇居民人均可支配收入增速比农村居民收入增速（7.2%）低 3.7 个百分点。城乡居民收入比为 2.18∶1，比上年的 2.24∶1 缩小 0.06，比全区平均水平低 0.03，城乡居民收入相对差距持续缩小。2018—2023 年南宁市城镇农村居民人均可支配收入增长对比如图 1 所示。

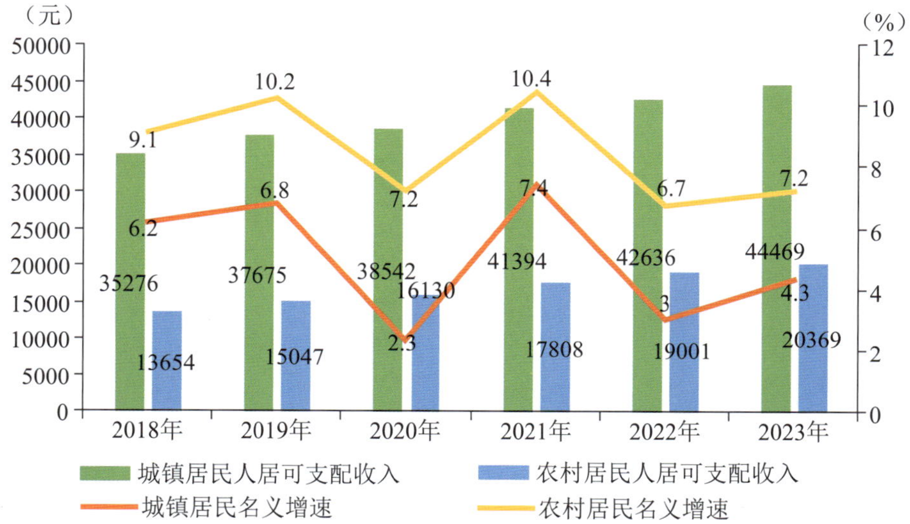

图 1　2018—2023 年南宁市城镇农村居民人均可支配收入增长对比

二、城镇居民增收因素分析

2023 年，南宁市城镇居民四大项收入实现全面增长。其中工资性收入和经营净收入是增长的主要支撑，转移净收入增速最高。2023 年南宁市城镇居民人均可支配收入构成情况如表 1 所示。

表 1　2023 年南宁市城镇居民人均可支配收入构成情况

指标名称	2023 年		2022 年		增加额	增长	贡献率	拉动增长率
	水平（元）	占比（%）	水平（元）	占比（%）	（元）	（%）	（%）	（%）
可支配收入	**44469**	**100.0**	**42636**	**100.0**	**1833**	**4.3**	**100.0**	-
工资性收入	25528	57.4	24382	57.2	1146	4.7	62.5	2.7
经营净收入	6761	15.2	6395	15.0	366	5.7	20.0	0.9
财产净收入	5499	12.4	5277	12.4	222	4.2	12.1	0.5
转移净收入	6681	15.0	6582	15.4	99	1.5	5.4	0.2

（一）工资性收入稳步增长

2023 年城镇居民人均工资性收入为 25528 元，比上年增长 4.7%；对收入增长的贡献率为 62.5%，拉动城镇居民人均可支配收入增长 2.7 个百分点。工资性收入增长主要得益于：一是加大财政投入稳就业。2023 年南宁市就业补助资金收入共 5.55 亿元，截至 2023 年 11 月底，已支出 4.28 亿元，直接惠及企业群众 27.43 万人次；二是完成南宁市本级机关工勤人员工资档次和事业单位工作人员薪级工资晋升工作，共 20242 人次，对比 2022 年，每月人均增资约 100 元；三是 2023 年南宁市财政筹集就业补助资金 5.85 亿元，同比增长 3.46%，2023 年 1—11 月全市就业补助资金实际支出 4.53 亿元，惠及群众 30.57 万人次、企业 2.72 万家。

（二）经营净收入增长明显

2023 年城镇居民人均经营净收入为 6761 元，比上年增长 5.7%；对收入增长的贡献率为 20.0%，拉动城镇居民人均可支配收入增长 0.9 个百分点。经营净收入增长主要得益于：一是市场主体持续增加。截至 2023 年 11 月 30 日，南宁市市场主体登记存量 98.5665 万户，同比增长 7.3%。其中，企业存量 41.4547 万户，同比增长 8.5%；个体 56.5426 万户，同比增长 5.2%；二是服务业企业经营收入保持增长。2023 年 1—9 月，南宁市规模以上服务业企业营业收入同比增长 11.5%；三是减税降费释放税费红利，有效激发市场主体活力。2023 年 1—10 月，南宁市新增减税降费及退税缓费 107.03 亿元，其中，个体工商户享受新增减税降费及退税缓费 15.89 亿元；四是旅游市场持续活跃。2023 年前三季度南宁市接待游客 12340.73 万人次，实现旅游收入 1353.33 亿元。在旅游投资建设方面，2023 年 1—10 月风景名胜及游览景区固定资产投资完成 3.92 亿元，同比增长 34%，建安完成 2.57 亿元，同比增长 18.3%。2023 年发放文旅消费券 1500 万元，持续引爆文旅消费市场。

（三）财产净收入保持稳定

2023 年城镇居民人均财产净收入为 5499 元，比上年增长 4.2%；对收入增长的贡献率为 12.1%，拉动城镇居民人均可支配收入增长 0.5 个百分点。财产净收入增长主要得益于：南宁市城镇居民储蓄水平上升。根据中国人民银行广西壮族自治区分行资料，2023 年 11 月末，南宁市本外币住户存款余额 6028.38 亿元，同比增长 11.7%；2023 年 1—11 月住户存款增加 506.75 亿元，同比多增 11.56 亿元。

（四）转移净收入增长稳中有增

2023 年城镇居民人均转移净收入为 6681 元，比上年增长 1.5%；对收入增长的贡献率为 5.4%，拉动城镇居民人均可支配收入增长 0.2 个百分点。转移净收入增长主要得益于：一是从 2022 年 7 月 1 日起，南宁市将城乡居民基础养老金最低标准每人每月提高 5 元，全市每人平均增幅 3.5%左右；二是最低生活保障标准增长。从 2022 年 4 月 1 日起，南宁市各县（市、区）、开发区城市居民最低生活保障标准，由每人每月 790 元提高到每人每月 810 元。截至 2023 年 8 月 31 日，全市有城市低保对象 3.3544 万户、7.2345 万人，比去年同期增加 4464 户、10590 人。2023 年 1—8 月，全市累计发放城市低保金 23497 万元，同比增幅为 14.97%；三是残疾人两项补贴标准提高。自 2023 年 1 月 1 日起，南宁市提高残疾人两项补贴标准，困难残疾人生活补贴和重度残疾人护理补贴分别由 80 元/人•月提高至 122 元/人•月，增幅达 52.5%。2023 年 1—8 月，全市累计发放残疾人两项补贴 12599.92 万元，同比增长 50.78%；四是医疗报销持续增长。截至 2023 年 11 月底，南宁市职工就医各项医疗保障待遇报销 307878.29 万元，较去年同期 270707.06 万元增长 13.73%；城乡居民就医各项医疗保障待遇报销 651528.83 万元，较去年同期 557494.94 万元增长 16.87%。

三、制约城镇居民增收的主要因素

（一）就业结构有待优化

目前，南宁市大量的用工需求主要集中在劳动密集型行业。这类企业大多数是民营企业，生产低附加值产品，虽然吸纳劳动力能力较强，但提供的岗位往往存在工作压力大、职业发展前景不佳等劣势。机关事业单位对劳动力的吸纳能力则明显不足，但是因为工作稳定、待遇好等原因，吸引了众多求职者，竞争激烈。当社会最需要的劳动力是建筑工、装配员时，各类人才要找到知识密集型的心仪工作很难。就业结构的错位，导致就业质量普遍不高。

（二）财产净收入拉动增收不明显

2023 年城镇居民人均财产净收入拉动城镇居民人均可支配收入增长 0.5 个百分点，拉动作用不明显。如南宁市房地产行业继续下行，相关联的上下游行业就业岗位一定程度仍在萎缩，部分原来在城市从事建筑安装工作的农民工，因找工作困难选择回归农村，造成城中村房屋出租减少，租金收入相应有所减少。

四、促进城镇居民增收的建议

（一）营造良好就业环境

一是调整产业结构。促进高附加值产业发展，创造更多发展前景好待遇优的岗位，吸纳更多高素质人才，构建岗位与人才需求相匹配，促进产业发展的良性环境；二是树立良好的就业观，促进就业。鼓励大学生向多层次、宽领域的就业转变。支持就业重点区域由东部沿海发达城市向中西部地区过渡，加大西部计划的实施力度。调整“三支一扶”的专业门槛，对于满足服务年限以及工作要求者，可享受服务地区就业政策红利等，充实西部地区人才储备。

（二）加大劳动力技能培训力度

继续加大对劳动密集型行业的技能培训力度，帮助进城务工人员提升技能水平，提高工作效率和生产质量。加强与企业合作，建立职业技能培训基地，为想要转岗或提升技能的建筑类农民工提供更多的培训和就业机会。

（三）鼓励创业，支持小微企业发展

继续加大对创业者的扶持力度，通过减免税收、提供融资支持等方式，吸引更多人员投身创业，增加就业机会。加强对小微企业的支持和引导，为其提供更多的市场准入机会和扶持政策。

（撰稿：范宇鸣）

南宁市：2023 年农村居民收入平稳增长

2023 年，南宁市认真贯彻落实中央、自治区各项决策部署，聚焦经济建设中心工作，解放思想、创新求变、开放发展，全力做好稳增长、稳就业、防风险工作，市场需求逐步改善，国民经济加快恢复，农村居民收入平稳增长。

一、农村居民收入保持平稳增长

2023 年，南宁市农村居民人均可支配收入为 20369 元，比上年增加 1368 元，增长 7.2%（名义增速，下同），比上年（6.5%）提升 0.7 个百分点，比全区平均水平（7%）高 0.2 个百分点，在全区 14 个地级市排位第 5 位，比上年前进 2 个位次。如图 1 所示。

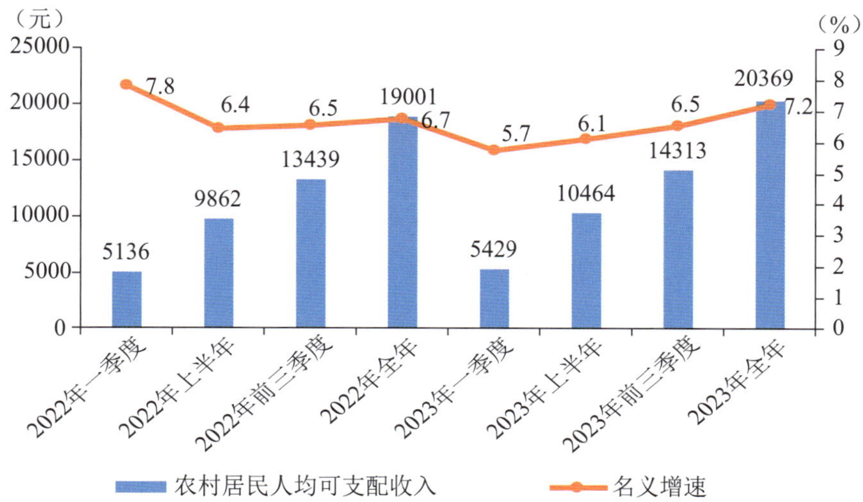

图 1　2022—2023 年南宁市农村居民人均可支配收入增长情况

2023 年，南宁市农村居民人均可支配收入增速比城镇居民收入增速（4.3%）高 3.7 个百分点。城乡居民收入比为 2.18∶1，比上年的 2.24∶1 缩小 0.06，比全区平均水平低 0.03，城乡居民收入相对差距持续缩小。如图 2 所示。

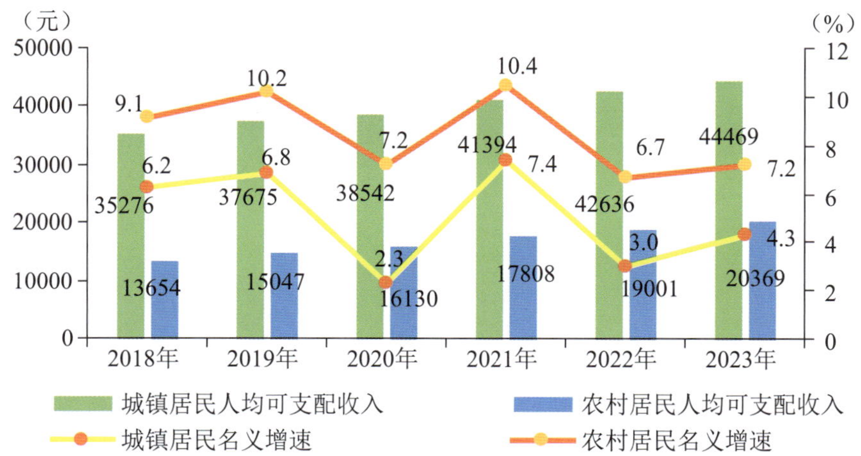

图 2　2018—2023 年南宁市城镇农村居民人均可支配收入增长对比

二、农村居民增收因素分析

2023 年，南宁市农村居民四大项收入实现全面增长。其中工资性收入和经营净收入是增长主要支撑，转移净收入增速最高。如表 1 所示。

表 1　2023 年南宁市农村居民人均可支配收入构成情况

指标名称	2023 年		2022 年		增加额	增长	贡献率	拉动增长率
	水平（元）	占比（%）	水平（元）	占比（%）	（元）	（%）	（%）	（%）
可支配收入	**20369**	**100**	**19001**	**100**	**1368**	**7.2**	**100**	-
工资性收入	8985	44.1	8397	44.2	588	7.0	43.0	3.1
经营净收入	7346	36.1	6891	36.3	455	6.6	33.3	2.4
财产净收入	803	3.9	796	4.2	7	0.9	0.5	0.0
转移净收入	3235	15.9	2917	15.4	318	10.9	23.2	1.7

（一）工资性收入稳步增长

2023 年，南宁市农村居民人均工资性收入为 8985 元，比上年增长 7.0%；对收入增长的贡献率为 43.0%，拉动农民居民人均可支配收入增长 3.1 个百分点。工资性收入增长主要得益于：一是以工代赈促农就业。2023 年，南宁市获得中央、自治区财政衔接推进乡村振兴补助资金共 14.86 亿元，比上年增长 10.3%。其中，安排 1.70 亿元投入实施以工代赈方式，比上年增长 34.9%；吸纳当地农村群众务工人数 3161 人，比上年增长 84.9%；发放劳务报酬近 2.6 千万元，比上年增长 76.8%。二是开发乡村公益性岗位促就近就业。2023 年，南宁市共开发乡村公益性岗位安置脱贫人口就业 2.54 万人，比上年增长 5%，全市实有运营就业帮扶车间 313 家，吸纳脱贫劳动力就业超 5000 人。三是发放务工交通补贴和稳定就业劳务补助。2023 年，南宁市脱贫人口外出务工 28.79 万人，比上年增长 1.8%，全市发放跨省就业一次性往返交通补助金近 8 万人超 3000 万元；县域内稳定就业劳务补助近 3.3 万人超 6000 万元。四是加大农民工培训投入。2023 年南宁市开展农民工培训超 1.6 万人次，发放培训补贴资金超 2000 万元，比上年增长 49%。

（二）经营净收入平稳增长

2023 年，南宁市农村居民人均经营净收入 7346 元，比上年增长 6.6%，对收入增长的贡献率为 33.3%，拉动农村居民可支配收入增长 2.4 个百分点。

促进经营净收入增长的主要因素：一是新型农业产业模式带动增收。全年南宁市安排自治区专项资金 7000 余万元开展农业增产增收攻坚行动，支持农业增产增收攻坚项目建设，带动主要农产品稳产增产，农民增收。二是农业生产稳定增长。2023 年，南宁市粮食总产量 212.65 万吨，比上年增长 0.1%。木材采伐完成 742.19 万立方米，增长 7.0%。肉类总产量 70.01 万吨，增长 5.9%。其中，猪肉产量 38.79 万吨，增长 6.2%；禽肉产量 28.27 万吨，增长 6.0%。禽蛋产量 4.53 万吨，增长 21.0%。年末生猪存栏 287.84 万头，增长 4.0%。全年生猪出栏 492.47 万头，增长 6.4%。三是部分特色农产品价格上涨。2023 年，马山县、上林县鲜蚕茧均价 50 元/公斤，单价比上年增长 25%~30%。从农业调查数据看，2023 年南宁市蚕茧产量比上年增长 4.0%左右，蚕茧实现量价齐增。2023 年横州市茉莉花种植面积约 13.1 万亩，比上年增长 2.3%；年平均鲜花价格达 34 元/公斤，比上年增加 6 元/公斤，增长 21.4%，为历史最高价；茉莉花种植产值达 35 亿元，比上年增长 25.0%。2023 年南宁市茉莉花茶总产量达到 8.1 万吨，总产值达到 99 亿元，比上年增长 3.1%。四是旅游复苏态势明显。截至前三季度，南宁市接待游客超 1.2 亿人次，实现旅游收入超 1300 亿元。

（三）财产净收入稳中有增

2023 年，南宁市农村居民人均财产净收入 803 元，比上年增长 0.9%，对农村居民可支配收入增长的贡献率为 0.5%。财产净收入增长主要原因是转让承包土地经营权，租金净收入增加。据南宁市农业农村局提供数据显示，截至 2023 年 11 月底，南宁市土地流转面积（不包括林地）194.7 万亩，比上年增长 0.84%；土地流转承包金总额（不包括林地）15.58 亿元，比上年增长 0.84%。

（四）转移净收入较快增长

2023 年，南宁市农村居民人均转移净收入 3235 元，比上年增长 10.9%，对收入增长的贡献率为 23.2%，拉动农村居民可支配收入增长 1.7 个百分点。主要原因：一是最低生活保障标准提高。截至 2023 年 11 月底，南宁市累计发放农村低保金近 6 亿元，比上年增长 7.7%。二是农村特困人员救助供养补助金增加。截至 2023 年 11 月底，南宁市累计发放农村特困人员救助供养补助金超 28 万人次、超 2 亿元，同比分别增长 8.2%和 9.3%。三是医疗报销增加。截至 2023 年 11 月底，南宁市城乡居民就医各项医疗保障待遇报销增加近 9 亿元，比上年增长超 16%。四是提高南宁市残疾人两项补贴标准。自 2023 年 1 月 1 日起，提高南宁市残疾人两项补贴标准，困难残疾人生活补贴和重度残疾人护理补贴分别由 80 元/人•月提高至 122 元/人•月，增幅达 52.5%。

三、制约农村居民增收的主要因素

（一）农民工就业困难仍较多

因房地产业不景气，关联的建筑业用工大幅减少，使得从事建筑、装修等的进城务工农民工务工机会减少。有的农民工工资发放有所延迟，部分进城农民工返乡。

（二）农产品生产成本增加

国内部分化肥、饲料原料等农资价格持续上涨，种养成本增加，挤压了增收空间。农业部门监测显示，2023 年 1—11 月南宁市磷肥平均价格较 2022 年同期上涨 2.9%，复合肥平均价格较 2022 年同期上涨 1.7%。2023 年上半年饲料多次提价，饲料价格最高涨 250 元/吨，比上年增长 3%左右。

（三）部分农产品价格下降。

如蔬菜价格涨少跌多，总体微降。2023 年因气候较好，蔬菜长势好，市面上蔬菜供应量充足，蔬菜价格比上年便宜 0.5~0.6 元/斤，如肉芥菜销售价仅 0.6 元/斤，比上年便宜 0.6 元/斤。生猪价格出现微幅下跌，11 月边猪批发均价为 15.5 元，环比下降 1.3%。

四、促进农村居民增收的建议

（一）积极推动发展扩大就业

一是促进就近就地就业，实施城乡基础设施建设、以工代赈项目及开发公益性岗位，吸纳本地就业。二是畅通农民工与岗位信息对接和劳务协作，引导农民工有序外出务工。三是开展多种形式的职业培训，对劳动者重点实施职业技能提升培训。四是解决拖欠农民工工资问题，协调相关部门及时处理农民工被拖欠工资问题，压紧压实各部门责任，分类专项治理，全力抓好根治欠薪各项工作。

（二）建设绿色低碳环保农业

一是加强农业绿色低碳产业培育，大力发展以绿色低碳生态循环为增长点的农业新产业新业态，推进种养加销一体、农林牧业结合、一二三产业联动发展。二是加强绿色农业宣传教育，全面提高民众绿色农业意识，引导农民利用良好的生态环境，打造农产品“绿色品牌”。三是提高发展绿色农业的规范化程度，对农产品的生产、加工及流通的全过程实行质量控制，加大绿色农产品生产技术标准和规范的实施力度。

（三）加强惠民惠农补贴资金发放工作

一是提高补贴管理信息化水平，提高财政惠民惠农补贴资金发放管理的水平和能力，更好地保障农民种粮的基本收益和稳定相关生产政策。二是加快惠民惠农财政补贴“一卡通”资金发放审批公示，确保惠民惠农补贴政策落地见效。三是加大宣传力度，提高补贴政策知晓率，调动农户种植还耕地的积极性。

（撰稿：粟丽林）

南宁市：2023 年居民消费价格低位运行

2023 年，南宁市以党的二十大精神为指引，深入贯彻落实中央经济工作会议精神，扎实推动全市经济实现整体好转，社会大局保持稳定，为物价平稳运行打下坚实基础。国家统计局南宁调查队调查数据显示，2023 年南宁市居民消费价格比上年下降 0.3%，总体呈现低位运行态势。

一、居民消费价格总体运行情况

（一）CPI 出现负增长，物价总体呈低位运行态势

2023 年，居民消费价格比上年下降 0.3%，比上年（上涨 1.7%）回落 2.0 个百分点，出现负增长，为 2010 年以来同期最低值。南宁市比上年涨幅按高低排序居全国 36 个大中城市第 34 位，在全区 14 个地级市中排名第 8 位。其中，食品价格下降 1.1%，非食品价格下降 0.1%；消费品价格下降 1.0%，服务价格上涨 0.9%。

（二）月度环比窄幅波动，月度同比高开低走

从环比看，居民消费价格各月环比小幅波动，波幅均在 1.0%以内。受春节因素影响，1 月份环比上涨 0.7%；春节过后市场需求减少，2—6 月环比分别下降 0.7%、0.3%、0.1%、0.2%和 0.5%；7—9 月受暑假假期及中秋国庆节日因素影响，环比分别上涨 0.3%、0.2%和 0.1%；10 月环比持平；11 月受“双 11”大促影响，环比下降 0.6%；12 月环比持平。

从同比看，居民消费价格各月同比高开低走。受春节错月因素影响，1 月份同比涨幅较高；2—4 月继续保持上涨态势，但涨幅明显回落；受供应充裕、需求不足等因素影响，自 5 月起，各月同比连续 8 个月呈下降态势，5—12 月同比分别下降 0.2%、1.0%、1.0%、0.6%、0.8%、0.8%、0.9%和 1.1%，其中 12 月同比指数是自 2009 年 11 月以来单月同比指数的最低值。如图 1 所示。

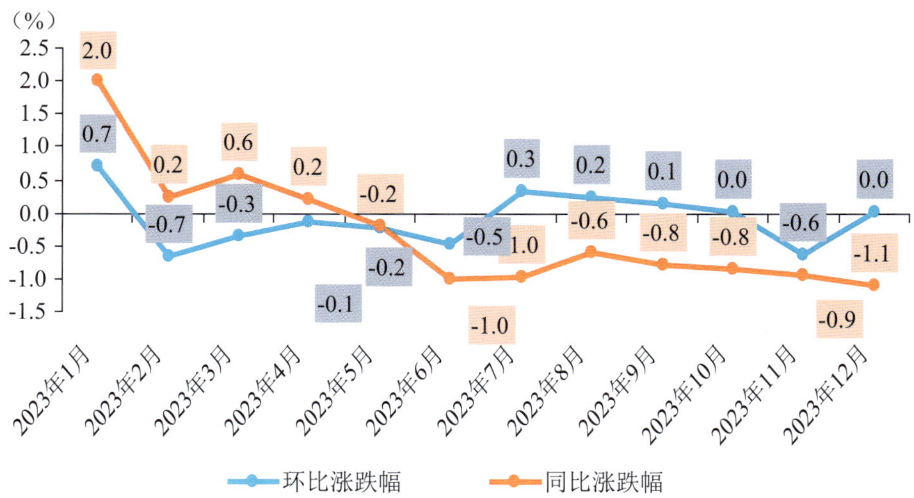

图 1　2023 年 1—12 月南宁市居民消费价格涨跌幅

（三）八大类商品及服务价格“四涨四降”

2023 年，居民消费价格调查的八大类商品及服务价格呈现“四涨四降”态势，衣着、其他用品及服务、教育文化娱乐和医疗保健类价格比上年分别上涨 3.1%、3.1%、2.0%和 1.0%，交通通信、居住、生活用品及服务和食品烟酒类价格比上年分别下降

3.9%、0.7%、0.7%和 0.5%。交通通信、居住和食品烟酒类价格下降是影响 CPI 呈下降态势的前三大因素，分别拉动 CPI 下降约 0.5、0.2 和 0.1 个百分点。

（四）南宁市 CPI 低于全区平均水平，排位居中

2023 年，居民消费价格涨幅低于全区平均水平 0.1 个百分点，在全区 14 个地级市中按高低排序排第 8 位。调查的八大类商品和服务中，衣着、其他用品及服务、生活用品及服务、居住和教育文化娱乐类价格涨幅分别高于全区平均水平 1.0、1.0、0.3、0.2 和 0.2 个百分点，交通通信、医疗保健和食品烟酒类价格涨幅分别低于全区平均水平 0.8、0.5 和 0.5 个百分点。如图 2 所示。

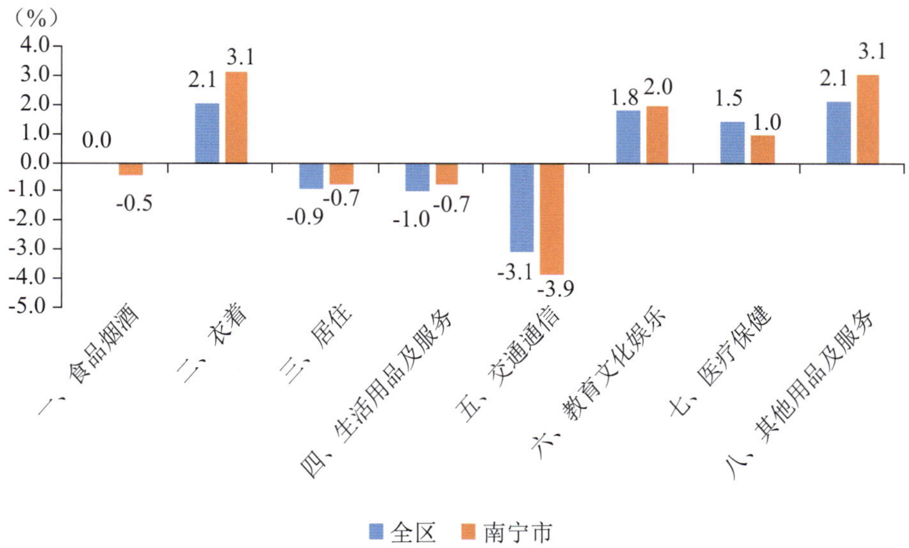

图 2 2023 年全区、南宁市八大类商品和服务价格同比涨跌幅

二、居民消费价格运行的主要特点

（一）工业品价格下降对 CPI 下降影响最大

2023 年，工业品价格比上年下降 1.5%，影响居民消费价格总水平下降约 0.5 个百分点。其中，燃油小汽车、汽油、电话机、电视机、液化石油气、新能源小汽车、柴油等降幅较为明显，共同影响居民消费价格总水平下降约 0.6 个百分点。

1.燃油小汽车和新能源小汽车价格比上年分别下降 8.7%和 6.2%，影响居民消费价格总水平下降约 0.3 个百分点。2023 年汽车行业面临较大的下滑压力，销量不佳导致库存积压过高，汽车市场竞争激烈，加上新能源汽车对燃油车形成较大挑战，各品牌为了抢占更多的市场份额、减轻库存压力而采取降价促销手段，导致 2023 年燃油小汽车价格下降。新能源小汽车随着技术的进步，部分原料和技术的价格相应下降，生产成本的降低，加上销量整体增速放缓，市场趋于饱和，竞争压力加大，部分新能源小汽车通过厂家直降、新车优惠、终端让利等不同形式进行降价促销，价格呈下降态势。

2.汽油、柴油和液化石油气价格比上年分别下降 5.5%、5.9%和 3.6%，共同影响居民消费价格总水平下降约 0.2 个百分点。2023 年全球经济处于下行压力中，原油和成品油需求减少，国际原油价格从高点回落，受其传导影响，国内成品油和液化石油气价格均由上年上涨转为下降。

3.电视机和电话机价格比上年分别下降 12.2%和 5.6%，影响居民消费价格总水平下降约 0.1 个百分点。一方面，由于技术进步，生产成本降低；另一方面，电视机和手机市场竞争激烈，为了吸引客源和刺激消费，部分电商平台及家电卖场促销活动多、促销力度大，导致电视机和电话机价格下降。

（二）食品类价格下降是 CPI 由涨转降的关键因素

2023 年，食品类价格比上年下降 1.1%，比上年（上涨 2.0%）回落 3.1 个百分点，对价格总水平产生的影响由上年上拉约 0.6 个百分点转为下拉约 0.2 个百分点，食品类价格下降是导致 CPI 负增长的关键因素。

1.鲜菜价格比上年下降 5.4%，影响居民消费价格总水平下降约 0.1 个百分点。2023 年南宁市重要农产品生产供应持续增加，数据显示，2023 年南宁市蔬菜种植面积 443.74 万亩，比上年增长 2.8%；蔬菜产量 749.13 万吨，比上年增长 4.6%。由于市场供

应充足，鲜菜价格稳中有降。从各月环比看，全年只有 4 个月环比上涨，其余 8 个月均呈下降态势；从各月同比看，除 1 月和 6 月上涨外，其他 10 个月均为下降，且有 4 个月同比降幅超 10.0%。

2.猪肉价格比上年下降 9.8%，影响居民消费价格总水平下降约 0.1 个百分点，是影响食品类价格下降的主要因素。2023 年，受猪肉消费需求疲软、生猪产能充裕、市场供应充足及生猪出栏价格低位运行等因素影响，猪肉价格呈下降态势。从各月环比情况看，2023 年上半年生猪市场供应充足和需求低迷的情况持续存在，猪肉价格持续下行，1—6 月猪肉价格环比分别下降 2.9%、14.4%、4.1%、1.9%、4.7%和 1.9%；7 月份猪肉价格开始回升，养殖端看涨情绪高涨，存在压栏惜售现象，加上各地强降雨天气频发，生猪调运受阻，市场猪肉供给减少，拉动猪肉价格上涨，7—9 月猪肉价格环比分别上涨 0.3%、9.8%和 0.5%；10 月份起生猪市场恢复供应，出栏量增加，需求恢复不及预期，导致猪肉价格下降，但降幅逐月收窄，10—12 月猪肉价格环比分别下降 3.8%、2.3%和 0.5%。从各月同比情况看，上半年受翘尾因素影响，1—6 月猪肉价格同比分别上涨 15.9%、5.7%、14.4%、13.4%、3.8%和 0.3%；7 月份起受上半年降价因素影响，同比断崖式下降，下半年 7—12 月猪肉价格同比分别下降 20.0%、15.0%、19.6%、30.9%、29.8%和 24.4%，对 CPI 下降拉动较大。

（三）服务类价格涨跌互现，总体小幅上涨

2023 年，服务价格比上年上涨 0.9%，影响居民消费价格总水平上涨约 0.3 个百分点，服务类价格小幅上涨，是抑制居民消费价格降幅扩大的重要因素。服务类下属基本分类的价格涨跌互现，家庭宽带服务、停车费、景点门票等价格降幅较大，教育服务、飞机票、旅行社收费、宾馆住宿和火车票等服务类价格上涨明显。

1.家庭宽带服务价格比上年下降 16.9%，影响居民消费价格总水平下降约 0.1 个百分点。为了响应国家有关提速降费政策要求和部署，网络运营商积极采取相应措施，把提速降费作为重点工作全力推进。2023 年 5 月份，部分通信运营商调整包年家庭宽带收费，调价力度大，导致家庭宽带服务价格下降较为明显。

2.停车费价格比上年下降 16.7%。自 2023 年 5 月份南宁市“慧泊事件”发生后，南宁市政府反应迅速，研究出台优化道路停车收费方案并组织实施。7 月 14 日，南宁市发展和改革委员会印发《关于优化调整南宁市道路停车位机动车停放服务收费标准的通知》（南发改规〔2023〕1 号），自 7 月 15 日起执行文件公布的收费标准，导致停车费价格下降明显。

3.景点门票价格比上年下降 18.0%。受翘尾因素影响，2022 年 12 月 7 日，广西壮族自治区文化和旅游厅发布 2022“冬游广西”优惠“大礼包”，从 2022 年 12 月 1 日至 2023 年 2 月 28 日，广西多地文旅企业对全国游客实行首道门票 5 折优惠政策，南宁市部分景区积极响应，及时落实优惠政策，导致 2022 年 12 月景点门票价环比下降 20.6%，2023 年 1 月又有部分景点进行春节促销优惠，翘尾叠加新涨因素影响，景点门票价格降幅较大。

4.学前教育、高等教育和高中中职教育价格比上年分别上涨 10.6%、1.7%和 1.3%，共同影响居民消费价格总水平上涨约 0.2 个百分点。由于教育质量及办学成本提高，2023 年春季及秋季学期，部分公立幼儿园及民办学校根据相关政策性文件对保育费和学费等收费项目价格进行调整，调整后价格呈上涨态势。

5.飞机票、旅行社收费、交通工具租赁费、宾馆住宿和火车票价格比上年分别上涨 16.1%、8.0%、6.6%、6.1%和 3.1%，共同影响居民消费价格总水平上涨约 0.2 个百分点。自 2022 年 12 月防疫管控政策调整后，跨区域流动不再受限制，经济社会恢复常态化运行，2023 年各大节假日市民出行需求逐步释放，假期种类多且部分假期放假时间长，市民走亲访友、旅游出行需求增加，导致相关服务项目价格上涨。

三、2024 年一季度趋势预判

2024 年一季度，受雨雪冰冻天气及春节节假日因素等影响，食品类价格预计会有小幅回升；各大院校放寒假，加上春节小长假，家庭出游需求旺盛，预计旅游、餐饮、交通、住宿等相关消费价格或将上涨；受生猪产能去化、节假日因素带来需求增加影响，猪肉价格出现恢复性回升的概率较大；随着新能源汽车产业链不断完善，电池成本下降等，新能源汽车价格还存在下降的空间，燃油小汽车价格有继续下降的可能性；当前全球经济增速依然缓慢，需求偏弱，受国际油价影响，汽柴油价格可能会维持下降态势；春节前各大商场超市促销活动增多，促销力度加大，家电家具及日常消费品价格预计会有所下降。综上，预计2024年一季度CPI有可能温和回升。

四、建议

一是多举措稳定物价，守住民生底线。抓好重要民生商品保供稳价，密切监测各地重要民生商品价格运行情况，不断完善和健全养老和医疗保障、兜底救助等社会保障体系，守住民生温暖，增强居民消费信心。

二是扩大内需，激发消费活力，提高消费能力。坚定实施扩大内需战略，多渠道增加城乡居民收入。根据居民的消费行为和消费习惯，找准促消费的着力点，落实落细促进汽车、家电等传统大宗消费和体育休闲、文化旅游等服务优惠政策，阶段性精准发放一定规模的消费券和消费补贴刺激消费，助力消费提振。

（撰稿：唐川雁）

南宁市：2023 年房地产价格持续低位

2023 年，南宁市房地产市场延续 2022 年疲软态势。尽管全年调控政策接连不断，但是效果并不显著，市场观望氛围渐浓，成交量不高，新建商品住宅和二手住宅价格延续低迷。

一、商品住宅价格运行情况

（一）新建商品住宅价格总体温和

环比价格呈波动趋势。全年新建商品住宅价格运行较为平稳，价格波动最高最低相差 1.9 个百分点。一季度楼市提前进入“小阳春”，环比涨多降少，1 月份上涨 0.9%达到本年峰值；二季度环比二连涨，6 月起环比价格由涨转跌；三季度受市场淡季影响，各月环比价格持续下降；四季度楼市“黄金周”未掀起火花，10 月、11 月环比价格继续下跌，11 月下降 1.0%为本年最低值，12 月受到调控政策倒逼，环比价格由跌转涨。

同比价格持续下降。受到上年末影响，一季度同比降幅较大，1 月下降 4.0%，为全年最大降幅；到 12 月同比降幅有所收窄，下降 1.3%。从分类指数看，各类型住宅价格同比均有不同程度下降，其中 90 平方米及以下户型同比降幅波动最大，1 月下降 4.6%，12 月下降 1.3%。2023 年新冠疫情结束后，房地产市场未见明显反弹，市场信心恢复缓慢，导致同比价格指数持续下降。从新建商品住宅网签均价来看，2023 年均价上下波动，波动趋势与价格环比指数基本一致，波谷落在 1 月、6 月、10 月等月份，均价低于 11500 元/平方米，当网签均价处于波谷时，当月价格环比指数也随之处于较低点。如图 1 所示。

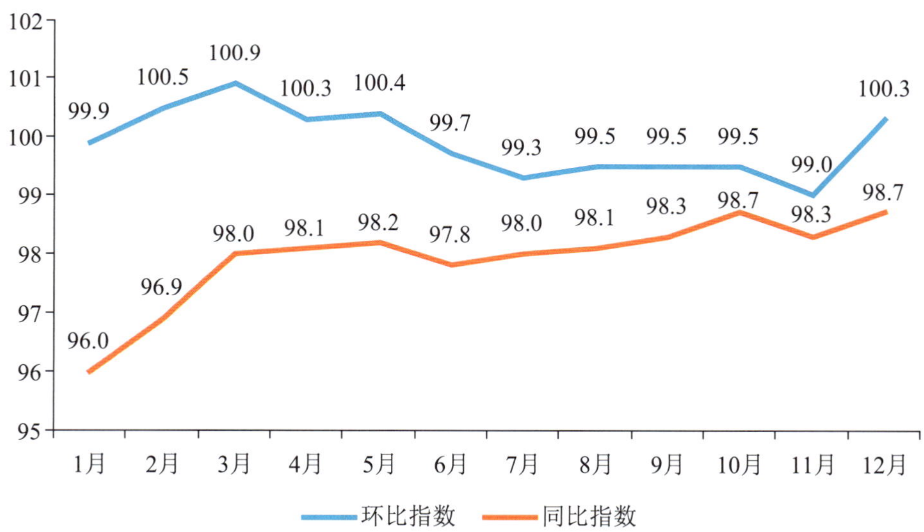

图 1　2023 年南宁市新建商品住宅价格指数变化曲线图

（二）二手住宅价格总体下行明显

环比、同比价格延续下跌态势。2023 年，二手住宅市场受新建商品住宅交易市场不景气行情影响，市场信心和预期不足，除了 3 月、4 月份受到学区房热销影响导致环比价格连续两个月保持上涨之外，其余月份环比价格均保持低位运行，最低点为 10 月的 98.7。同比价格延续上年的下降态势，2 月降幅最大，为 6.6%。如图 2 所示。从分类指数看，二手住宅各类型价格同比均保持不同程度下降，三个分类同比价格在 1、2 月降到谷底，其中 144 平方米以上户型同比降幅波动最为明显，1 月下降至 6.7%。

从二手住宅网签均价来看，2023 年成交价格下降明显，整体趋势与价格环比指数基本一致。

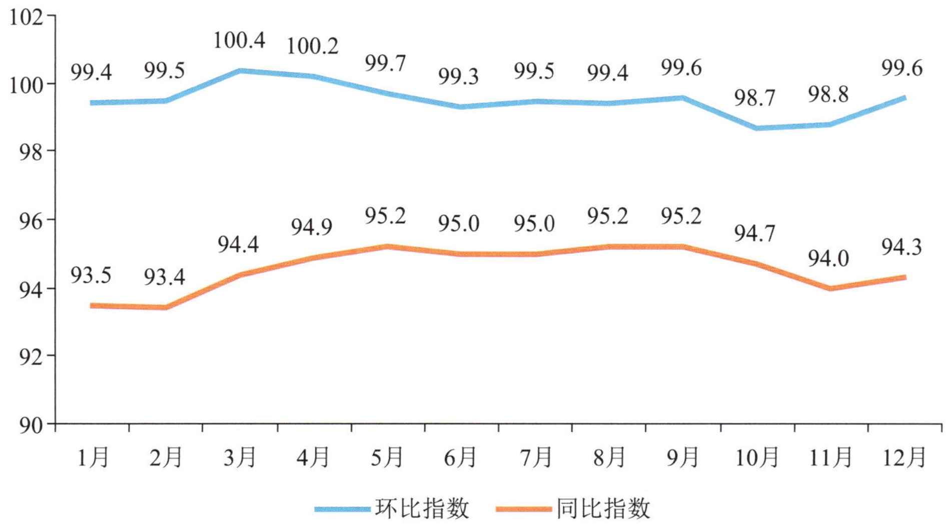

图 2 2023 年南宁市二手住宅价格指数变化曲线图

二、影响商品住宅价格的主要因素

（一）土拍行情不佳，房开企业拿地积极性较低

2023 年南宁土拍市场整体表现平淡，整体供应量比往年明显收缩，冷热分化较为明显。南宁市自然资源局数据显示，1—12 月南宁市市本级（不含武鸣区）公开出让住宅用地 26 宗、1390 亩，成交宗数比 2021 年减少 10.3%，成交面积减少 17%，其中 1 月、5 月、10 月、11 月出现地块 0 成交，导致溢价率偏低，整体溢价率仅为 8.8%。房地产开发企业偏好地段位置优越、具有较高的投资价值和升值空间、可操作性强的地块；对于较为偏僻、周边配套不齐全的地块，房企拿地意愿减弱，容易流拍，央企、国企成为拿地“主力军”，土拍成交价格偏低，直接影响新建商品住宅销售价格。

（二）新房市场回暖势头偏弱，新建商品住宅成交区域分化明显

网签数据显示，2023 年南宁市新建商品住宅成交量 40326 套、4503210 平方米，与 2022 年相比分别上升 6.4%、4.9%，与 2021 年相比分别下降 36.7%、35%。从各季度情况看，一季度从 2 月起南宁房地产迎来暖春，提前进入“小阳春”，首套房商业贷款利率下调到 3.7%的政策引发“上车潮”，累计成交 11676 套，较上年同期增加 36.6%；二季度楼市回温势头逐步放缓，购房意愿放缓，市场预期趋于稳定，累计成交 12086 套，较一季度增加 3.5%，较上年同期减少 3.2%；三季度进入楼市淡季，市回

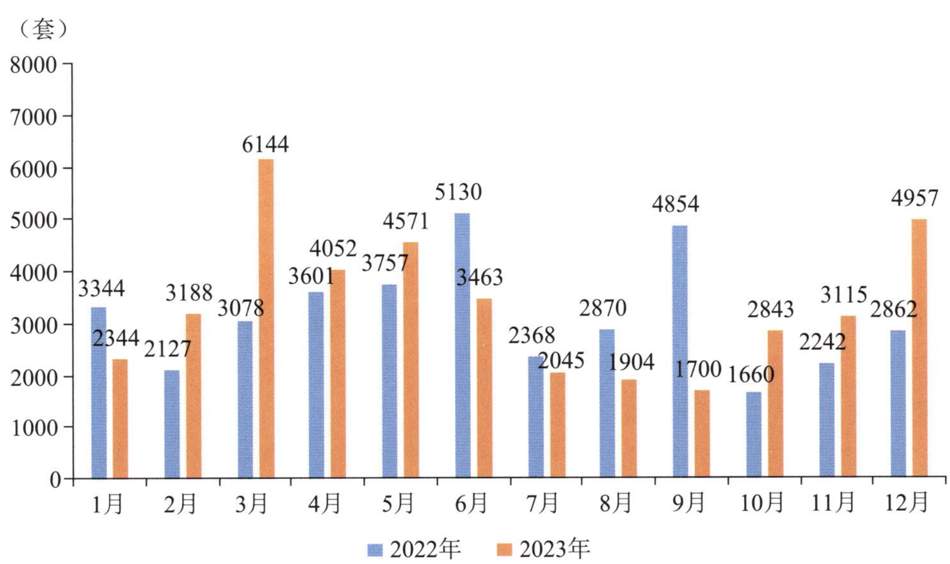

图 3 2022 年和 2023 年南宁市新建商品住宅成交量对比图

落，累积成交 5649 套，较二季度减少 53.2%，较上年同期减少 44%；四季度在楼市新政和楼盘项目优惠措施不断刺激下，成交量回升明显，累积成交 10915 套，较三季度增加 93.2%，较上年同期增加 61.4%。如图 3 所示。

2023 年南宁房地产市场分化较为严重，热门、热点版块成交量遥遥领先，边缘版块仍无起色，客户看房和购房积极性偏低，区域之间不平衡的情况比较严重，成交量最高的良庆区比成交量最低的武鸣区多出 10279 套。良庆区凭借五象湖、五象南以及良庆大桥等版块高性价比楼盘，一直深受购房者青睐，共成交 12089 套，稳居第一；江南区人口集中，区域配套成熟，全年新开发楼盘项目多，上升势头较强，全年共成交 9051 套，位居第二，占比 22.4%；青秀区拥有众多实力强大的学区房，一直是买房置业的首选，受供应量等因素制约，全年成交 7088 套；兴宁区、西乡塘区、邕宁区和武鸣区分别成交 3633 套、3711 套、2944 套、1810 套。如图 4 所示。

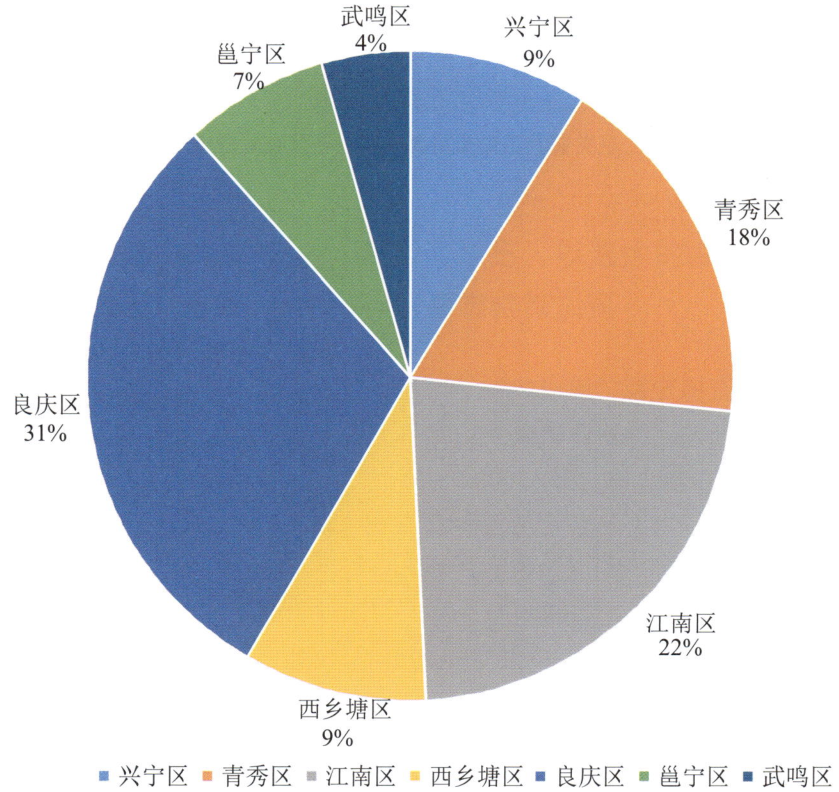

图 4 2023 年南宁市各城区新建商品住宅成交量占比图

（三）二手住宅成交量不及预期

网签数据显示，2023 年 1—12 月南宁市二手住宅成交 23391 套，同比增加 31.4%。疫情结束后，二手住宅交易市场未迎来反弹，各月成交情况较为平缓，全年成交量最高的是 3 月，成交 2978 套；成交量最低的是 1 月，成交 1346 套。如图 5 所示。主要原因：一是新房市场内卷，挤压二手房市场。全年各大房企优惠措施力度更大，不少新房房源首付较低，在性价比上更优于二手房源，吸引购房客户进入新房市场。二是房地产调控政策对二手市场影响不大，购房者观望情绪重，刚需购房群体意愿不强，改善购房群体换房难。三是二手挂牌量维持高位，由于可选择性增大，房源议价空间也较大，一方面业主急于出手愿意在价格方面做出更大让步，另一方面购房者“捡漏”心理严重，导致成交价格不断下跌。

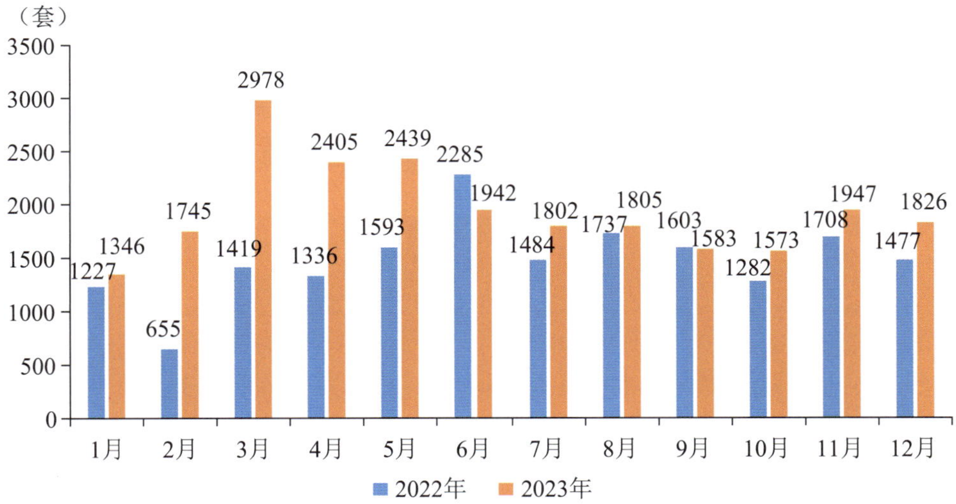

图 5 2022 年和 2023 年南宁市二手住宅成交量对比图

（四）市场观望氛围浓厚，信心不足

一是调控政策作用未达最佳，后继乏力。2023年南宁市政府积极出台楼市调控政策，主要包括上半年下调首套住房商贷利率下限，下半年实施购房补贴等十四条政策，对市场产生一定积极影响。但是受到购房者对未来经济预期不确定性等因素影响，调控政策刺激作用消退后，市场恢复动力不足。二是楼市预期转弱。房地产市场供大于求现象突出，加上购房者收入预期下降，以及受商品房延期交付、楼盘烂尾等负面信息影响，购房者对期房信心下降，“买涨不买跌”心理加剧。从 2023 年全年实地走访的 120 家项目楼盘了解到，64.2%的销售经理认为售楼部来访量下降，56.7%的销售经理认为楼盘销售速度慢于预期。由于项目销售数量和价格均未达预期，销售回笼少，产品销售净利率低，开发商总体经营情况不容乐观，面临较大的资金压力，企业对市场的预期进一步减弱。

三、加强房地产市场调控的对策建议

（一）坚持“房住不炒”总基调，调控政策更应注重稳定性和延续性

坚持“房住不炒”定位不变，因城施策，继续推行“租购并举”长效机制，从供需两端双向发力，推出行之有效的调控政策，促进房地产业健康发展。继续在降低购房门槛及减轻购房压力等方面给予一定的保障措施，如针对存量大、去化较困难的区域，执行差异化特殊购房补贴，促进各区域均衡去化；在购房补贴政策上，继续扩大享受群体范围；加大金融政策力度，降低房贷利率和存量房贷款利率，如继续下调当前二套房商业贷款利率，充分释放改善型需求。

（二）刺激消费，提振房地产市场信心

推动城市更新发展，提升城市吸引力，带动就业人口流入。加大区域平衡力度，加快城市基础设施配套建设投入，特别是对房地产项目周边公共服务设施的建设力度，提高房地产项目的品质和吸引力，增强购房意愿，促进购房消费，提振房地产市场信心。

（三）完善房地产市场的指导和监管

一是政府牵头各房地产开发商，建立集信息查询、交易服务、监管与投诉于一体的住房销售平台，有效地降低房屋交易成本，提高市场透明度，更好地保障行业从业人员和购房者的权益。二是完善市场监管新机制，规范房地产开发、交易等行为，整治不合法、不合理现象，避免房地产企业因债务违约所引发的房地产项目逾期交付风险，维护购房者合法权益。

（撰稿：胡清）

南宁市：2023 年粮食生产保持四连增

2023 年，南宁市严格落实耕地保护和粮食安全责任，推动粮食生产提质增效，粮食播种面积、单产和总产量连续四年保持增长。

一、面积、总产、单产平稳增长

（一）粮食播种面积稳中略增

2023 年南宁市粮食播种面积为 639.32 万亩，比上年增加 0.09 万亩，增长 0.01%，呈现稳中略增的态势（详见图 1）。

从三大类看，呈现“两增一减”态势，其中，谷物播种面积 575.29 万亩，比上年增长 0.08%；豆类播种面积 33.65 万亩，增长 0.37%；薯类播种面积 30.38 万亩，下降 1.52%。

从品种看，稻谷播种面积 403.09 万亩，比上年增长 0.07%；玉米播种面积 172.01 万亩，增长 0.04%；大豆播种面积 27.26 万亩，增长 1.94%。

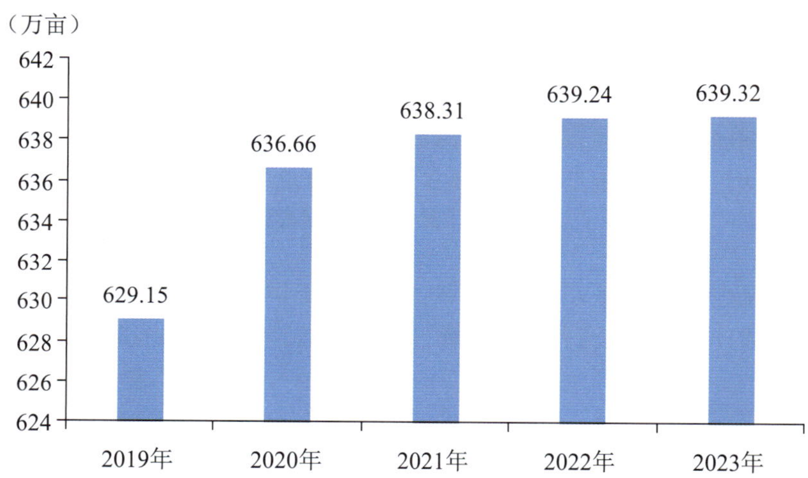

图 1　2019—2023 年南宁市粮食播种面积变动情况

（二）粮食单产水平持续提高

2023 年南宁市粮食单产为 332.62 公斤/亩，比上年增加 0.12 公斤/亩，增长 0.04%，呈现持续提高的态势（详见图 2）。

从三大类看，谷物单产 357.04 公斤/亩，比上年下降 0.03%；豆类单产 99.95 公斤/亩，增长 0.01%；薯类单产为 127.76 公斤/亩，增长 1.60%。

从品种看，稻谷和玉米单产略有下降；稻谷单产 373.95 公斤/亩，比上年下降 0.01%；玉米单产 317.67 公斤/亩，下降 0.06%。马铃薯受规模化种植影响，单产有较明显增长，为 144.50 公斤/亩，比上年增长 5.04%。

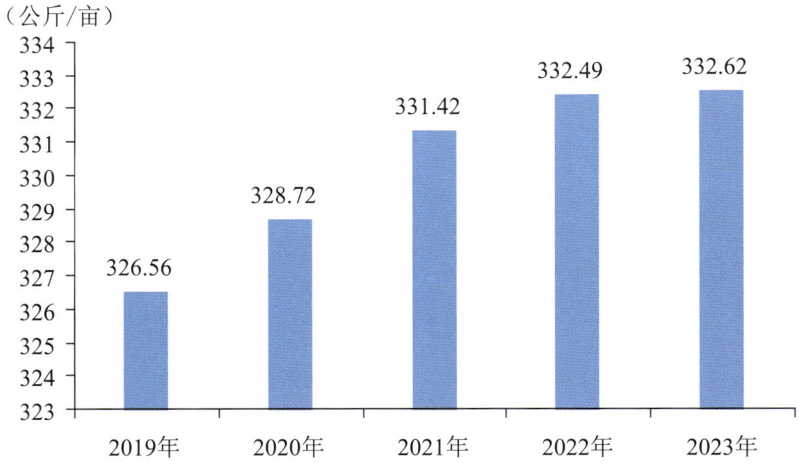

图 2 2019—2023 年南宁市粮食单位面积产量变动情况

（三）粮食总产量连续四年稳定增长

2023 年南宁市粮食总产量为 212.65 万吨，比上年增加 0.11 万吨，增长 0.05%，连续四年稳定增长（详见图 3）。

三大类粮食作物总产量均小幅增长。其中，谷物总产量为 205.40 万吨，比上年增长 0.05%；豆类总产量为 3.36 万吨，增长 0.38%；薯类总产量为 3.88 万吨，增长 0.06%。

主要粮食作物总产量呈“一增一减”，其中，稻谷总产量为 150.74 万吨，比上年增长 0.06%；玉米总产量为 54.64 万吨，下降 0.02%。

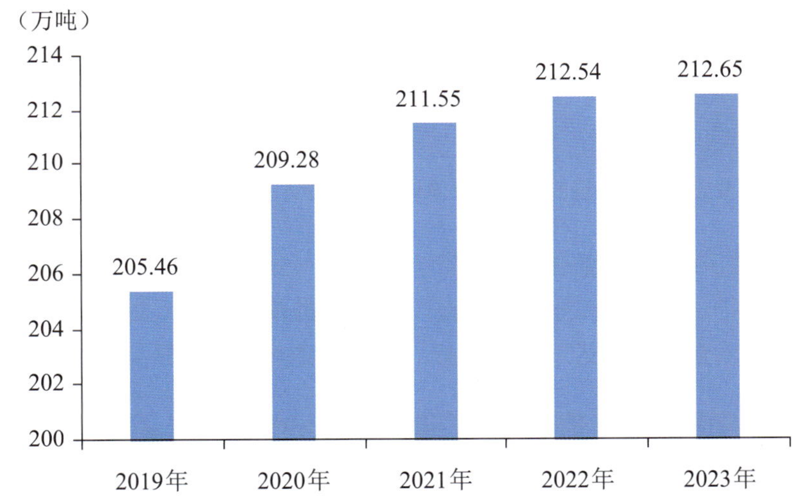

图 3 2019—2023 年南宁市粮食总产量变动情况

二、2023 年促进粮食增产的主要因素

（一）落实政策保障，稳定粮食生产

南宁市持续做好粮食生产的各项扶持工作，加强对种粮主体的政策激励，严格落实耕地地力保护补贴、稻谷生产补贴、农机购置补贴、稻谷生产者售粮补贴等政策，确保各项补贴资金及时足额发放到位。2023 年南宁市已经完成实际种粮农民一次性补贴资金发放，发放补贴金额 3392.52 万元，发放率达 99.4%以上。同时，扩大水稻、玉米等主要粮食作物保险覆盖面，对符合“桂惠贷”政策要求的粮食类新型农业经营主体给予贷款贴息。

（二）推行良种良法，提升粮食产量

南宁市围绕水稻玉米高产攻关行动目标，加大良种良法、农机农艺融合推广应用，运用粮食绿色高质高效、水稻双季稻轮作等项目资源，围绕绿色高质量发展目标，积极创建了一批高产示范基地。积极推动晚稻“一喷多促”和水稻“两迁”害虫等重大病虫害统防统治作业，开展科学用剂用量指导，督促指导抢抓关键窗口期落实喷防，促进水稻稳产增产。2023 年，南宁市完成秋粮“一喷多促”项目 35.76 万亩，水稻重大病虫害统防统治 10.47 万亩。

（三）完善基础设施，提高综合能力

南宁市全方位夯实粮食安全根基，坚决筑牢粮食安全政治责任，深入实施“藏粮于地、藏粮于技”战略，大力推动高标准农田项目建设，加快补齐农田基础设施短板，持续提高农田水利基础设施作用，巩固提高粮食综合生产能力，进一步确保粮食旱涝保收、稳产高产。2023 年，南宁市新开工建设高标准农田 11.7 万亩，改造提升高标准农田 6.8 万亩。

（四）强化耕地管理，稳定耕地面积

南宁市严格落实耕地保护党政同责，坚决遏制耕地“非农化”、严控耕地“非粮化”，大力实施补充耕地和耕地提质改造项目，严格落实占用耕地占一补一、占优补优的占补平衡政策，积极通过土地开垦及耕地恢复等方式，增加耕地流入，稳定耕地面积。

三、当前影响粮食生产的主要问题

（一）大豆玉米带状复合种植经验欠缺

从 2022 年起，南宁市大力推广大豆玉米带状复合种植模式，大豆播种面积出现明显提升，但是本地种植户对大豆玉米带状复合种植模式的接受度还是比较低，缺乏有效的种植经验，导致部分种植户在应对天气变化、田间施肥除草等还存在很多困难，直接影响大豆、玉米的产量。

（二）耕地整治后地力恢复不足

2023 年，南宁市大力开展耕地清除桉树、清除果树等耕地整治行动，进一步稳定了耕地面积。但是整治后的耕地往往存在原耕地犁底层遭破坏、耕地保水保肥能力不足等问题，加上一些粮食作物不合农时的播种，导致部分整治耕地种植的粮食作物单产偏低。

四、几点建议

（一）持续推进高标准农田建设和管护

进一步做好高标准农田项目建设，坚持抓好项目建设基础工作，不仅保量还要保质完成建设任务。建立监督检查管理机制，持续做好高标准农田建设“后半篇文章”，处理好“建”与“管”的关系，全面落实管护责任，提升管护实效，发挥好高标准农田的长期效益。

（二）加强大豆玉米带状复合种植政策宣传与指导

做好大豆玉米带状复合种植政策的解读，合理安排大豆玉米带状复合种植区域布局，有序引导种植户开展大豆玉米带状复合种植。强化与科研部门合作，针对不同种植模式，选取适宜的大豆和玉米推广品种，加大播种、施肥、除草等种植技术指导服务，选取推荐一批适合大豆玉米带状复合种植的农机设备。

（三）全力提升耕地质量

切实加强耕地保护，做好耕地流转，强化耕地“健康管理”，推广耕地深耕深翻。推动有机肥的投入使用，优化肥料投入结构，提高肥料利用率，推进化肥减量和提效。进一步提升土壤肥力和耕地质量，挖掘耕地资源潜在生产能力，助力粮食增产增收。

（撰稿：滕婕）

南宁市：2023 年畜牧业生产平稳增长

国家统计局南宁调查队调查数据显示，2023 年南宁市肉类总产量比上年增长 6.0%，生猪出栏比上年增长 6.4%，生猪存栏比上年增长 4.0%，家禽、肉牛存出栏保持平稳，但山羊养殖有所收缩。总体来看，畜牧业生产保持平稳增长。

一、畜牧业生产平稳增长

2023 年，南宁市畜牧业生产总体保持平稳增长，肉类总产量 700076.00 吨，比上年增长 6.0%。其中：猪肉产量 387856.60 吨，比上年增长 6.2%；牛肉产量 15691.90 吨，比上年增长 1.9%；羊肉产量 2709.35 吨，比上年下降 4.5%；禽肉产量 282724.82 吨，比上年增长 6.0%。近六年来，南宁市肉类总产量、猪肉产量、禽肉产量变动情况见图 1。

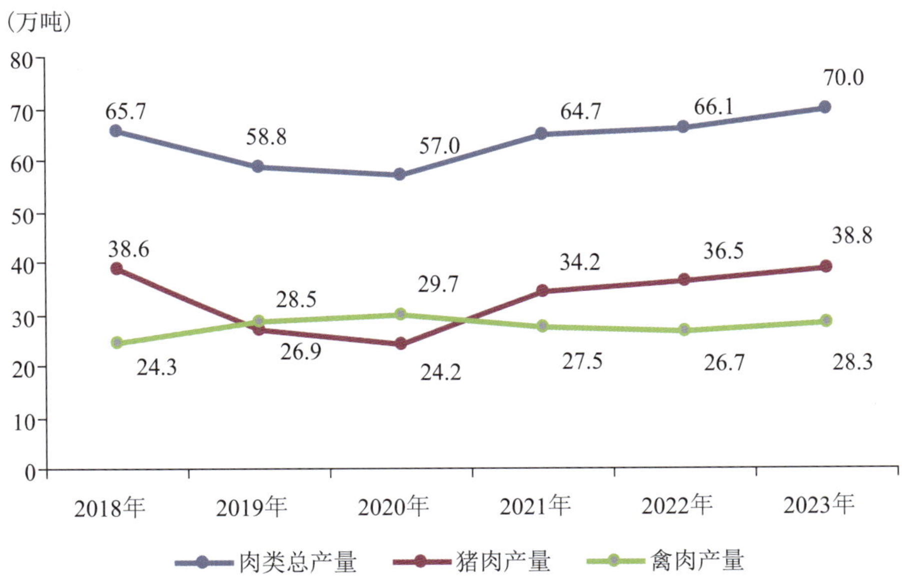

图 1 2018—2023 年南宁市肉类产量变动趋势图

（一）生猪生产稳定增长

1.生猪出栏稳定增长。2023 年南宁市生猪出栏 492.47 万头，比上年增长 6.4%。主要原因：一是增改扩的规模养殖场相继建成投产，推动肉猪出栏增加。二是 2023 年 5 月开始生猪价格走低，为了减少生产成本，养殖场（户）加快生猪出栏。近六年来南宁市生猪出栏变动情况见图 2。分县（市、区）看，2023 年生猪出栏规模排名前五的县（市、区）分别为：横州市出栏 96.98 万头，比上年增长 3.9%；武鸣区出栏 77.55 万头，比上年增长 18.5%；西乡塘区出栏 69.04 万头，比上年增长 7.4%；宾阳县出栏 59.48 万头，比上年增长 12.8%；马山县出栏 48.62 万头，比上年增长 3.8%。

图 2 2018—2023 年南宁市生猪出栏变动趋势图

2.生猪存栏增加，能繁母猪存栏有所减少。2023 年南宁市生猪存栏 287.84 万头，比上年增长 4.0%；能繁殖母猪存栏 27.36 万头，比上年下降 0.8%。近六年来南宁市生猪存栏变动情况见图 3。南宁市生猪生产设施较为完善，抗生猪疫病风险能力较强，没有发生大规模的畜禽疾病，生猪存栏保持增长。分县（市、区）看，2023 年南宁市生猪存栏规模排名前五的县（市、区）分别为：横州市存栏 55.95 万头，比上年下降 1.5%；武鸣区存栏 51.56 万头，比上年增长 2.6%；隆安县存栏 38.18 万头，比上年增长 0.8%；宾阳县存栏 34.81 万头，比上年下降 1.3%；西乡塘区存栏 30.71 万头，比上年增长 35.9%。

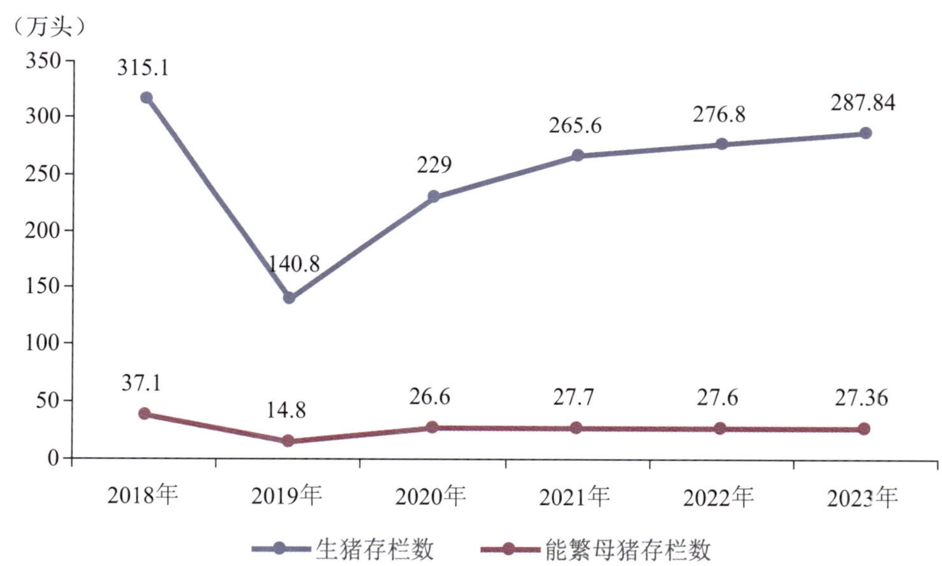

图 3 2018—2023 年间南宁市生猪存栏变动趋势图

3.生猪价格有所回落。2023 年南宁市主要畜禽监测点生猪出栏均价为 14.8 元/公斤，比上年下降 18.2%，生猪市场供应量远大于需求量，导致了生猪均价有所回落。近六年来南宁市生猪出栏价格变动情况见图 4。

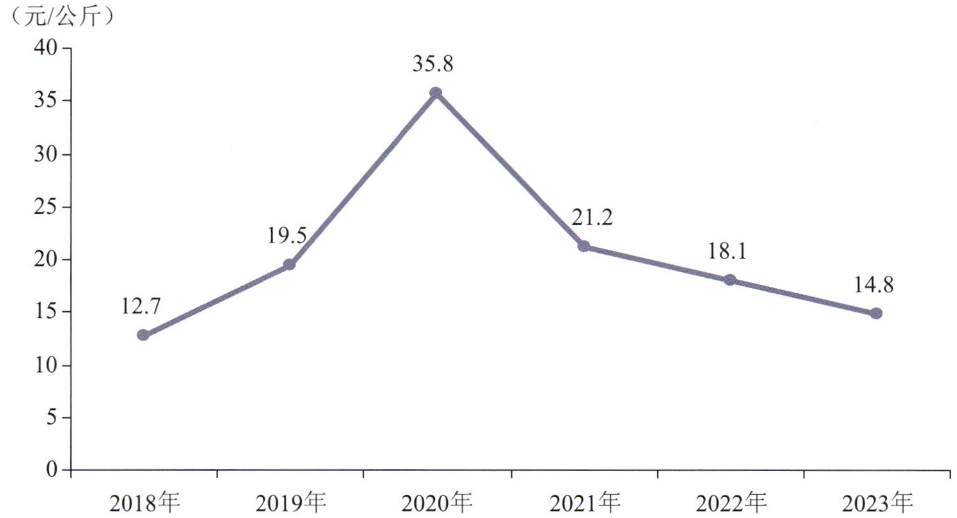

图4　2018—2023年南宁市生猪出栏价格变动趋势图

（二）家禽出栏稳中有增、存栏小幅下降，禽蛋产量增加

1.2023年南宁市出栏17412.35万只，比上年增长5.7%；家禽存栏5529.55万只，比上年下降3.6%。主要原因是家禽养殖主要依托“公司+农户”模式带动，促进产业向标准化、规模化发展，生产总体呈稳定趋势，出栏稳中有增。但2023年家禽出栏平均价格为13.5元/公斤左右，比上年下降9.4%，家禽养殖积极性受到影响，存栏有所下降。近六年来南宁市家禽存、出栏变动情况见图5。

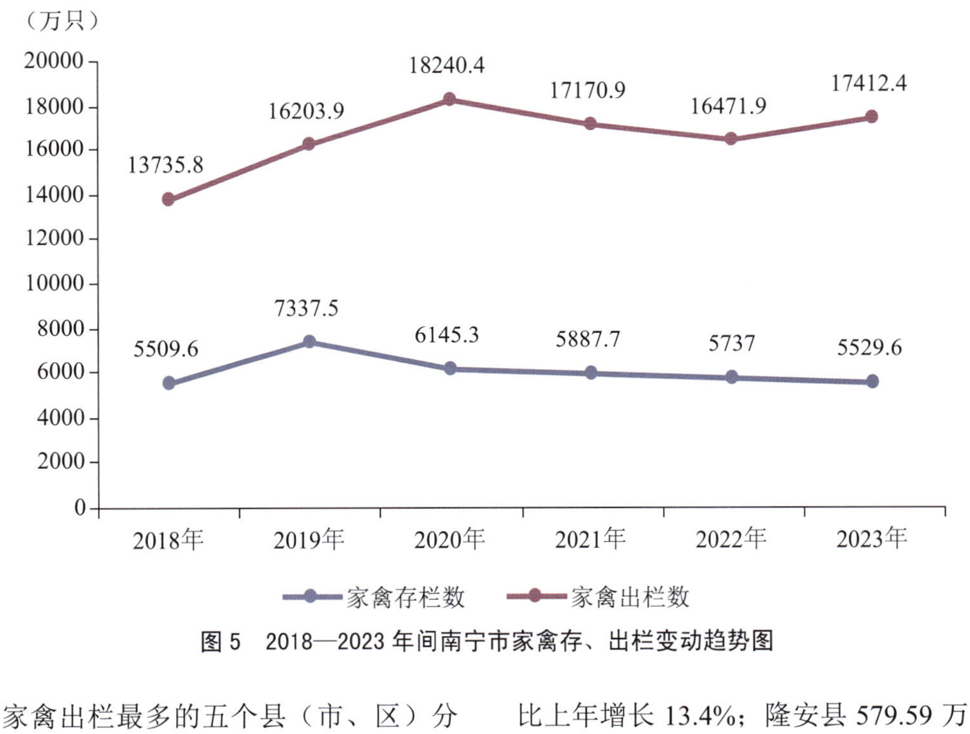

图5　2018—2023年间南宁市家禽存、出栏变动趋势图

2.南宁市家禽出栏最多的五个县（市、区）分别是横州市2767.98万只，比上年增长7.4%；邕宁区2711.00万只，比上年增长2.7%；宾阳县2234.90万只，比上年增长4.9%；隆安县1238.75万只，比上年增长24.2%；武鸣区1706.50万只，比上年下降7.3%。南宁市家禽存栏最多的五个县（市、区）分别是横州市819.63万只，比上年增长0.7%；邕宁区781.67万只，比上年增长3.6%；宾阳县635.46万只，比上年增长13.4%；隆安县579.59万只，比上年增长2.3%；青秀区488.96万只，比上年下降10.2%。

3.2023年南宁市禽蛋产量45305.80吨，比上年增长21.0%。主要原因：一是2023年南宁市部分大型蛋禽正式投产，比如宾阳县洋桥镇的益海晨科蛋鸡场、广西立发农牧有限公司等。二是禽蛋市场消费需求量逐年增长，促进禽蛋产量较快增长。

（三）牛存栏下降、出栏平稳

2023 年南宁市牛存栏 31.44 万头，比上年下降 8.3%；牛出栏 14.50 万头，比上年增长 0.8%。主要原因是牛生长周期长，饲养周期为 26 个月左右，长时间投入而收益式微，制约了养牛行业发展。近六年来南宁市牛存、出栏数变动情况见图 6。

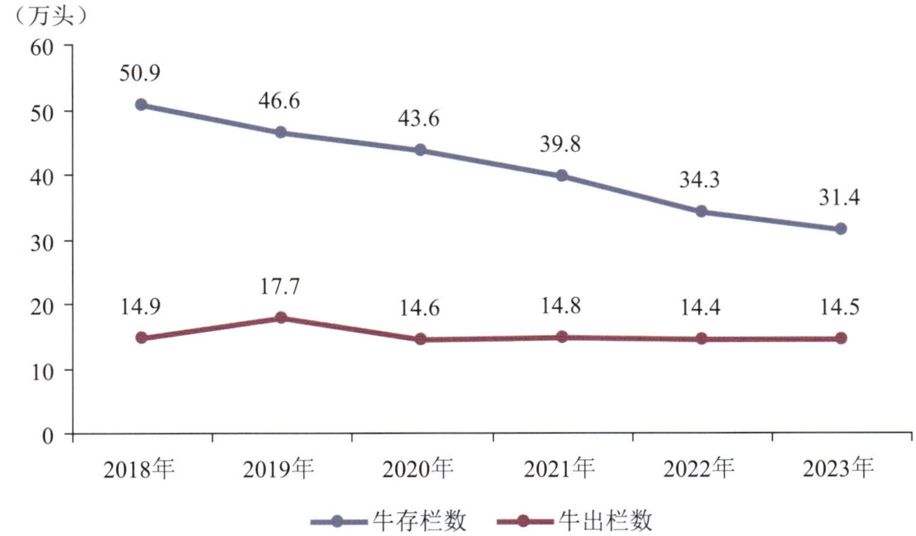

图 6　2018—2023 年南宁市牛存栏、出栏变动趋势图

（四）羊养殖规模所有收缩

2023 年南宁市羊存栏 18.50 万只，比上年下降 1.5%；出栏 16.42 万只，比上年下降 5.8%。主要原因是羊饲养周期较长，而且肉产量相对较低，加上受土地流转影响，饲草难以大规模种植，山羊出栏价格也回落，导致山羊的养殖规模所有收缩。2023 年羊出栏价格为 48.2 元/公斤左右，比上年下降 9.2%。近六年来南宁市山羊存、出栏数变动情况见图 7。

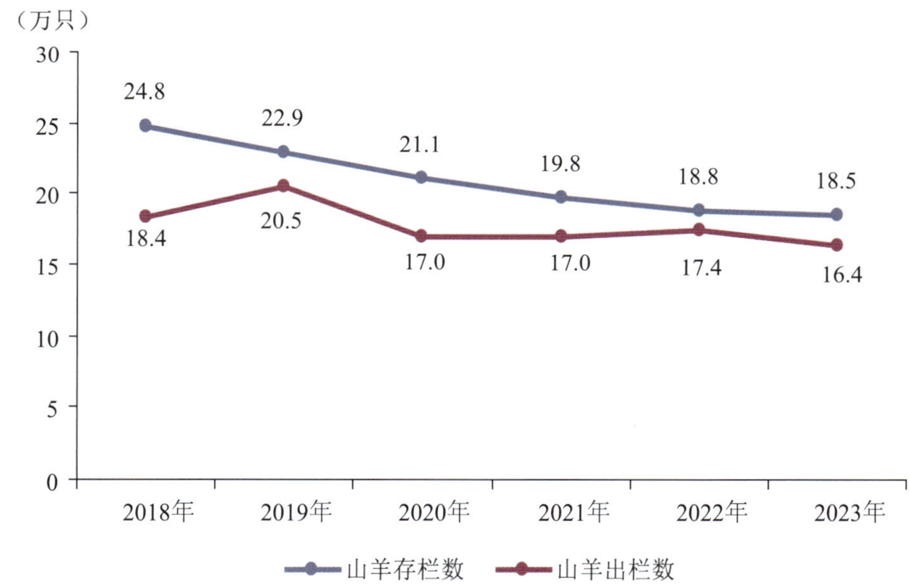

图 7　2018—2023 年南宁市山羊存、出栏数变动趋势图

（五）牛奶产量回落，蚕茧产量增加

1.2023 年南宁市牛奶产量为 7566.14 吨，比上年下降 11.3%。主要原因：一是 2023 年南宁市部分奶牛场改为其他畜种场，比如横州市石塘镇南宁新六农牧科技有限公司奶牛场已改为养猪场。二是近年来乳制品行业竞争较大，本地牛奶场生产经营不佳，普遍减少奶牛养殖数量，牛奶产量相应减少。

2.2023 年南宁市蚕茧产量为 66783.01 吨，比上年增长 2.2%。主要原因是 2023 年雨水充沛，桑树比去年长势好，下半年蚕茧价格 56~58 元/公斤比上年同期（上年下半年 48~50 元/公斤）增长 16.0%左右，农户对桑园投入有所增加，因此蚕茧产量也随之增加。

二、畜牧业生产面临的问题

（一）生猪价格持续下跌

2023 年南宁市生猪价格持续下跌。南宁市 2023 年主要畜禽监测调查显示，从 2023 年一季度生猪均价 15.4 元/公斤持续下跌到 2023 年四季度生猪均价 14.6 元/公斤。2023 年 5 月份开始，南宁市生猪均价同比负增长，2023 年南宁市生猪均价只有 14.8 元/公斤左右，比上年下降 18.2%。猪价持续下降，养殖压力增加，很多非大型养猪场承担很大的养殖风险。

（二）缺乏劳动力和管理技术

随着农村劳动力大量外出务工，农村劳动力逐渐减少，养殖业专业技术人才也较为缺乏，影响了养殖业的发展。据调研，南宁市从事种桑养蚕者年龄大都在 50 岁以上，养蚕人员老龄化，加上缺少机械化技术，采摘桑叶费工费时，限制了桑蚕产业的发展。南宁市大型养殖企业现代养殖技术较为先进，但部分中小型生猪养殖户却不掌握科学养殖技术，还是按照传统养殖经验养殖，如何科学合理地饲养母猪，如何提高仔猪成活率等管理技术比较匮乏。

（三）家禽价格低迷、养殖成本居高不下

家禽饲料成本上涨明显，家禽售价却较为低迷，影响了家禽养殖业的发展。据调研，2023 年 12 月底南宁市家禽饲料平均价格为 3400 元/吨左右，同比上涨 9.7%。2023 年南宁市家禽均价 13.5 元/公斤，同比下降 9.4%，利润微薄，很多养殖户对扩大再生产是持观望态度。

三、几点建议

（一）加强生猪价格监管，降低养殖风险

加强生猪市场调研和预测、预警提醒，掌握生猪供需情况、养殖成本变化等因素对价格的影响，及时向养殖场（户）和社会公众发布生猪价格信息，提高养殖户对养殖行情信息的知晓率，为养殖户提供养殖决策参考，引导生猪养殖市场的预期，尽量规避风险。

（二）多措施多渠道解决劳动力和技术短缺难题

加强引入自动化和机械化设备，以减少对人力的依赖；加强对非大型养殖户的养殖技能培训，提高养殖户养殖专业支持和技能。

（三）加大政策扶持力度

鼓励养殖企业建立产业链，探索制作肉制品、调料品等家禽产品，将加工后的家禽产品通过互联网和大数据销售，打造线上线下多种渠道销售，以此补齐家禽价格低迷、养殖成本居高不下等的养殖短板。

（撰稿：边巴穷达）

1-1　南宁市行政区划(2023年)

单位：个

县(市、区)	乡镇、街道办事处	乡	镇	办事处	村民、居民委员会
全市	127	13	89	25	180[illegible]
市区	62		37	25	8[illegible]5
兴宁区	6		3	3	75
青秀区	9		4	5	18
江南区	9		4	5	117
西乡塘区	13		3	10	152
良庆区	7		5	2	85
邕宁区	5		5		81
武鸣区	13		13		220
隆安县	10	4	6		131
马山县	11	4	7		156
上林县	11	4	7		134
宾阳县	16		16		237
横州市	17	1	16		308

注：行政区划中青秀区包含青秀山风景区；西乡塘区含高新技术开发区；江南区含经济技术开发区；武鸣区含广西—东盟经济开发区。

1-2 乡(镇)、街道办事处一览表

县(市、区)	乡(镇)、街道办事处
武鸣区	城厢镇、双桥镇、罗波镇、两江镇、马头镇、陆斡镇、太平镇、甘圩镇、宁武镇、锣圩镇、仙湖镇、府城镇、灵马镇
隆安县	城厢镇、南圩镇、乔建镇、那桐镇、丁当镇、雁江镇、都结乡、布泉乡、屏山乡、古潭乡
马山县	白山镇、百龙滩镇、古零镇、金钗镇、永州镇、林圩镇、周鹿镇、乔利乡、加方乡、古寨瑶族乡、里当瑶族乡
上林县	大丰镇、明亮镇、巷贤镇、白圩镇、三里镇、乔贤镇、西燕镇、澄泰乡、木山乡、塘红乡、镇圩瑶族乡
宾阳县	思陇镇、新桥镇、宾州镇、新圩镇、大桥镇、邹圩镇、王灵镇、黎塘镇、和吉镇、洋桥镇、武陵镇、中华镇、古辣镇、露圩镇、甘棠镇、陈平镇
横州市	横州镇、百合镇、那阳镇、南乡镇、新福镇、莲塘镇、平马镇、峦城镇、六景镇、石塘镇、陶圩镇、校椅镇、云表镇、马岭镇、马山镇、平朗镇、镇龙乡
兴宁区	三塘镇、五塘镇、昆仑镇、朝阳街道办事处、民生街道办事处、兴东街道办事处
青秀区	新竹街道办事处、中山街道办事处、建政街道办事处、南湖街道办事处、津头街道办事处、刘圩镇、伶俐镇、南阳镇、长塘镇
江南区	金凯街道办事处、福建园街道办事处、江南街道办事处、沙井街道办事处、那洪街道办事处、苏圩镇、延安镇、江西镇、吴圩镇
西乡塘区	衡阳街道办事处、北湖街道办事处、西乡塘街道办事处、安吉街道办事处、华强街道办事处、新阳街道办事处、上尧街道办事处、石埠街道办事处、安宁街道办事处、心圩街道办事处、金陵镇、双定镇、坛洛镇
良庆区	大沙田街道办事处、玉洞街道办事处、良庆镇、那马镇、大塘镇、那陈镇、南晓镇
邕宁区	蒲庙镇 、那楼镇、新江镇、百济镇、中和乡

南宁市主要调查指标统计图

主要年份南宁市城镇居民人均可支配收入（元）（新口径）

主要年份南宁市农村居民人均可支配收入（元）（新口径）

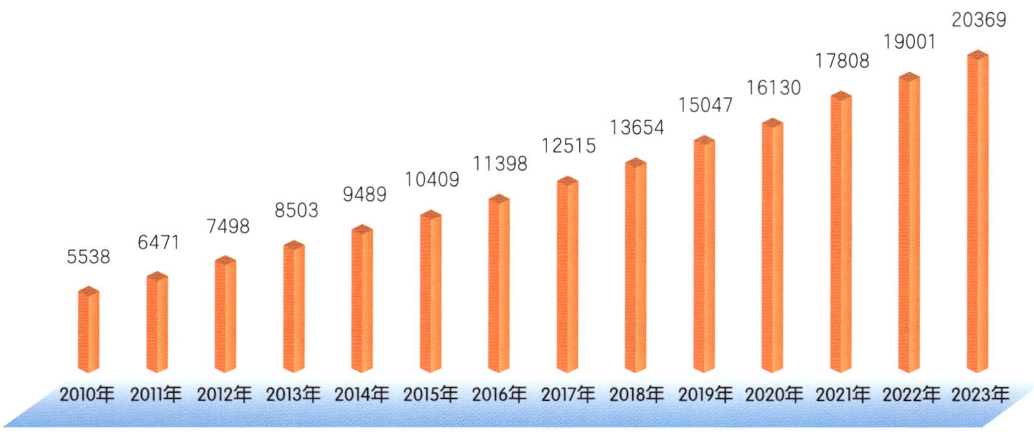

主要年份南宁市城镇居民人均消费支出（元）（新口径）

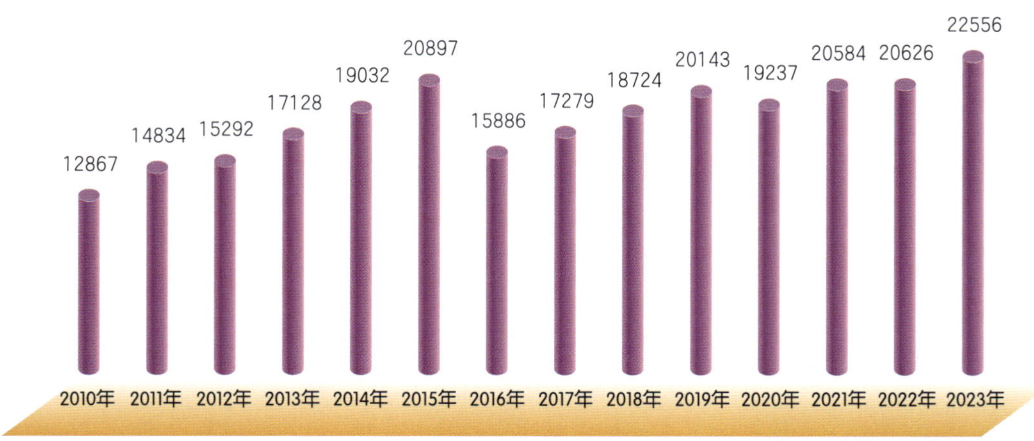

主要年份南宁市农村居民人均消费支出（元）（新口径）

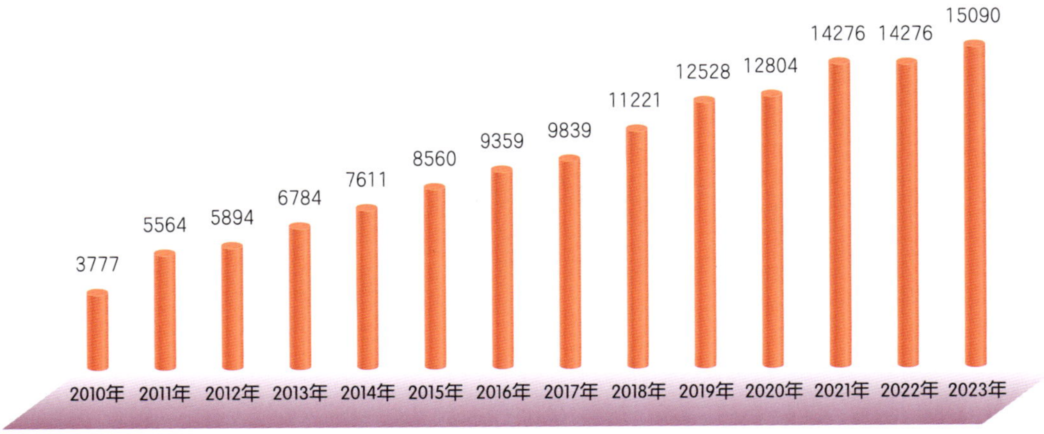

主要年份南宁市城镇居民家庭恩格尔系数（%）（新口径）

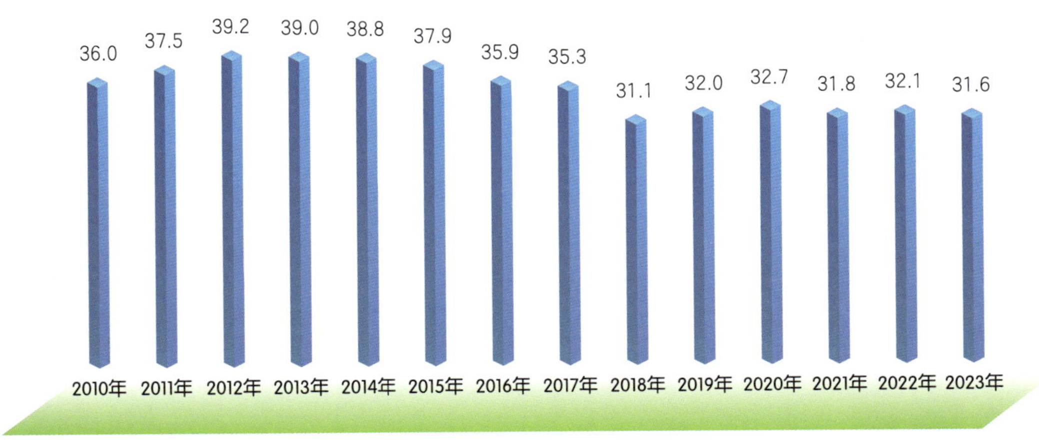

主要年份南宁市农村居民家庭恩格尔系数（%）（新口径）

主要年份南宁市居民消费价格总指数

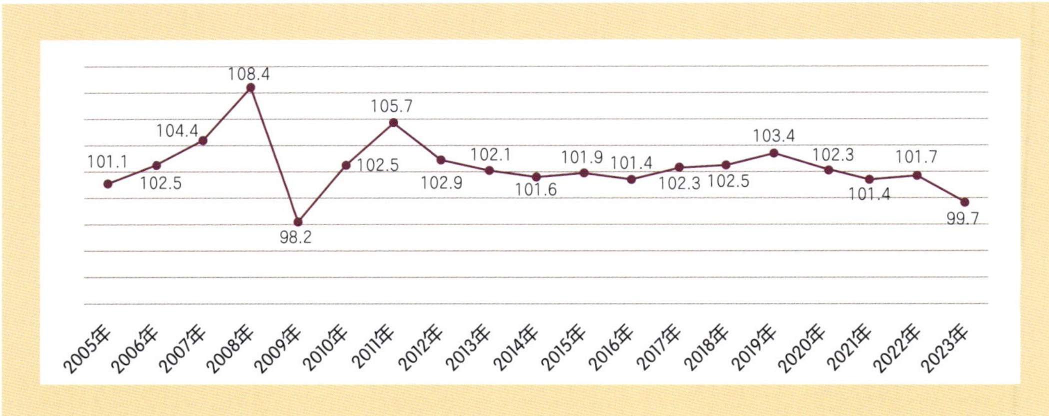

南宁市新建商品住宅各月同比价格指数（2023 年）

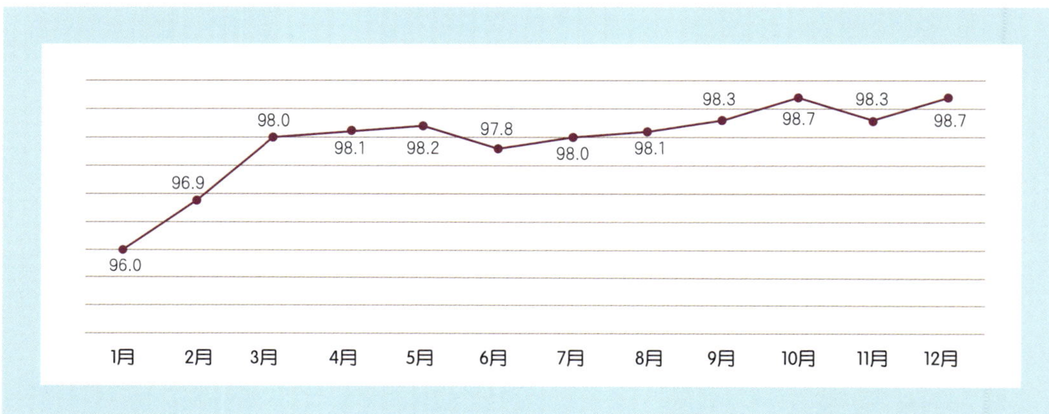

南宁市和各县（市、区）粮食作物播种面积（公顷）（2023 年）

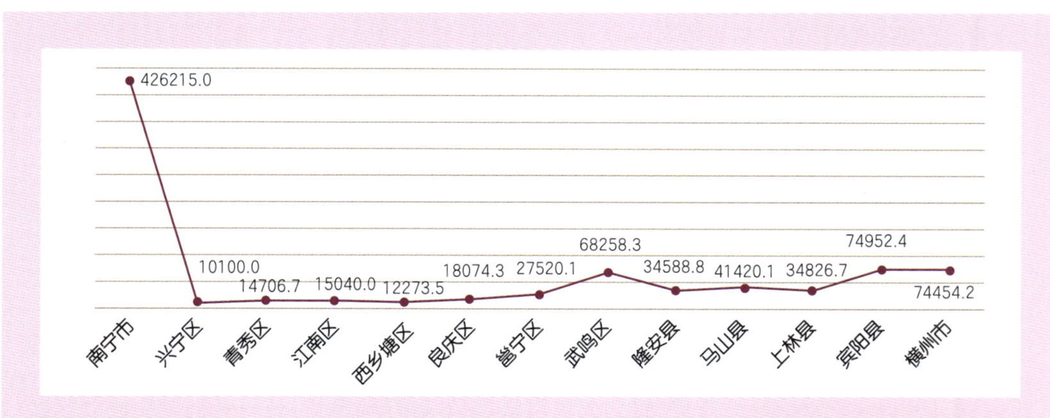

南宁市和各县（市、区）粮食作物总产量（吨）（2023年）

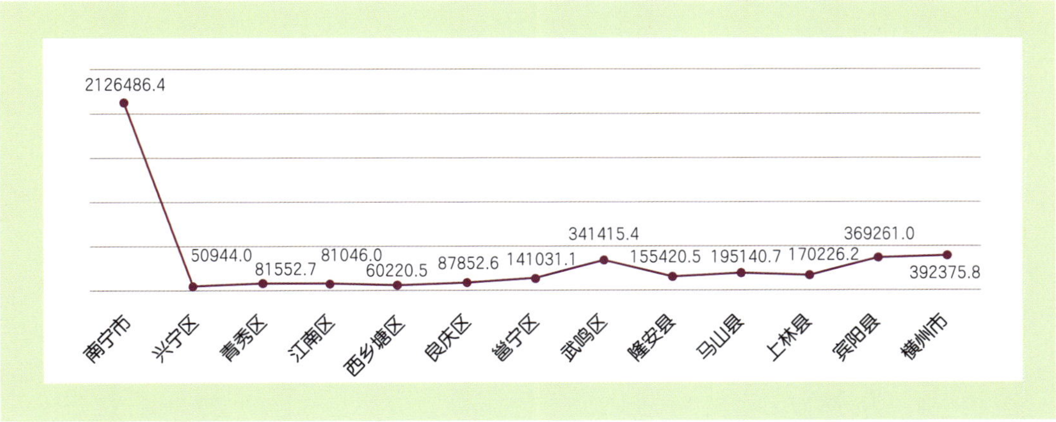

第二篇

城乡居民生活

2-1 南宁市城镇居民家庭人均收支(2010—2023年)

年 份	城镇居民家庭人均可支配收入		城镇居民家庭人均消费性支出	
	绝对数(元)	比上年(±%)	绝对数(元)	比上年(±%)
2010	17741	10.9	12867	
2011	19972	10.9	14834	
2012	22024	12.8	15292	
2013	24817	10.0	17128	12.0
2014	27075	9.1	19032	11.1
2015	29106	7.5	20897	9.8
2016	30728	7.7	15886	14.3
2017	33217	8.1	17279	8.8
2018	35276	6.2	18724	8.4
2019	37675	6.8	20143	7.6
2020	38542	2.3	19237	-4.5
2021	41394	7.4	20584	7.0
2022	42636	3.0	20626	0.6
2023	44469	4.3	22556	9.4

2-2 南宁市农村居民家庭人均收支(2010—2023年)

年 份	农村居民家庭人均可支配收入		农村居民家庭人均生活消费支出	
	绝对数(元)	比上年(±%)	绝对数(元)	比上年(±%)
2010	5538	14.1		
2011	6471	16.8		
2012	7498	15.9	5894	
2013	8503	13.4	6784	15.1
2014	9489	11.6	7611	12.2
2015	10409	9.7	8560	12.5
2016	11398	9.5	9359	9.3
2017	12515	9.8	9839	5.1
2018	13654	9.1	11221	14.0
2019	15047	10.2	12528	11.6
2020	16130	7.2	12804	2.2
2021	17808	10.4	14276	11.5
2022	19001	6.7	14276	
2023	20369	7.2	15090	5.7

2-3 南宁市城乡居民家庭人均收入情况(2023年)

单位：元

指 标 名 称	2023年	2022年	增长(%)
一、城镇居民家庭收入情况			
可支配收入	44469	42636	4.3
工资性收入	25528	24382	4.7
经营净收入	6761	6395	5.7
财产净收入	5499	5277	4.2
转移净收入	6681	6582	1.5
二、农村居民家庭收入情况			
可支配收入	20369	19001	7.2
工资性收入	8985	8397	7.0
经营净收入	7346	6891	6.6
第一产业收入	5878	5598	5.0
农业收入	3236	3082	5.0
林业收入	286	275	4.0
牧业收入	2255	2146	5.1
渔业收入	101	95	5.9
第二产业收入	163	148	10.3
第三产业收入	1305	1145	14.0
财产净收入	803	796	0.9
转移净收入	3235	2917	10.9

2-4 南宁市城乡居民家庭人均支出情况(2023年)

单位：元

指 标 名 称	2023年	2022年	增长(%)
一、城镇居民家庭总支出			
生活消费支出	22556	20626	9.4
1.食品消费支出	7231	6622	9.2
2.衣着消费支出	1017	918	10.8
3.居住消费支出	5372	5030	6.8
4.家庭设备、用品消费支出	1172	1125	4.2
5.交通和通讯消费支出	2584	2379	8.6
6.文化教育、娱乐消费支出	2531	2242	12.9
7.医疗保健消费支出	2191	1897	15.5
8.其他商品和服务消费支出	458	413	10.8
二、农村居民家庭总支出			
生活消费支出	15090	14276	5.7
1.食品消费支出	4579	4416	3.7
2.衣着消费支出	433	429	1.0
3.居住消费支出	3708	3517	5.4
4.家庭设备、用品消费支出	727	716	1.6
5.交通和通讯消费支出	1950	1760	10.8
6.文化教育、娱乐消费支出	1835	1733	5.9
7.医疗保健消费支出	1689	1538	9.8
8.其他商品和服务消费支出	169	167	1.1

2-5 广西主要城市城镇居民

年 份	全 区	南宁市	柳州市	桂林市	梧州市	北海市	防城港市
2010	17064	17741	17532	16566	16578	16612	
2011	18854	19972	18631	17915	18531	18347	
2012	21243	22024	22261	19450	21416	20296	
2013	23305	24817	24355	24552	22537	23407	24423
2014	24669	27075	26693	26811	24272	25818	26523
2015	26416	29106	28722	28768	25898	27729	28433
2016	28324	30728	30270	30124	27260	29412	29758
2017	30502	33217	32661	32534	29359	31912	32079
2018	32436	35276	34849	34649	31209	33954	34325
2019	34745	37675	37358	37178	33518	36602	36385
2020	35859	38542	38479	38145	34591	37956	37185
2021	38530	41394	41442	40739	37185	40727	39676
2022	39703	42636	42478	42043	38524	41704	40470
2023	41287	44469	44177	43725	40181	43539	42291

注：1. 从2014年起，开展城乡一体化的住户收支与生活状况调查，与2013年及以前分别开展的城镇和农村住户调查的调查范围、调查方法、指标口径有所不同。
2. 从2016年起，各市人均可支配收入为新口径数据，2015年及以前的数据不可比。

人均可支配收入(2010—2023年)

单位：元

钦州市	贵港市	玉林市	百色市	贺州市	河池市	来宾市	崇左市
	14447		15554	16761			
	16276		16929	18612			
	18595		19242	21442			
23695	21361	24366	21458	21682	19653	23563	21288
25425	23262	26681	23282	23590	21363	25401	23184
27281	24890	28842	24958	25194	22752	27077	24668
29360	26771	30083	26919	26883	23660	28962	26605
31415	28806	32159	29126	28899	25647	31047	28813
33488	30506	33960	30611	30864	27468	32910	30916
35732	32916	36133	32784	33179	29665	34950	33297
37126	34002	37362	33964	34075	30881	36173	34562
40170	36756	40314	36375	36665	33351	38705	36947
41094	37748	41564	37721	38058	34518	40021	38166
42779	39145	43185	39154	39428	35692	35692	39502

2-6 广西主要城市城镇居民家庭

指标名称	南宁市	柳州市	桂林市	梧州市	北海市	防城港市
城镇居民人均可支配收入	44469	44177	43725	40181	43539	42291
工资性收入	25528	26427	24136	22971	24914	22978
经营净收入	6761	5338	5816	6349	7469	7766
财产净收入	5499	2005	3017	2971	2296	3451
转移净收入	6681	10407	10756	7890	8860	8096
生活消费支出	22556	27098	24261	26873	25890	28278
食品烟酒	7231	9345	8195	8341	9201	8821
衣着	1017	1792	1250	2092	1137	1332
居住	5372	3242	5036	3652	3371	6166
生活用品及服务	1172	2049	1416	2347	1351	2508
交通通信	2584	4792	2466	3814	5523	3651
教育文化娱乐	2531	3291	3061	3462	3043	2604
医疗保健	2191	1766	2398	2520	1702	2332
其他用品和服务	458	821	439	645	562	864

人均收支情况(2023年)

单位：元

钦州市	贵港市	玉林市	百色市	贺州市	河池市	来宾市	崇左市
42779	39145	43185	39154	39428	35692	41702	39502
22587	26556	24960	24547	22282	20181	25271	22437
8534	4805	7624	6293	5844	6128	6587	9322
3174	1569	2662	2817	4281	2253	2211	2094
8484	6215	7939	5497	7021	7130	7633	5649
22726	24683	24688	21501	21894	21914	22715	22907
7795	8491	7530	7155	6711	7222	7798	7982
909	1916	1647	1303	1594	910	1009	939
5318	2083	2766	3929	2718	4504	4252	5108
1045	1826	1902	1308	1503	1403	1195	1420
3273	5310	3835	2916	3935	3113	3151	2843
2500	3464	3958	2828	3224	2305	2791	2165
1477	1105	2248	1688	1801	1957	2155	1993
409	488	802	374	408	500	364	458

2-7 广西主要城市农村居民家庭

指标名称	南宁市	柳州市	桂林市	梧州市	北海市	防城港市
农村居民人均可支配收入	20369	19811	21562	18680	20936	21460
工资性收入	8985	6218	9078	8350	7225	7567
经营净收入	7346	9777	8948	5976	11000	8945
财产净收入	803	208	453	484	547	592
转移净收入	3235	3608	3083	3870	2164	4356
生活消费支出	15090	13383	12330	10966	12736	14858
食品烟酒	4579	4730	4353	3317	4439	4857
衣着	433	549	399	405	443	502
居住	3708	3599	2576	2430	2863	3120
生活用品及服务	727	692	795	794	696	899
交通通信	1950	829	1511	1634	1413	1735
教育文化娱乐	1835	941	1250	1071	1681	1533
医疗保健	1689	1755	1253	1054	1022	1847
其他用品和服务	169	288	193	261	179	365

人均收支情况(2023年)

单位：元

钦州市	贵港市	玉林市	百色市	贺州市	河池市	来宾市	崇左市
19311	20829	22250	16972	17596	14164	17521	17918
7647	8888	6606	5361	8046	4698	5916	4337
6600	9832	9734	7815	7531	6068	7794	11037
274	371	282	134	338	145	199	233
4790	1738	5628	3662	1681	3253	3612	2311
10874	12284	14598	10335	10869	9580	14184	10547
3860	4387	4637	3369	3496	3224	4577	3669
326	301	571	419	433	342	431	327
2466	2131	3192	2105	2503	1904	3164	1971
544	695	1062	557	770	651	703	620
1381	2098	1845	1595	1190	1051	1934	1499
1359	1434	1444	1424	1130	1311	1718	1363
753	982	1447	735	1101	942	1483	939
185	256	400	131	246	155	174	159

2-8 马山县城镇居民家庭人均收支情况(2023年)

单位：元

指 标 名 称	2023年	2022年	增长(%)
城镇居民人均可支配收入	**34569**	**32177**	**4.0**
工资性收入	16446	14914	4.7
经营净收入	12108	11414	4.5
财产净收入	1093	1028	2.8
转移净收入	4922	4821	0.9
生活消费支出	**19141**	**17647**	**8.5**
食品烟酒	5859	5423	8.0
衣着	858	809	6.1
居住	5414	5131	5.5
生活用品及服务	816	791	3.2
交通通信	2276	2063	10.3
教育文化娱乐	1839	1621	13.4
医疗保健	1798	1556	15.6
其他用品和服务	281	253	11.1

2-9 马山县农村居民家庭人均收支情况(2023年)

单位：元

指 标 名 称	2023年	2022年	增长(%)
农村居民人均可支配收入	16333	15222	7.3
工资性收入	6229	5810	7.2
经营净收入	4740	4489	5.6
第一产业收入	2805	2659	5.5
农业收入	2320	2237	3.7
林业收入	39	33	17.0
牧业收入	407	369	10.3
渔业收入	40	20	100.0
第二产业收入	533	495	7.6
第三产业收入	1402	1335	5.0
财产净收入	237	232	2.3
转移净收入	5127	4691	9.3
生活消费支出	15506	15054	3.0

2-10 上林县城镇居民家庭人均收支情况(2023年)

单位：元

指标名称	2023年	2022年	增长(%)
城镇居民人均可支配收入	33834	32470	4.2
工资性收入	21481	20560	4.5
经营净收入	5676	5376	5.6
财产净收入	2276	2191	3.9
转移净收入	4401	4343	1.3
生活消费支出	19495	17676	10.3
食品烟酒	5903	5387	9.6
衣着	1007	895	12.5
居住	4326	4001	8.1
生活用品及服务	1022	975	4.8
交通通信	3123	2814	11.0
教育文化娱乐	2119	1882	12.6
医疗保健	1528	1317	16.0
其他用品和服务	467	405	15.3

2-11 上林县农村居民家庭人均收支情况(2023年)

单位：元

指标名称	2023年	2022年	增长(%)
农村居民人均可支配收入	16834	15703	7.2
工资性收入	6705	6284	6.7
经营净收入	5757	5426	6.1
第一产业收入	4445	4221	5.3
农业收入	3415	3243	5.3
林业收入	455	430	5.7
牧业收入	538	518	3.9
渔业收入	37	30	23.5
第二产业收入			
第三产业收入	1312	1205	8.9
财产净收入	235	225	4.5
转移净收入	4137	3768	9.8
生活消费支出	16220	15732	3.1

2-12　横州市城镇居民家庭人均收支情况(2023年)

单位：元

指标名称	2023年	2022年	增长(%)
城镇居民人均可支配收入	**42166**	**40428**	**4.3**
工资性收入	14698	14143	3.9
经营净收入	17600	16712	5.3
财产净收入	2703	2618	3.2
转移净收入	7165	6955	3.0
生活消费支出	**17311**	**15856**	**9.2**
食品烟酒	5475	5102	7.3
衣着	674	574	17.4
居住	5179	4817	7.5
生活用品及服务	997	898	11.0
交通通信	2072	1851	11.9
教育文化娱乐	1189	1053	12.9
医疗保健	1517	1376	10.2
其他用品和服务	208	185	12.4

2-13 横州市农村居民家庭人均收支情况(2023年)

单位：元

指 标 名 称	2023年	2022年	增长(%)
农村居民人均可支配收入	20469	19076	7.3
工资性收入	8849	8270	7.0
经营净收入	8945	8383	6.7
第一产业收入	6887	6497	6.0
农业收入	3521	3315	6.2
林业收入	11	11	4.0
牧业收入	3228	3051	5.8
渔业收入	128	120	6.3
第二产业收入	110	95	15.3
第三产业收入	1948	1791	8.8
财产净收入	89	89	0.4
转移净收入	2586	2334	10.8
生活消费支出	14080	13254	6.2

2-14 南宁市分县(市、区)城镇居民

指标名称	兴宁区	青秀区	江南区	西乡塘区	良庆区
城镇居民人均可支配收入	48426	57832	43428	42654	39252
工资性收入	32770	34710	27687	27853	22747
经营净收入	5418	2350	3923	4581	9391
财产净收入	2242	10951	8864	7396	3443
转移净收入	7996	9821	2954	2824	3671
生活消费支出	23695	38701	28286	26408	19102
食品烟酒	7169	11676	8332	8507	6207
衣着	953	1903	1359	1268	702
居住	5053	9610	6040	5573	5500
生活用品及服务	1612	1905	1519	1530	967
交通通信	2750	5368	2847	3274	1608
教育文化娱乐	3171	3534	3167	2916	2479
医疗保健	2598	3713	4310	2632	1294
其他用品和服务	389	992	712	708	345

家庭人均收支情况(2023年)

单位：元

邕宁区	武鸣区	隆安县	马山县	上林县	宾阳县	横州市
40430	43050	34306	34569	33834	41633	42166
34000	23855	21652	16446	21481	25098	14698
2199	10126	3976	12108	5676	10510	17600
3550	5650	1689	1093	2276	1239	2703
681	3419	6989	4922	4401	4786	7165
22772	17816	19772	19141	19495	14097	17311
7351	5522	6402	5859	5903	4496	5475
1093	960	953	858	1007	432	674
5235	4557	4936	5414	4326	3913	5179
1305	881	897	816	1022	702	997
2800	2590	2099	2276	3123	1138	2072
2265	2109	2179	1839	2119	2295	1189
2284	1001	1905	1798	1528	912	1517
439	196	401	281	467	209	208

2-15 南宁市分县(市、区)农村居民

指标名称	兴宁区	青秀区	江南区	西乡塘区	良庆区
农村居民人均可支配收入	21743	22714	22026	20311	22015
工资性收入	12499	8970	11250	10786	7452
经营净收入	6798	11528	8813	7401	12074
第一产业收入	4197	7557	8043	6669	9744
农业收入	3087	5105	7604	6329	7687
林业收入	135	94	156	143	1566
牧业收入	960	2345	298	150	189
渔业收入	14	12	-15	47	302
第二产业收入	141	307			
第三产业收入	2461	3664	770	732	2329
财产净收入	1461	634	374	494	117
转移净收入	985	1582	1589	1630	2372
生活消费支出	14317	20084	12693	18374	12231

家庭人均收支情况(2023年)

单位：元

邕宁区	武鸣区	隆安县	马山县	上林县	宾阳县	横州市
20970	23819	17821	16333	16834	20758	20469
7470	9367	9569	6229	6705	13063	8849
12430	10788	4908	4740	5757	4876	8945
10198	10537	4366	2805	4445	4097	6887
5862	8826	3466	2320	3415	3443	3521
214	227	318	39	455	288	11
4071	1404	577	407	538	336	3228
51	78	6	40	37	30	128
562			533		60	110
1671	250	543	1402	1312	719	1948
413	2301	834	237	235	54	89
657	1363	2510	5127	4137	2765	2586
14268	14630	13584	15506	16220	16398	14080

第三篇

价格调查

3-1 居民消费总指数(1984—2023年)

(上年同期=100)

年份	全区	城市	农村	南宁
1984	103.3	104.6	102.4	104.4
1985	113.0	114.7	111.8	118.3
1986	106.2	106.2	105.2	105.2
1987	108.2	110.2	105.8	111.1
1988	120.8	123.3	118.4	121.6
1989	121.1	119.7	123.3	119.4
1990	101.1	98.3	104.4	98.0
1991	102.8	102.7	103.0	104.1
1992	105.9	107.0	105.4	106.7
1993	122.0	123.3	119.1	125.1
1994	126.0	125.4	126.5	124.8
1995	118.4	118.0	118.6	118.6
1996	106.5	105.5	107.4	103.3
1997	100.8	100.7	100.8	100.2
1998	97.0	97.1	96.8	96.7
1999	97.7	97.2	98.2	95.9
2000	99.7	100.0	99.5	100.0
2001	100.6	101.3	99.6	102.8
2002	99.1	98.9	99.3	99.4
2003	101.1	100.9	101.3	100.8

3-1 续表

(上年同期=100)

年 份	全 区	城 市	农 村	南 宁
2004	104.4	104.1	104.9	104.2
2005	102.4	103.0	101.6	101.1
2006	101.3	101.6	100.9	102.5
2007	106.1	105.6	106.8	104.4
2008	107.8	107.6	108.5	108.4
2009	97.9	97.9	97.5	98.2
2010	103.0	102.9	103.4	102.5
2011	105.9	105.7	106.4	105.7
2012	103.2	103.2	103.3	102.9
2013	102.2	102.1	102.4	102.1
2014	102.1	102.2	101.9	101.6
2015	101.5	101.5	101.5	101.9
2016	101.6	101.6	101.7	101.4
2017	101.6	101.9	101.1	102.3
2018	102.3	102.4	102.2	102.5
2019	103.7	103.5	104.1	103.4
2020	102.8	102.5	103.5	102.3
2021	100.9	101.1	100.5	101.4
2022	101.9	102.0	102.0	101.7
2023	99.8	99.7	100.0	99.7

3-2 南宁市居民消费价格分类指数(2023年)

(上年同期=100)

指 标 名 称	2023年
居民消费价格总指数	99.7
一、食品烟酒	99.5
1.食品	98.9
2.茶及饮料	101.0
3.烟酒	100.3
4.在外餐饮	100.6
二、衣着	103.1
1.服装	103.1
2.鞋类	103.1
三、居住	99.3
1.租赁房房租	99.3
2.住房保养维修及管理	99.7
3.水电燃料	99.5
4.自有住房	99.1
四、生活用品及服务	99.3
1.家具及室内装饰品	98.3
2.家用器具	97.3
3.家用纺织品	98.2
4.家庭日用杂品	101.5
5.个人护理用品	99.6
6.家庭服务	101.0
五、交通通信	96.1
1.交通	96.0
2.通信	96.4
六、教育文化娱乐	102.0
1.教育	103.2
2.文化娱乐	99.8
七、医疗保健	101.0
1.药品及医疗器具	101.0
2.医疗服务	101.0
八、其他用品及服务	103.1
1.其他用品	103.8
2.其他服务	102.6

3-3 南宁市分月居民消费

(上年同月＝100)

指标名称	1月	2月	3月	4月	5月
居民消费价格总指数	102.0	100.2	100.6	100.2	99.8
一、食品烟酒	104.5	100.2	102.0	100.7	100.7
1.食品	106.9	100.3	102.3	101.0	101.2
(1)粮食	99.4	100.2	100.2	97.5	99.6
大米	98.7	99.2	99.9	96.6	99.3
面粉	102.2	102.2	101.1	100.0	99.6
其他粮食	100.5	100.5	102.1	102.1	103.0
粮食制品	100.7	103.2	99.9	97.1	98.8
(2)薯类	115.1	113.0	114.0	107.8	115.0
薯类	115.1	113.0	114.0	107.8	115.0
(3)豆类	105.0	97.6	99.5	98.4	98.4
干豆	99.1	98.3	101.7	100.6	101.6
豆制品	108.2	97.2	98.3	97.2	96.7
(4)食用油	104.6	105.7	103.9	104.8	104.8
食用植物油	104.6	105.7	103.8	104.6	104.7
食用动物油	107.5	105.6	109.3	113.4	110.2
(5)菜及食用菌	108.1	84.4	89.5	88.5	100.0
鲜菜	107.9	82.9	87.7	86.7	99.3
鲜菌	138.4	97.0	121.9	117.5	116.0
干菜干菌及制品	100.0	101.0	102.4	103.0	103.4
(6)畜肉类	108.0	100.6	105.7	105.5	101.4
猪肉	115.9	105.7	114.4	113.4	103.8
牛肉	98.7	95.3	97.9	97.8	97.3
羊肉	98.6	94.3	96.7	97.3	98.4
其他畜肉及副产品	112.9	101.8	107.6	109.0	106.9
畜肉制品	100.5	99.2	100.3	100.3	99.0
(7)禽肉类	109.3	108.2	112.0	111.4	109.1
鸡	108.4	105.7	111.8	110.7	105.7
鸭	112.1	113.2	114.9	114.9	115.8
其他禽肉及制品	107.1	107.5	107.6	107.7	108.4
(8)水产品	108.0	98.4	99.1	101.5	99.1
淡水鱼	98.3	95.1	96.4	97.3	97.2
海水鱼	114.5	106.8	105.9	103.8	100.9
虾蟹类	120.5	93.8	95.0	107.0	99.2
其他水产品及制品	103.2	102.4	102.4	100.8	101.5
(9)蛋类	106.9	106.1	105.9	101.5	99.8
鸡蛋	106.9	106.1	106.3	101.1	99.2
其他蛋及制品	106.6	106.2	105.0	102.8	101.8

价格同比指数(2023年)

6月	7月	8月	9月	10月	11月	12月
99.0	99.0	99.4	99.2	99.2	99.1	98.9
100.2	98.6	98.5	98.0	97.4	97.6	96.5
100.9	97.4	97.1	96.6	95.3	95.1	93.5
98.6	98.8	99.0	100.5	100.7	100.9	101.9
97.9	98.8	98.4	100.5	101.1	100.6	102.1
99.1	96.5	97.8	100.0	100.0	101.3	100.0
103.4	102.5	102.5	102.9	102.9	102.1	102.1
98.2	97.3	99.3	99.2	98.2	100.9	101.6
115.0	110.4	106.0	104.0	102.1	97.5	91.9
115.0	110.4	106.0	104.0	102.1	97.5	91.9
98.9	100.5	100.8	100.4	101.8	101.2	100.4
103.0	104.8	103.9	102.7	105.8	104.8	103.3
96.9	98.4	99.2	99.2	99.7	99.4	98.8
99.4	98.5	101.2	97.8	95.5	97.6	98.6
99.3	98.6	101.2	97.7	95.5	98.0	98.9
101.1	93.6	101.8	102.2	92.9	85.4	86.2
105.1	98.1	97.0	96.7	95.6	98.8	89.4
105.0	97.4	96.2	95.9	94.7	98.3	88.1
109.7	106.9	107.9	104.5	103.6	100.4	94.6
104.1	103.7	103.7	104.3	104.7	104.0	104.3
98.7	87.9	89.9	87.5	81.0	81.4	84.8
100.3	80.0	85.0	80.4	69.1	70.2	75.6
94.7	92.8	91.6	91.9	92.7	91.1	93.0
97.1	95.7	95.4	96.3	97.8	96.8	96.9
103.7	94.2	95.7	95.1	88.8	88.4	88.6
98.7	97.8	96.9	96.0	95.3	95.6	95.8
103.0	100.2	98.8	98.2	96.4	94.4	93.1
102.3	100.5	100.6	99.9	95.2	92.8	90.7
102.7	97.5	92.9	92.8	95.1	93.0	92.8
105.6	104.7	105.2	103.7	103.0	102.0	101.6
97.4	97.8	99.6	99.3	99.2	99.1	99.2
97.2	97.2	97.3	98.6	98.8	99.8	98.4
98.4	100.5	106.0	106.4	106.3	103.6	104.0
95.5	94.2	95.6	92.1	90.8	92.0	93.3
99.0	100.4	100.9	100.1	100.8	99.6	101.7
100.4	100.2	102.0	101.6	99.5	95.3	94.8
100.5	100.8	103.3	103.0	100.5	95.3	95.1
100.0	98.6	98.1	97.3	96.5	95.3	93.9

3-3

(上年同月＝100)

指 标 名 称	1 月	2 月	3 月	4 月	5 月
(10)奶类	97.1	101.8	100.4	100.4	96.0
鲜 奶	93.6	96.2	93.8	96.9	97.3
酸 奶	96.3	98.2	97.0	99.0	95.4
奶 粉	99.7	108.2	107.8	103.5	95.1
其他奶制品	100.8	99.9	98.8	101.5	98.6
(11)干鲜瓜果类	110.9	106.0	105.1	98.5	98.6
鲜 果	111.9	106.2	105.3	97.8	98.1
坚 果	103.9	105.1	103.6	104.9	103.5
瓜果制品	102.5	102.5	102.3	102.0	102.0
(12)糖果糕点类	105.4	107.3	107.4	106.2	98.9
食 糖	102.9	103.7	101.6	105.3	106.6
糖 果	102.9	104.8	106.9	104.8	100.0
糕 点	106.2	105.3	106.1	105.6	97.1
其他糖果糕点	104.6	119.3	115.2	110.5	103.1
(13)调味品	101.4	103.9	101.2	105.1	100.6
食 用 盐	100.6	100.0	106.6	101.7	100.8
酱 油	101.9	105.4	102.7	104.6	100.5
食 醋	102.6	101.5	100.2	106.4	100.0
增 味 剂	99.3	101.8	97.8	103.4	102.6
其他调味品	101.5	104.8	100.1	106.3	100.3
(14)其他食品类	103.6	105.9	102.7	100.8	99.6
方便食品	104.1	107.0	100.2	98.0	95.9
淀粉及制品	101.9	100.8	100.5	99.7	99.5
其他食品	103.6	106.0	106.3	104.5	104.2
2.茶及饮料	101.3	102.4	101.1	102.7	101.6
茶 叶	96.4	97.6	104.2	102.6	102.4
固体咖啡	103.6	109.8	100.6	106.9	104.2
其他固体饮料	101.3	108.6	110.1	107.3	107.3
饮 用 水	101.6	104.1	99.4	99.9	101.3
果汁饮料	99.2	102.6	100.6	102.2	100.8
其他液体饮料	104.4	101.5	98.6	103.5	99.8
3.烟酒	100.0	100.2	100.5	100.6	100.2
(1)卷烟	100.0	100.0	100.0	100.0	100.0
卷 烟	100.0	100.0	100.0	100.0	100.0
(2)酒类	100.0	100.7	101.4	101.8	100.7
白 酒	98.7	98.3	98.8	100.7	98.8
葡 萄 酒	97.3	106.7	98.9	102.0	102.8
啤 酒	100.1	101.1	105.3	103.0	103.4
其他酒类	104.5	101.5	103.0	102.3	99.5

续表 1

6 月	7 月	8 月	9 月	10 月	11 月	12 月
96.2	98.3	97.2	98.0	97.0	99.6	97.4
95.6	93.2	93.2	91.8	95.3	97.2	99.0
95.6	95.8	93.4	99.1	93.8	101.8	97.8
97.0	102.9	101.6	102.5	100.4	101.4	96.5
94.3	100.7	98.8	95.6	91.6	93.5	94.2
104.0	99.0	95.6	96.5	100.6	98.8	93.9
104.3	98.5	94.6	95.7	100.2	98.3	92.8
102.0	102.7	102.9	102.2	103.7	103.8	104.1
102.0	102.2	101.6	101.4	101.4	97.4	97.0
96.9	101.3	100.0	101.2	99.7	97.3	96.5
100.7	100.7	99.8	98.6	102.2	98.5	102.9
100.7	103.4	97.6	104.2	99.3	99.2	103.1
94.0	98.4	98.2	100.7	100.1	96.7	94.0
104.8	112.3	109.5	101.7	97.7	98.0	100.0
99.8	100.4	99.2	98.6	98.3	98.4	97.8
102.0	100.8	100.8	100.8	100.8	100.8	100.8
100.4	100.6	99.2	100.9	97.0	97.7	99.0
97.6	98.3	98.3	100.0	98.9	96.5	97.2
102.7	99.7	99.5	100.6	100.0	95.6	95.1
98.8	100.7	99.0	95.9	98.2	99.4	97.2
101.0	101.6	99.2	97.7	101.1	97.3	96.7
101.7	102.0	98.0	97.6	104.5	98.3	97.9
100.0	100.0	99.2	100.0	98.3	100.0	100.0
100.5	101.5	100.6	97.2	97.8	95.3	94.5
101.5	101.9	100.5	99.9	100.6	98.2	100.1
99.5	100.0	96.6	97.1	100.0	100.8	107.2
103.6	104.9	107.1	101.7	100.2	95.7	100.6
110.7	113.5	110.9	109.5	113.6	109.4	109.6
100.4	102.2	100.8	101.4	100.9	98.5	98.5
105.5	100.1	100.8	98.7	95.9	93.6	94.6
99.6	100.0	99.0	97.8	98.5	95.0	96.0
99.8	100.0	100.6	100.1	99.8	99.7	101.7
100.0	100.0	100.0	100.0	100.0	100.0	102.8
100.0	100.0	100.0	100.0	100.0	100.0	102.8
99.4	99.9	101.8	100.4	99.5	99.2	99.7
98.3	98.4	101.6	96.9	97.4	98.5	98.2
102.6	100.9	101.7	102.6	100.9	101.3	99.7
99.2	99.9	101.2	103.2	100.3	99.7	102.6
100.0	102.7	103.2	102.2	101.7	98.3	98.3

3-3

(上年同月＝100)

指 标 名 称	1 月	2 月	3 月	4 月	5 月
4.在外餐饮	101.1	99.7	101.8	100.0	99.8
餐馆餐饮	100.4	100.0	100.6	100.5	100.5
饮品店餐饮	96.9	96.9	98.1	97.8	97.4
外 卖	107.2	101.6	109.5	100.8	100.6
其他在外餐饮	99.8	99.1	99.8	99.7	99.6
二、衣着	104.3	104.5	104.9	104.5	104.1
1.服装	104.2	104.5	104.9	104.5	104.1
(1)男式服装	104.0	104.2	104.8	104.3	103.8
男式外套	105.1	105.2	106.1	105.4	105.6
男式针织衫	104.9	104.9	106.6	105.8	106.0
男式衬衫T恤	102.3	102.6	103.4	102.7	101.3
男式裤子	103.8	104.5	104.2	104.1	103.7
男式内衣	105.7	105.8	106.0	105.7	105.5
(2)女式服装	104.7	105.1	105.4	105.0	104.6
女式外套	106.5	106.4	107.7	106.7	106.7
女式针织衫	105.8	106.5	105.8	106.1	106.2
女式衬衫T恤	102.1	102.6	102.8	102.4	102.4
女式裤子	104.4	104.4	105.3	104.6	104.0
女式裙子	103.5	104.2	103.9	103.9	102.6
女式内衣	105.6	106.4	105.9	105.9	105.8
(3)儿童服装	104.7	105.1	105.4	105.0	104.8
婴儿服装	103.9	104.6	104.5	104.3	104.2
儿童上衣	105.1	105.4	105.7	105.4	105.2
儿童裤子	105.9	106.1	106.5	106.1	105.5
儿童裙子	103.7	103.9	105.0	104.1	103.9
儿童内衣	105.0	105.5	105.0	105.2	105.0
(4)衣着材料及配件	101.9	102.4	103.4	103.0	102.4
袜 子	103.9	103.9	105.2	104.2	104.2
帽 子	103.5	104.1	104.4	104.4	103.6
其他衣着材料及配件	97.6	98.8	99.9	99.9	98.8
(5)衣着服务费	101.2	98.5	98.3	99.0	99.0
衣着洗涤保养	102.2	97.3	96.9	98.1	98.1
其他衣着服务	100.0	100.0	100.0	100.0	100.0
2.鞋类	104.4	104.5	104.9	104.5	104.3
(1)鞋	104.4	104.8	105.3	104.8	104.4
男 鞋	105.9	106.1	106.9	106.2	105.0
女 鞋	103.0	103.6	103.8	103.5	103.4
童 鞋	104.9	105.5	105.7	105.4	105.6

续表 2

6 月	7 月	8 月	9 月	10 月	11 月	12 月
98.8	100.4	100.8	100.4	100.9	102.3	101.3
100.5	102.8	102.8	102.9	102.9	102.9	102.9
97.4	97.4	97.4	97.4	98.6	100.0	100.0
95.5	98.1	100.2	97.7	99.5	105.0	100.2
100.0	99.7	100.0	100.0	100.0	100.0	100.0
104.0	102.9	102.7	102.5	102.2	100.8	100.2
104.0	103.0	102.8	102.6	102.2	100.8	100.2
104.0	102.7	102.6	102.4	102.2	100.2	100.3
105.4	104.9	104.9	104.8	104.7	100.1	100.1
105.9	105.9	105.7	105.7	104.6	101.3	100.3
102.4	100.2	100.2	100.0	100.0	100.0	100.2
103.7	102.0	101.9	101.2	101.2	100.1	100.5
104.9	103.6	103.2	103.1	102.3	101.4	100.2
104.3	103.5	103.3	103.0	102.4	101.2	100.2
106.6	106.2	106.0	105.9	105.3	102.3	100.2
106.1	106.1	105.9	106.3	104.7	102.3	100.3
101.8	100.6	100.6	100.3	100.0	100.1	100.3
103.8	103.0	102.6	101.8	101.2	100.5	100.1
102.4	101.9	101.7	100.9	100.7	100.8	100.1
105.3	102.1	101.8	102.0	101.6	100.3	100.0
104.6	103.4	103.0	103.0	102.7	101.1	100.2
103.8	102.9	102.5	102.7	102.3	100.8	100.2
105.3	103.8	103.5	103.8	103.7	101.6	100.2
105.5	104.4	104.0	103.4	103.3	101.7	100.1
103.2	102.5	102.2	101.6	101.4	100.8	100.1
104.8	102.5	102.3	102.3	101.8	100.1	100.3
102.4	101.7	101.2	101.5	100.3	101.2	100.5
104.0	103.1	102.4	102.3	101.0	101.1	100.1
104.1	102.7	102.4	103.2	100.8	100.7	100.3
98.7	98.6	98.3	98.9	98.8	101.7	101.2
99.0	98.0	97.7	98.4	99.5	99.5	100.0
98.1	96.4	95.8	97.1	99.2	99.2	100.0
100.0	100.0	100.0	100.0	100.0	100.0	100.0
104.1	102.7	102.5	102.3	102.1	100.6	100.5
104.3	103.0	102.8	102.4	102.1	100.4	100.2
105.0	104.5	104.2	103.3	103.0	100.1	100.2
103.4	101.4	101.4	101.5	101.2	100.9	100.1
104.9	103.9	103.5	103.0	102.5	100.0	100.1

3-3

(上年同月=100)

指 标 名 称	1 月	2 月	3 月	4 月	5 月
(2)鞋类服务	104.8	100.8	100.2	100.8	102.4
鞋类服务	104.8	100.8	100.2	100.8	102.4
三、居住	99.4	99.0	99.4	99.7	99.4
1.租赁房房租	98.4	98.5	99.0	99.2	99.2
公房房租	100.0	100.0	100.0	100.0	100.0
私房房租	98.2	98.4	98.9	99.1	99.1
2.住房保养维修及管理	99.9	98.8	99.0	100.7	101.0
(1)住房装潢材料	97.1	95.1	95.6	98.8	99.3
木 地 板	95.5	96.3	98.7	99.8	96.7
瓷 砖	101.7	97.9	99.2	107.6	97.8
水 泥	86.6	95.1	95.1	94.3	94.3
涂 料	90.5	90.5	90.3	96.8	106.0
板 材	92.8	91.7	92.7	94.3	95.0
管 材	96.5	95.1	93.0	96.4	98.5
厨卫设备	104.8	100.5	100.4	101.2	102.8
门 窗	97.2	90.5	91.3	94.3	99.9
其他住房装潢材料	94.8	92.9	92.3	95.3	96.3
(2)住房维修管理费用	102.9	102.9	102.9	102.9	102.9
物业管理费	100.0	100.0	100.0	100.0	100.0
装潢维修费	106.0	106.0	106.0	106.0	106.0
其他住房费用	100.0	100.0	100.0	100.0	100.0
3.水电燃料	101.8	100.4	100.5	100.5	99.3
(1)水	100.0	100.0	100.0	100.0	100.0
水	100.0	100.0	100.0	100.0	100.0
(2)电	100.0	100.0	100.0	100.0	100.0
电	100.0	100.0	100.0	100.0	100.0
(3)燃气	103.3	103.3	100.0	100.0	96.8
管道燃气	100.0	100.0	100.0	100.0	100.0
液化石油气	107.9	107.9	100.0	100.0	92.6
(4)其他水电燃料类	105.4	97.7	103.0	103.0	100.5
其他水电燃料类	105.4	97.7	103.0	103.0	100.5
4.自有住房	98.6	98.6	99.1	99.2	99.[illegible]
自有住房	98.6	98.6	99.1	99.2	99.[illegible]
四、生活用品及服务	100.7	100.5	99.8	99.1	99.[illegible]
1.家具及室内装饰品	99.6	100.8	99.3	96.8	99.[illegible]
(1)家具	99.3	100.7	99.3	96.9	99.[illegible]
柜	95.9	99.0	95.6	95.4	97.[illegible]

续表 3

6 月	7 月	8 月	9 月	10 月	11 月	12 月
101.6	99.0	99.0	101.6	102.4	102.4	104.8
101.6	99.0	99.0	101.6	102.4	102.4	104.8
99.0	99.0	99.1	99.0	99.5	99.4	99.6
99.1	99.0	99.2	99.5	99.7	100.0	100.4
100.0	100.0	100.0	100.0	100.0	100.0	100.0
99.0	98.8	99.2	99.4	99.7	100.0	100.4
99.9	99.9	99.3	99.2	99.4	99.4	99.5
97.3	97.4	98.7	98.4	98.8	98.9	99.0
97.4	99.8	100.4	100.4	99.7	99.1	97.9
96.1	90.7	92.5	92.5	92.8	97.0	98.3
101.6	102.5	99.9	100.3	93.1	93.1	93.1
105.5	102.3	103.3	103.7	106.1	106.1	106.7
96.1	94.6	102.6	103.3	103.3	100.6	102.5
100.2	98.5	98.7	98.7	98.7	100.8	100.8
100.4	100.4	98.4	98.4	96.0	96.0	96.0
87.6	93.6	97.7	93.9	100.8	98.7	98.7
95.9	95.7	99.3	100.6	100.6	99.9	99.9
102.7	102.7	99.9	100.0	100.0	100.0	100.0
100.0	100.0	100.0	100.0	100.0	100.0	100.0
105.7	105.7	99.8	100.0	100.0	100.0	100.0
100.0	100.0	100.0	100.0	100.0	100.0	100.0
98.6	99.3	99.3	97.9	99.5	98.6	98.7
100.0	100.0	100.0	100.0	100.0	100.0	100.0
100.0	100.0	100.0	100.0	100.0	100.0	100.0
100.0	100.0	100.0	100.0	100.0	100.0	100.0
100.0	100.0	100.0	100.0	100.0	100.0	100.0
96.8	96.8	96.8	96.8	96.8	96.8	97.4
100.0	100.0	100.0	100.0	100.0	100.0	100.0
92.6	92.6	92.6	92.6	92.6	92.6	94.1
96.3	100.5	100.5	92.8	101.8	96.6	96.6
96.3	100.5	100.5	92.8	101.8	96.6	96.6
98.9	98.7	98.9	99.3	99.4	99.6	99.9
98.9	98.7	98.9	99.3	99.4	99.6	99.9
98.7	99.5	98.9	98.3	98.9	98.4	99.7
96.8	97.3	99.4	96.4	98.0	96.6	99.7
96.6	97.5	99.2	96.1	97.9	96.4	99.8
93.2	93.7	98.0	94.0	99.7	97.0	101.4

3-3

(上年同月=100)

指 标 名 称	1 月	2 月	3 月	4 月	5 月
床	99.6	102.2	97.9	93.9	100.5
桌	95.2	100.2	97.3	89.4	99.6
椅	93.4	96.4	103.9	102.4	102.4
沙 发	108.1	105.6	105.6	105.6	99.6
其他家具	104.2	100.1	100.0	96.8	100.3
(2)室内装饰品	104.1	101.1	97.8	95.5	96.4
灯 具	99.9	99.9	93.8	95.6	99.3
其他室内装饰品	108.7	102.2	102.2	95.5	93.4
2.家用器具	95.8	95.7	96.4	95.9	96.3
(1)大型家用器具	95.3	95.4	96.3	96.0	96.2
洗 衣 机	91.9	91.9	93.9	92.6	94.2
电冰箱(柜)	93.9	96.6	97.1	100.7	100.5
抽油烟机	97.7	100.0	100.2	98.0	99.3
空 调 器	96.1	96.3	97.4	96.6	95.1
热 水 器	97.5	91.1	90.5	88.9	91.0
炉具灶具	97.9	95.4	95.0	94.2	96.7
吸 尘 器	94.8	102.4	103.3	102.0	96.0
空气净化器	101.6	103.9	104.1	102.0	106.0
净 水 器	95.1	96.6	95.8	93.6	92.8
其他大型家用器具	92.4	92.4	95.8	95.9	100.0
(2)小家电	98.3	97.4	96.9	95.5	97.1
厨房小家电	99.1	97.2	97.1	96.4	97.5
生活小家电	95.5	98.2	96.2	92.4	95.4
3.家用纺织品	98.2	94.7	96.7	95.4	95.2
(1)床上用品	96.8	97.3	96.5	95.0	93.3
被 子	99.6	105.5	102.0	104.7	97.3
床单被套	93.1	86.2	95.2	95.5	99.3
其他床上用品	96.3	96.3	90.5	82.2	82.8
(2)窗帘门帘	102.6	97.8	101.3	97.8	103.7
窗帘门帘	102.6	97.8	101.3	97.8	103.7
(3)其他家用纺织品	100.6	84.8	95.4	95.6	97.5
其他家用纺织品	100.6	84.8	95.4	95.6	97.5
4.家庭日用杂品	106.1	106.1	104.1	103.8	101.3
(1)洗涤卫生用品	105.9	108.2	105.8	103.5	101.5
清洗用品	104.7	104.6	101.1	101.7	101.3
清洁用具	101.7	103.3	101.2	97.8	94.3
清洁用纸	108.2	113.0	111.9	106.7	103.5

续表 4

6 月	7 月	8 月	9 月	10 月	11 月	12 月
95.8	94.3	97.9	91.5	93.6	93.6	99.8
99.0	97.6	101.9	100.9	99.0	98.8	101.0
101.2	98.0	101.2	98.4	98.1	94.1	96.7
96.6	106.2	96.7	94.6	96.7	97.9	100.0
99.2	98.5	103.3	103.5	101.0	96.2	97.3
100.5	95.1	101.9	100.3	99.0	100.6	99.1
101.0	100.6	103.8	107.2	104.5	107.6	104.6
100.0	89.2	100.0	93.4	93.4	93.4	93.4
98.2	98.3	97.7	97.2	98.5	98.2	98.9
98.6	98.4	98.4	97.7	98.9	98.1	98.9
94.7	94.6	94.0	95.0	95.6	93.6	96.0
98.4	98.6	95.9	97.0	96.7	95.8	96.0
102.3	102.2	101.1	97.8	101.7	101.2	103.3
101.9	100.7	100.7	99.3	100.1	99.3	99.8
91.4	92.1	96.4	95.3	99.8	99.4	98.0
99.3	100.0	98.6	96.9	100.1	100.8	101.3
99.5	96.4	97.5	97.1	96.5	102.3	104.1
103.1	106.9	104.8	106.2	107.3	107.1	101.8
90.5	92.0	93.3	91.2	91.6	87.3	95.4
93.9	97.7	100.6	99.6	101.2	101.2	102.9
96.4	97.8	94.7	94.9	96.5	98.6	98.8
96.4	98.2	95.0	95.4	97.4	99.3	98.1
96.4	96.5	93.5	93.1	93.5	96.2	101.2
99.8	95.4	96.2	99.2	98.9	104.1	104.5
99.9	93.2	96.5	100.0	100.5	105.8	106.5
104.7	103.6	97.3	105.6	103.7	106.4	106.6
99.7	89.2	100.9	101.0	107.0	111.5	111.5
93.9	82.8	91.7	92.0	91.4	100.5	102.2
103.7	103.7	99.4	99.4	99.4	105.6	105.6
103.7	103.7	99.4	99.4	99.4	105.6	105.6
97.5	98.7	93.7	96.8	93.7	97.5	97.5
97.5	98.7	93.7	96.8	93.7	97.5	97.5
98.3	102.1	99.3	98.8	99.4	98.6	100.9
98.3	100.9	97.7	96.6	98.8	97.5	99.5
100.1	101.4	101.8	102.0	103.2	102.8	105.7
91.0	94.9	95.9	98.5	96.4	95.4	98.7
98.4	102.0	94.0	90.8	95.0	93.0	93.9

3-3

（上年同月=100）

指 标 名 称	1 月	2 月	3 月	4 月	5 月
(2)厨具餐具茶具	110.7	101.6	105.4	98.5	98.1
厨 具	110.5	96.8	105.7	94.2	97.8
餐 具	110.8	109.4	105.8	102.9	98.8
茶 具	111.2	101.5	103.5	104.3	97.2
(3)其他家庭日用杂品	104.1	106.7	102.4	106.5	102.9
配电附件	103.9	105.5	104.4	106.9	107.7
雨 具	98.8	94.0	99.2	94.5	97.5
其他日用杂品	105.1	109.3	102.1	108.2	101.6
5.个人护理用品	102.1	101.6	100.2	100.3	100.[illegible]
(1)化妆品	104.0	103.5	99.6	101.7	100.[illegible]
清洁化妆品	106.6	108.5	109.8	112.2	108.[illegible]
护肤化妆品	104.6	103.4	97.0	100.2	98.3
彩妆化妆品	100.7	100.6	101.2	100.1	99.9
化妆器具	100.7	100.2	100.6	97.0	97.5
(2)其他护理用品类	100.7	100.3	100.8	99.3	99.8
清洁类护理用品	105.2	104.7	104.3	100.3	102.4
护发美发用品	102.3	103.2	101.4	102.3	9[illegible].4
护理器具	98.1	103.8	100.5	103.3	10[illegible].5
其他护理用品	95.7	92.3	96.2	95.2	95.5
6.家庭服务	102.3	101.8	101.0	101.0	10[illegible].0
家政服务	107.5	102.6	102.6	102.6	102.6
母婴护理服务	100.0	102.6	100.1	100.1	100.1
家庭维修服务	100.0	100.0	100.0	100.0	100.0
其他家庭服务	96.5	100.0	100.0	100.0	100.0
五、交通通信	102.2	99.7	97.6	96.1	94.1
1.交通	103.2	99.6	97.2	95.1	93.7
(1)交通工具	95.7	95.4	93.9	91.4	90.6
燃油小汽车	94.1	93.9	92.3	90.7	89.7
新能源小汽车	106.9	105.1	102.5	92.2	93.2
电动自行车	98.1	97.6	96.7	91.3	91.3
自 行 车	104.9	104.9	103.8	103.8	101.1
其他交通工具	99.5	98.9	99.3	100.5	96.9
(2)交通工具用燃料	105.5	100.5	93.6	89.6	88.9
汽 油	105.6	100.5	93.6	89.5	8[illegible].8
柴 油	106.0	100.5	93.0	88.8	8[illegible].0
其他车用能源	100.0	100.0	100.0	100.0	100.0
(3)交通工具使用和维修	104.9	103.3	99.8	99.8	100.2

续表 5

6 月	7 月	8 月	9 月	10 月	11 月	12 月
95.8	97.8	96.5	96.7	95.7	96.1	94.9
97.6	98.0	95.3	95.0	96.6	97.6	95.5
92.4	97.7	97.9	99.0	94.3	93.3	93.1
98.1	97.6	97.5	97.4	95.7	98.2	97.1
99.6	105.0	101.9	101.4	101.6	100.5	104.8
106.4	107.3	107.4	105.1	103.5	103.2	102.5
91.9	91.7	91.5	91.9	99.0	99.0	103.3
97.7	106.0	101.1	101.1	101.1	99.5	106.0
99.5	100.7	99.3	98.7	98.6	96.6	98.1
97.9	99.4	98.1	100.1	100.3	97.4	97.3
100.7	102.1	103.1	105.7	104.6	102.6	102.8
96.9	99.5	96.4	98.7	99.5	96.1	96.2
99.3	97.1	100.4	101.0	100.5	98.0	97.2
96.5	98.4	97.5	99.7	98.2	96.5	95.5
100.8	101.7	100.2	97.6	97.3	96.0	98.7
105.5	106.6	101.8	99.4	100.8	94.5	98.8
99.7	99.7	103.3	94.4	94.3	95.2	97.9
101.7	99.3	103.4	99.7	99.8	102.4	95.4
95.4	97.7	95.7	96.0	93.5	96.0	100.4
101.0	101.0	101.0	101.0	101.0	101.0	98.6
102.6	102.6	102.6	102.6	102.6	102.6	96.3
100.1	100.1	100.1	100.1	100.1	100.1	100.1
100.0	100.0	100.0	100.0	100.0	100.0	100.0
100.0	100.0	100.0	100.0	100.0	100.0	100.0
91.4	93.4	95.8	96.1	96.1	95.6	95.9
90.4	93.0	96.3	96.6	96.5	95.8	96.0
90.9	91.2	92.5	91.3	90.0	91.2	91.1
90.7	91.3	92.3	90.9	89.1	90.5	89.8
91.4	91.4	91.4	87.7	87.3	87.9	91.1
88.9	88.9	91.9	92.0	92.0	94.2	94.2
97.4	97.4	97.4	97.4	98.3	98.3	98.3
97.7	92.9	97.6	100.0	102.9	99.8	102.0
82.3	86.7	95.4	98.8	101.7	97.0	98.4
82.2	86.6	95.4	98.8	101.7	97.0	98.4
80.9	85.7	95.1	98.8	102.0	96.7	98.3
100.0	100.0	100.0	100.0	100.0	100.0	100.0
98.6	98.6	92.5	92.5	92.5	92.5	92.5

3-3

(上年同月=100)

指 标 名 称	1 月	2 月	3 月	4 月	5 月
停 车 费	100.0	100.0	100.0	100.0	100.0
车辆使用费	115.6	115.6	100.0	100.0	100.0
交通工具零配件	100.0	100.0	100.0	100.0	100.0
车辆修理与保养	106.6	98.9	98.9	98.9	101.2
(4)交通费	115.2	104.8	110.1	110.3	104.8
市内公共交通	100.0	100.0	100.0	100.0	100.0
出租汽车	100.0	100.0	100.0	100.0	100.0
飞 机 票	139.8	112.8	130.2	127.6	113.2
火 车 票	100.6	100.6	100.6	100.6	100.6
长途汽车	112.2	100.2	100.2	104.8	99.7
网 约 车	100.0	99.8	99.8	99.8	99.8
交通工具租赁费	144.6	107.4	115.7	112.2	104.2
其他交通费	96.2	93.9	98.1	98.1	95.9
2.通信	99.4	99.9	99.1	99.3	95.5
(1)通信工具	98.3	99.6	97.1	97.7	95.0
电 话 机	98.5	99.6	97.0	97.7	95.1
其他通信工具及零配件	95.9	99.1	98.2	97.4	93.2
(2)通信服务	100.3	100.3	100.3	100.3	94.3
电 话 费	100.6	100.6	100.6	100.6	100.6
家庭宽带服务	100.0	100.0	100.0	100.0	74.7
其他通信服务	90.4	90.4	90.4	90.4	90.4
(3)邮递服务	99.1	99.4	99.4	99.4	98.9
邮递服务	99.1	99.4	99.4	99.4	98.9
六、教育文化娱乐	101.7	100.8	101.3	102.1	102.0
1.教育	101.2	103.9	103.2	103.0	103.0
(1)教育用品	102.5	101.7	102.1	100.9	102.3
工 具 书	102.4	102.7	101.2	99.6	98.2
教 材	100.0	100.0	100.0	100.0	100.0
参考资料	107.7	105.7	106.7	103.8	107.9
其他教育用品	95.0	95.1	96.1	96.1	95.9
(2)教育服务	101.1	104.1	103.3	103.1	103.0
幼儿早期教育	101.2	101.0	101.2	101.2	101.2
学前教育	100.0	111.6	111.6	111.6	111.6
小学初中教育	100.0	100.0	100.0	100.0	100.0
高中中职教育	103.5	103.5	101.4	101.4	101.4
高等教育	100.0	100.0	100.0	100.0	100.0
课外教育	104.3	105.1	100.4	100.4	100.0

续表 6

6 月	7 月	8 月	9 月	10 月	11 月	12 月
92.2	92.2	63.1	63.1	63.1	63.1	63.1
100.0	100.0	100.0	100.0	100.0	100.0	100.0
100.0	100.0	100.0	100.0	100.0	100.0	100.0
101.2	101.2	101.2	101.2	101.2	101.2	101.2
98.7	104.1	109.4	107.3	104.6	107.3	105.6
100.0	100.0	100.0	100.0	100.0	100.0	100.0
100.0	100.0	100.0	100.0	100.0	100.0	100.0
92.8	107.0	120.8	116.4	110.2	118.5	114.5
104.2	105.1	105.1	105.1	104.9	104.9	104.9
99.7	99.7	102.0	103.7	100.0	100.0	100.0
99.8	99.8	99.8	99.8	99.8	99.8	98.7
111.7	101.4	107.9	93.0	92.1	103.5	90.9
95.9	99.1	99.1	103.4	96.5	96.5	96.5
94.7	94.7	94.3	94.4	94.8	95.0	95.8
92.5	92.0	90.6	91.2	92.0	92.4	94.8
92.6	92.1	90.7	91.3	91.5	92.2	94.8
92.3	91.2	90.2	89.9	99.6	95.0	95.9
94.2	94.2	94.2	94.2	94.2	94.2	94.2
100.6	100.6	100.6	100.6	100.6	100.6	100.6
74.7	74.7	74.7	74.7	74.7	74.7	74.7
84.1	84.1	84.1	84.1	84.1	84.1	84.1
99.1	100.0	100.0	100.0	100.6	100.6	100.6
99.1	100.0	100.0	100.0	100.6	100.6	100.6
100.8	102.8	102.7	102.6	102.4	102.0	102.5
102.8	103.0	103.0	103.9	103.8	103.9	103.7
101.6	101.7	100.6	100.4	99.7	100.5	101.0
99.6	101.9	105.0	103.0	103.0	103.0	104.3
100.0	100.0	100.0	100.0	100.0	100.0	100.0
107.3	105.5	103.4	102.3	100.6	101.3	102.2
91.9	95.7	91.3	94.6	94.0	98.3	98.2
102.9	103.1	103.2	104.2	104.2	104.1	104.0
102.3	102.3	102.3	101.7	102.2	102.2	102.2
111.6	111.6	111.6	111.6	111.6	111.6	111.6
100.0	100.0	100.0	100.0	100.0	100.0	100.0
101.4	101.4	101.4	100.0	100.0	100.0	100.0
100.0	100.0	100.0	105.1	105.1	105.1	105.1
100.3	100.3	100.3	100.3	100.3	100.3	100.3

3-3

(上年同月=100)

指标名称	1月	2月	3月	4月	5月
专业技能培训	100.2	103.0	105.3	102.2	101.7
其他教育服务	95.9	95.9	100.0	100.0	100.0
2.文化娱乐	102.5	95.6	98.0	100.6	100.2
(1)文娱耐用消费品	92.1	92.0	93.8	93.4	93.9
电视机	79.3	80.9	84.0	81.9	83.7
照相机	97.1	97.5	101.1	103.5	105.4
台式计算机	96.4	94.0	96.5	95.7	95.4
笔记本电脑	96.5	97.2	99.1	99.9	98.6
平板电脑	106.3	102.0	102.1	101.1	98.6
乐器	101.3	101.3	101.3	101.3	101.3
音响	93.4	89.7	90.6	96.6	97.8
可穿戴智能设备	95.7	96.8	97.7	94.8	98.7
其他文娱耐用消费品	95.0	95.2	94.7	96.3	96.7
(2)其他文娱用品	100.4	100.3	98.9	100.7	99.1
书报杂志及音像制品	101.1	103.8	101.6	103.6	103.1
纸张文具	100.0	100.0	100.0	103.5	103.5
体育户外用品	100.8	110.3	103.5	104.9	96.2
游戏用品和玩具	100.1	101.3	101.0	97.2	94.2
园艺花卉及用品	91.9	98.7	92.2	93.7	96.3
宠物及用品	104.3	104.7	104.3	99.7	96.1
其他文化娱乐用品	101.2	95.6	95.7	101.6	100.9
(3)文化娱乐服务	96.9	96.3	96.4	96.6	96.7
电影及演出票	107.7	100.0	97.7	96.1	99.3
景点门票	75.2	79.4	82.1	78.2	82.1
电视服务	100.0	100.0	100.0	100.0	100.0
健身活动	100.0	100.0	104.4	104.4	104.4
宠物服务	92.8	90.6	92.3	92.3	89.3
网络文娱服务	101.4	100.7	98.1	103.8	99.5
儿童娱乐项目	100.0	100.0	100.0	100.0	100.0
其他文娱服务	101.3	99.9	98.6	98.6	98.6
(4)旅游	117.0	96.3	102.7	110.0	109.1
旅行社收费	118.4	95.9	102.9	110.9	109.9
其他旅游	100.0	100.0	100.0	100.0	100.0
七、医疗保健	100.0	100.2	100.2	100.5	100.8
1.药品及医疗器具	99.8	100.2	100.2	100.9	101.9
(1)中药	113.2	110.7	110.3	112.0	112.0
中药材	107.5	102.7	102.7	104.7	105.4
中成药	116.3	115.4	114.7	116.3	115.9

续表 7

6 月	7 月	8 月	9 月	10 月	11 月	12 月
98.6	98.9	99.5	99.5	99.5	99.0	99.0
100.0	103.6	103.6	105.4	103.6	103.6	100.0
97.2	102.5	102.3	100.3	99.8	98.8	100.2
93.4	93.5	93.6	93.9	95.5	96.2	97.2
87.1	88.4	88.4	92.4	96.4	97.4	99.0
100.7	105.8	101.5	101.2	102.7	101.6	102.0
95.5	93.7	93.6	92.5	92.0	94.9	94.7
94.0	93.4	94.2	91.4	95.8	94.8	96.8
95.4	94.6	92.8	91.6	91.0	88.9	94.0
100.0	100.0	99.9	98.9	99.9	99.9	99.9
97.8	93.9	100.5	98.8	96.3	102.0	99.7
96.4	97.2	96.6	97.6	95.8	95.7	95.2
95.3	97.9	97.9	98.4	98.7	99.7	97.8
95.6	103.0	102.6	96.8	93.9	93.3	94.2
99.6	102.8	102.6	102.6	102.6	102.0	105.6
103.5	103.5	106.5	100.0	101.9	103.5	103.5
95.1	96.9	97.8	95.7	94.6	96.0	93.7
92.4	92.7	93.3	92.9	92.5	91.3	93.2
91.5	92.4	92.4	92.4	94.1	97.3	97.3
94.3	97.7	94.2	94.8	93.5	95.1	96.8
95.1	113.7	112.4	97.3	89.4	86.9	86.9
95.1	97.4	97.7	99.4	98.2	98.4	100.4
97.2	98.4	100.1	97.9	99.6	101.6	88.5
82.1	81.9	82.1	82.1	82.1	80.2	101.0
100.0	100.0	100.0	100.0	100.0	100.0	100.0
104.4	104.4	104.4	104.4	104.4	104.4	104.4
94.5	98.2	96.1	101.6	96.1	97.9	102.5
90.9	101.5	101.4	111.1	104.1	106.3	105.7
100.0	100.0	100.0	100.0	100.0	100.0	100.0
98.6	98.6	101.9	101.9	101.9	101.9	101.9
102.7	113.2	112.7	108.1	107.3	103.9	105.7
102.9	114.3	113.7	108.8	107.9	104.3	106.2
100.0	100.0	100.0	100.0	100.0	100.0	100.0
100.5	100.6	101.8	101.6	101.9	101.9	101.9
101.2	101.6	101.1	100.7	101.6	101.5	101.4
112.2	108.8	106.3	106.4	105.4	105.4	105.4
106.2	108.4	111.5	111.0	108.0	108.0	108.0
115.7	108.9	103.6	104.0	104.0	104.0	104.0

3-3

(上年同月=100)

指 标 名 称	1 月	2 月	3 月	4 月	5 月
(2)西药	94.1	94.5	94.5	95.8	96.1
抗微生物药	99.7	99.7	99.7	100.0	100.0
消化系统用药	102.5	101.3	101.3	101.5	100.9
呼吸系统用药	91.3	91.3	91.3	97.4	98.7
解热镇痛药	96.0	96.0	96.0	98.4	98.4
抗肿瘤药	87.5	87.5	87.5	88.7	88.7
激素及影响内分泌药	78.3	78.3	78.3	76.1	77.3
心血管系统用药	91.3	96.2	96.2	93.4	93.8
血液系统用药	92.3	92.3	92.3	99.0	100.0
治疗精神障碍药	88.6	88.6	88.6	95.5	96.0
神经系统用药	100.1	100.1	100.1	96.5	96.5
泌尿系统用药	95.7	95.7	95.7	98.0	98.0
维生素、矿物质类药	104.1	104.1	104.1	104.3	100.0
调节水、电解质及酸碱平衡药	77.2	77.2	77.2	95.1	99.6
其他西药	96.3	96.3	96.3	99.1	99.1
(3)滋补保健品	101.8	101.8	101.8	101.8	101.8
滋补保健品	101.8	101.8	101.8	101.8	101.8
(4)医疗卫生器具	98.5	101.7	102.2	100.9	105.1
医疗卫生器具	98.5	101.7	102.2	100.9	105.1
(5)保健器具	99.2	99.5	99.5	99.5	99.5
保健器具	99.2	99.5	99.5	99.5	99.5
2.医疗服务	100.2	100.2	100.2	100.2	100.2
(1)综合医疗类	100.0	100.0	100.0	100.0	100.0
一般医疗服务	100.0	100.0	100.0	100.0	100.0
一般治疗操作	100.0	100.0	100.0	100.0	100.0
护 理	100.0	100.0	100.0	100.0	100.0
其他综合医疗服务	100.0	100.0	100.0	100.0	100.0
(2)诊断类	100.0	100.0	100.0	100.0	100.0
病理学诊断	100.0	100.0	100.0	100.0	100.0
实验室诊断	100.0	100.0	100.0	100.0	100.0
影像学诊断	100.0	100.0	100.0	100.0	100.0
临床诊断	100.0	100.0	100.0	100.0	100.0
(3)治疗类	100.0	100.0	100.0	100.0	100.0
临床手术治疗	100.0	100.0	100.0	100.0	100.0
临床非手术治疗	100.0	100.0	100.0	100.0	100.0
(4)康复类	100.0	100.0	100.0	100.0	100.0
康复医疗	100.0	100.0	100.0	100.0	100.0

续表 8

6 月	7 月	8 月	9 月	10 月	11 月	12 月
96.6	97.2	97.2	97.0	99.4	99.4	99.4
100.0	100.0	100.0	100.0	100.0	100.0	100.0
100.9	102.2	102.2	100.3	98.5	98.5	98.5
100.5	101.7	101.7	101.7	102.2	102.2	102.2
99.5	99.5	99.5	99.5	99.5	99.5	99.5
88.7	88.8	88.8	88.8	100.0	100.0	100.0
77.5	83.2	83.2	83.1	98.6	98.6	98.6
93.8	93.8	93.8	93.8	97.2	97.2	97.2
100.0	99.7	99.7	99.7	99.7	99.7	99.7
100.0	96.7	96.7	96.7	96.7	96.7	96.7
98.8	98.8	98.8	98.8	100.1	100.1	100.1
98.0	98.0	98.0	99.9	99.9	99.9	99.9
100.0	100.0	100.0	100.0	100.0	100.0	100.0
99.6	99.6	99.6	99.6	99.6	99.6	99.6
99.1	99.1	99.1	99.1	99.1	99.1	99.1
101.8	101.8	101.8	100.0	100.0	100.0	100.0
101.8	101.8	101.8	100.0	100.0	100.0	100.0
99.6	103.9	103.9	103.1	102.9	102.6	101.8
99.6	103.9	103.9	103.1	102.9	102.6	101.8
101.3	98.8	100.9	99.9	100.6	100.4	99.9
101.3	98.8	100.9	99.9	100.6	100.4	99.9
100.2	100.0	102.2	102.2	102.2	102.2	102.2
100.0	100.0	104.9	104.9	104.9	104.9	104.9
100.0	100.0	105.3	105.3	105.3	105.3	105.3
100.0	100.0	105.8	105.8	105.8	105.8	105.8
100.0	100.0	103.9	103.9	103.9	103.9	103.9
100.0	100.0	100.0	100.0	100.0	100.0	100.0
100.0	100.0	100.9	100.9	100.9	100.9	100.9
100.0	100.0	110.1	110.1	110.1	110.1	110.1
100.0	100.0	100.0	100.0	100.0	100.0	100.0
100.0	100.0	100.0	100.0	100.0	100.0	100.0
100.0	100.0	100.0	100.0	100.0	100.0	100.0
100.0	100.0	103.1	103.1	103.1	103.1	103.1
100.0	100.0	101.9	101.9	101.9	101.9	101.9
100.0	100.0	105.3	105.3	105.3	105.3	105.3
100.0	100.0	99.8	99.8	99.8	99.8	99.8
100.0	100.0	99.8	99.8	99.8	99.8	99.8

3-3

(上年同月=100)

指标名称	1月	2月	3月	4月	5月
(5)中医医疗服务类	100.0	100.0	100.0	100.0	100.0
中医治疗	100.0	100.0	100.0	100.0	100.0
(6)其他医疗保健服务	106.9	106.9	106.9	106.9	106.9
其他医疗保健服务	106.9	106.9	106.9	106.9	106.9
八、其他用品及服务	102.6	101.9	102.5	104.2	103.0
1.其他用品	105.4	106.2	104.4	105.9	103.1
(1)首饰手表	109.4	104.2	103.6	109.7	109.4
金饰品	112.8	108.7	107.4	111.2	112.0
银饰品	100.0	100.0	100.0	100.0	100.0
铂金饰品	112.8	97.0	96.6	116.9	113.1
手表	100.6	102.5	102.5	102.5	102.5
(2)母婴用品	109.4	111.0	105.7	103.9	98.5
母婴洗护喂养用品	111.1	113.2	108.1	106.4	100.4
其他母婴用品	95.9	93.0	87.3	84.4	83.2
(3)其他杂项用品	99.0	104.3	104.2	104.1	101.0
箱包	96.9	105.3	105.1	104.9	103.1
眼镜	102.7	102.7	102.7	102.7	97.5
2.其他服务	100.7	99.1	101.2	103.0	102.9
(1)在外住宿	93.4	91.4	96.7	105.1	105.3
宾馆住宿	90.2	90.9	98.3	108.1	105.2
其他住宿	99.4	92.4	93.9	99.8	105.5
(2)美容美发洗浴	106.0	102.6	102.6	101.4	101.4
美容	108.1	108.1	108.2	104.2	104.2
美发	106.0	100.0	100.0	100.0	100.0
洗浴	100.0	100.0	100.0	100.0	100.0
(3)养老服务	102.3	102.3	102.3	102.3	102.3
养老服务	102.3	102.3	102.3	102.3	102.3
(4)金融及保险服务	104.8	103.9	105.7	103.8	102.8
金融服务	100.9	101.3	101.3	101.3	101.3
车辆保险	107.9	104.2	110.7	103.9	100.4
旅行保险	100.0	100.0	100.0	100.0	100.0
其他保险	108.8	108.8	108.8	108.8	108.8
(5)中介法律及其他服务	99.1	99.1	99.1	99.1	99.1
中介服务	100.0	100.0	100.0	100.0	100.0
法律服务	100.0	100.0	100.0	100.0	100.0
其他杂项服务	98.1	98.1	98.1	98.1	98.1

续表 9

6 月	7 月	8 月	9 月	10 月	11 月	12 月
100.0	100.0	101.3	101.3	101.3	101.3	101.3
100.0	100.0	101.3	101.3	101.3	101.3	101.3
106.9	100.0	104.0	104.0	104.0	104.0	104.0
106.9	100.0	104.0	104.0	104.0	104.0	104.0
103.0	102.1	102.4	102.9	103.3	105.3	103.9
102.6	104.0	102.6	103.7	101.5	104.2	102.7
108.2	113.8	111.5	113.1	109.3	107.5	108.6
112.7	120.8	119.1	122.2	119.0	117.4	117.7
100.0	100.0	100.0	100.0	100.0	100.0	100.0
105.5	112.1	105.5	105.4	95.2	90.9	94.9
102.5	102.5	101.9	101.9	101.9	101.9	101.9
99.0	97.8	96.5	98.0	97.8	99.8	97.1
100.8	99.0	98.0	99.0	98.6	101.0	98.1
84.3	87.0	83.9	89.3	90.9	90.0	88.5
100.3	100.5	99.7	100.0	97.4	104.6	101.6
103.4	103.7	101.0	100.0	97.4	105.2	104.2
94.9	94.9	97.4	99.9	97.4	103.4	97.3
103.3	100.9	102.2	102.3	104.5	106.1	104.7
108.4	100.0	103.6	104.7	110.8	117.8	118.4
102.9	101.9	107.2	108.6	117.7	123.7	125.2
119.2	96.5	97.5	98.6	99.9	108.2	107.7
99.9	99.9	99.9	99.9	99.9	99.9	95.6
99.6	99.6	99.6	99.6	99.6	99.6	96.3
100.0	100.0	100.0	100.0	100.0	100.0	94.4
100.0	100.0	100.0	100.0	100.0	100.0	100.0
102.3	102.3	102.3	102.3	102.3	102.3	102.3
102.3	102.3	102.3	102.3	102.3	102.3	102.3
101.8	102.3	103.7	102.4	103.9	103.1	100.4
101.9	101.9	101.9	101.9	100.0	100.0	100.0
96.5	97.9	102.8	98.5	106.0	103.2	99.9
100.0	100.0	100.0	100.0	100.0	100.0	100.0
108.8	108.8	108.8	108.8	108.8	108.8	101.5
99.1	99.1	98.9	98.9	100.0	100.0	100.0
100.0	100.0	100.0	100.0	100.0	100.0	100.0
100.0	100.0	100.0	100.0	100.0	100.0	100.0
98.1	98.1	97.6	97.6	100.0	100.0	100.0

3-4 南宁市分月居民消费

(上月＝100)

指 标 名 称	1 月	2 月	3 月	4 月	5 月
居民消费价格指数	100.7	99.3	99.7	99.9	99.8
一、食品烟酒	101.3	98.1	99.1	99.4	100.1
1.食品	101.6	97.3	98.7	98.8	100.2
(1)粮食	100.1	100.9	99.7	97.8	102.0
大 米	100.6	100.7	99.6	97.7	102.2
面 粉	99.1	100.0	100.0	100.0	100.0
其他粮食	99.7	100.0	101.6	100.0	100.9
粮食制品	99.1	102.1	98.9	96.2	102.4
(2)薯类	101.3	103.1	97.8	100.6	106.9
薯 类	101.3	103.1	97.8	100.6	106.9
(3)豆类	101.7	97.8	99.5	100.1	100.4
干 豆	97.6	99.2	103.9	100.3	101.1
豆 制 品	103.9	97.1	97.4	100.0	100.0
(4)食用油	100.7	100.4	98.9	101.0	100.0
食用植物油	101.0	100.6	99.0	101.0	99.9
食用动物油	91.7	95.3	96.7	100.5	101.9
(5)菜及食用菌	102.7	92.4	97.0	98.1	101.3
鲜 菜	102.2	91.9	96.8	97.9	101.6
鲜 菌	122.0	88.0	97.9	98.7	97.3
干菜干菌及制品	101.4	101.2	99.7	100.0	100.0
(6)畜肉类	100.0	92.1	97.2	98.9	97.4
猪 肉	97.1	85.6	95.9	98.1	95.3
牛 肉	102.7	97.8	99.5	99.6	99.4
羊 肉	103.3	98.7	99.2	98.9	99.4
其他畜肉及副产品	103.2	96.0	94.5	99.2	98.2
畜肉制品	100.9	99.0	98.8	99.7	98.5
(7)禽肉类	98.1	100.7	101.2	99.1	99.7
鸡	97.0	100.8	102.3	99.0	97.4
鸭	98.5	100.8	100.0	98.6	103.2
其他禽肉及制品	101.3	99.9	99.9	100.2	100.3
(8)水产品	109.5	96.5	96.8	99.5	101.0
淡 水 鱼	101.5	99.0	99.2	99.5	100.3
海 水 鱼	104.4	99.2	98.6	101.2	100.2
虾 蟹 类	134.5	89.2	89.9	97.2	103.4
其他水产品及制品	101.9	99.6	99.6	100.1	100.4
(9)蛋类	97.8	98.8	99.5	99.2	99.9
鸡 蛋	97.6	98.5	99.5	99.2	99.8
其他蛋及制品	98.5	99.9	99.6	99.5	100.0

价格环比指数(2023年)

6 月	7 月	8 月	9 月	10 月	11 月	12 月
99.5	100.3	100.2	100.1	100.0	99.4	100.0
99.5	99.6	100.1	100.7	99.7	99.1	99.8
99.6	98.8	100.0	101.2	99.2	98.4	99.5
99.3	100.0	100.3	101.3	100.0	100.6	100.0
99.4	100.1	100.1	101.8	100.0	100.0	100.0
100.0	97.4	101.3	102.3	100.0	100.0	100.0
100.4	99.2	100.0	100.4	100.0	100.0	100.0
98.0	100.9	101.2	100.0	100.0	102.9	100.1
101.5	96.4	98.2	96.9	98.0	96.4	95.3
101.5	96.4	98.2	96.9	98.0	96.4	95.3
100.2	100.1	100.6	100.0	100.6	99.6	99.9
100.0	100.3	100.7	99.9	101.8	98.8	100.0
100.3	100.0	100.6	100.0	100.0	100.0	99.8
96.9	99.6	103.5	97.8	97.3	102.0	100.7
97.0	99.5	103.4	97.7	97.4	102.1	100.7
94.4	101.8	107.5	102.0	95.0	98.6	100.9
103.3	98.5	99.5	107.2	96.8	93.9	99.0
103.8	98.3	99.4	108.0	96.5	93.5	98.6
96.4	97.3	101.7	101.1	95.3	94.0	108.6
100.7	100.7	100.0	100.6	100.6	99.7	99.7
98.0	99.0	103.9	100.1	98.8	98.4	100.2
98.1	100.3	109.8	100.5	96.2	97.7	99.5
97.2	98.1	98.5	99.0	100.7	98.8	101.6
98.7	98.6	99.7	101.3	102.1	97.9	99.4
97.6	96.6	102.3	100.5	100.7	99.3	100.3
99.6	99.8	99.4	99.3	100.0	100.6	100.2
98.4	99.6	100.8	99.2	98.7	99.1	98.4
97.9	99.9	100.7	100.2	98.3	99.4	97.4
98.4	98.9	100.6	97.4	98.8	98.1	99.4
100.1	99.9	101.2	99.5	99.7	99.9	99.6
96.7	99.8	100.9	101.0	98.4	98.7	101.0
99.8	99.7	100.1	101.0	99.4	100.1	98.9
98.9	101.2	102.3	100.4	99.3	97.6	100.7
87.5	97.8	101.4	102.3	94.4	97.5	105.2
99.6	100.2	100.1	99.8	100.1	98.8	101.6
99.1	99.2	102.7	101.5	99.5	98.1	99.4
98.9	99.3	103.6	102.1	99.4	97.7	99.6
99.9	98.8	99.7	99.7	99.9	99.5	98.7

3-4

(上月＝100)

指 标 名 称	1 月	2 月	3 月	4 月	5 月
(10)奶类	95.9	102.3	99.6	99.8	98.3
鲜 奶	98.6	99.4	100.0	97.0	100.3
酸 奶	95.5	101.6	101.7	100.2	98.8
奶 粉	93.7	105.3	98.3	101.4	97.0
其他奶制品	99.1	99.1	100.3	101.1	96.6
(11)干鲜瓜果类	105.2	99.2	99.6	96.5	104.1
鲜 果	105.8	99.1	99.5	96.1	104.7
坚 果	100.2	100.8	100.1	100.1	99.7
瓜果制品	100.6	100.0	100.0	100.0	100.0
(12)糖果糕点类	101.2	99.1	101.1	100.8	94.9
食 糖	102.3	101.7	98.8	104.0	100.3
糖 果	99.6	100.4	103.1	99.6	98.2
糕 点	102.0	96.6	101.2	102.6	93.2
其他糖果糕点	98.8	108.7	99.8	93.9	97.7
(13)调味品	96.9	102.9	97.3	102.5	97.7
食 用 盐	100.0	100.0	100.8	100.0	100.0
酱 油	96.9	102.5	97.8	102.0	98.5
食 醋	101.1	98.9	99.8	100.2	97.8
增 味 剂	96.6	103.5	97.0	102.1	97.2
其他调味品	95.6	104.4	95.8	104.0	96.9
(14)其他食品类	98.7	101.1	98.2	99.4	98.8
方便食品	97.5	102.5	95.6	98.4	98.4
淀粉及制品	100.0	99.0	100.0	100.0	98.6
其他食品	99.9	100.0	100.8	100.4	99.4
2.茶及饮料	99.3	100.4	99.5	101.4	99.1
茶 叶	100.0	100.1	104.1	98.4	99.0
固体咖啡	95.4	104.8	97.8	103.6	98.1
其他固体饮料	97.1	105.6	99.8	101.8	101.3
饮 用 水	100.0	100.0	98.8	99.5	99.5
果汁饮料	99.5	101.7	98.3	101.1	98.8
其他液体饮料	99.5	98.7	97.7	104.5	98.6
3.烟酒	100.1	100.0	99.9	100.2	99.7
(1)卷烟	100.0	100.0	100.0	100.0	100.0
卷 烟	100.0	100.0	100.0	100.0	100.0
(2)酒类	100.2	100.0	99.8	100.5	99.2
白 酒	99.6	99.4	99.5	101.5	97.7
葡 萄 酒	100.0	104.2	96.9	103.2	100.0
啤 酒	101.3	100.4	99.9	98.2	101.9
其他酒类	100.0	97.9	102.1	100.0	97.9

续表 1

6 月	7 月	8 月	9 月	10 月	11 月	12 月
101.6	100.0	98.8	99.6	99.4	101.8	100.4
104.6	95.4	99.6	99.1	103.1	102.0	100.2
98.8	100.9	96.0	101.5	98.2	106.1	98.8
101.1	102.2	99.4	99.6	97.9	99.7	101.3
98.3	106.5	98.1	96.8	95.8	102.6	100.1
100.5	93.0	94.2	101.1	102.8	99.3	98.9
100.6	92.1	93.4	101.3	103.0	99.3	98.6
99.7	100.5	100.0	99.6	101.7	100.5	101.1
100.0	100.2	100.0	100.0	100.0	96.1	100.2
99.3	105.3	99.1	101.0	98.0	98.3	98.5
95.8	100.0	98.7	102.1	100.3	96.9	102.3
101.5	102.8	93.0	106.9	96.3	99.7	102.6
97.8	105.6	100.7	102.6	98.3	97.4	96.7
105.2	107.8	98.2	90.4	97.7	101.4	102.0
102.3	100.9	99.0	99.0	99.9	99.9	99.6
100.0	100.0	100.0	100.0	100.0	100.0	100.0
102.0	100.5	99.2	100.9	97.0	100.7	101.2
102.0	98.5	100.0	101.8	98.8	97.6	100.8
103.2	101.0	99.8	100.2	99.1	96.7	98.8
102.8	101.7	98.4	96.7	102.4	100.6	98.5
102.0	101.0	98.7	99.1	102.7	97.0	100.1
104.3	102.0	98.6	99.6	106.0	94.9	100.6
102.4	100.0	99.2	100.8	97.6	102.4	100.0
99.3	100.1	98.6	98.0	100.1	98.2	99.6
100.9	100.2	98.9	99.5	100.7	98.5	101.8
98.4	103.1	95.8	100.0	102.6	101.1	104.9
103.7	98.6	100.7	96.3	101.8	95.3	105.1
105.4	100.3	98.6	98.9	101.3	97.6	101.9
101.3	101.4	98.7	101.4	100.0	98.2	100.0
103.5	95.0	102.6	98.3	97.6	97.9	100.4
99.6	99.1	100.0	98.6	100.8	97.9	101.1
100.0	100.1	100.6	99.4	100.1	99.9	101.8
100.0	100.0	100.0	100.0	100.0	100.0	102.8
100.0	100.0	100.0	100.0	100.0	100.0	102.8
100.1	100.2	101.7	98.2	100.2	99.7	99.9
100.3	100.0	103.2	95.5	101.7	100.5	99.5
100.0	100.0	100.0	100.0	100.0	100.0	95.7
98.4	100.8	101.0	100.8	97.7	100.0	102.3
102.1	100.0	101.1	98.8	101.2	97.3	100.0

3-4

(上月＝100)

指 标 名 称	1 月	2 月	3 月	4 月	5 月
4.在外餐饮	101.0	99.1	99.7	100.2	100.0
餐馆餐饮	100.2	100.2	100.0	100.0	100.0
饮品店餐饮	100.0	100.0	100.0	100.0	100.0
外 卖	104.2	95.7	98.7	101.0	100.0
其他在外餐饮	100.0	100.0	100.0	100.0	100.0
二、衣着	99.6	100.4	100.1	99.7	100.3
1.服装	99.6	100.4	100.1	99.6	100.2
(1)男式服装	99.5	100.5	100.2	99.5	100.3
男式外套	99.3	100.4	100.2	99.5	100.2
男式针织衫	99.7	100.4	100.4	99.4	100.1
男式衬衫T恤	99.6	100.6	100.2	99.5	100.4
男式裤子	99.6	100.6	100.1	99.5	100.3
男式内衣	99.8	100.3	100.1	99.7	100.3
(2)女式服装	99.5	100.5	100.1	99.6	100.2
女式外套	99.4	100.4	100.2	99.6	100.2
女式针织衫	99.6	100.7	99.9	99.6	100.2
女式衬衫T恤	99.6	100.8	99.9	99.6	100.3
女式裤子	99.7	100.2	100.5	99.4	100.3
女式裙子	99.6	100.6	100.2	99.5	100.3
女式内衣	99.5	100.8	99.5	100.0	100.3
(3)儿童服装	99.6	100.5	100.0	99.7	100.3
婴儿服装	99.7	100.8	99.9	99.7	100.2
儿童上衣	99.7	100.4	100.1	99.7	100.3
儿童裤子	99.4	100.4	100.1	99.7	100.3
儿童裙子	99.5	100.6	100.2	99.6	100.3
儿童内衣	99.3	100.5	99.7	100.0	100.3
(4)衣着材料及配件	99.5	100.5	100.1	99.8	99.8
袜 子	99.4	100.6	100.3	99.5	100.0
帽 子	99.1	100.9	99.6	100.0	100.0
其他衣着材料及配件	99.8	100.2	100.2	100.0	99.3
(5)衣着服务费	100.0	97.4	99.8	100.7	100.0
衣着洗涤保养	100.0	95.2	99.6	101.3	100.0
其他衣着服务	100.0	100.0	100.0	100.0	100.0
2.鞋类	100.0	100.3	99.9	99.8	100.4
(1)鞋	99.6	100.7	99.9	99.7	100.3
男 鞋	99.9	100.6	99.9	99.7	100.2
女 鞋	99.6	100.7	99.9	99.7	100.4
童 鞋	99.5	100.8	100.0	99.7	100.2

续表 2

6 月	7 月	8 月	9 月	10 月	11 月	12 月
99.1	101.2	100.3	100.0	100.5	100.5	99.6
100.1	102.3	100.0	100.1	100.0	100.0	100.0
100.0	100.0	100.0	100.0	100.0	100.0	100.0
95.5	100.7	101.5	100.1	102.4	102.4	98.3
100.0	100.0	100.0	100.0	100.0	100.0	100.0
99.8	99.8	99.7	100.4	99.9	100.2	100.3
99.8	99.8	99.7	100.4	99.9	100.2	100.3
99.7	99.8	99.8	100.4	99.9	100.2	100.3
99.9	99.8	99.9	100.4	99.9	100.3	100.4
99.9	100.0	99.8	100.3	100.0	100.2	100.2
99.5	99.9	99.7	100.5	100.0	100.0	100.2
99.8	99.8	99.7	100.3	99.9	100.4	100.4
99.8	100.1	99.6	100.3	100.0	100.0	100.3
99.8	99.8	99.7	100.4	99.9	100.2	100.3
99.8	99.9	99.8	100.3	99.9	100.2	100.4
99.9	100.0	99.8	100.4	99.8	100.3	100.2
99.7	99.7	99.7	100.3	100.3	100.1	100.2
99.8	99.9	99.7	100.4	99.9	100.0	100.3
99.7	99.8	99.7	100.4	99.8	100.1	100.3
100.0	99.6	99.7	100.6	99.6	100.3	100.3
99.9	99.9	99.7	100.4	99.8	100.3	100.3
100.0	99.7	99.7	100.5	99.6	100.2	100.2
99.8	99.9	99.7	100.3	99.9	100.2	100.2
99.8	100.0	99.6	100.3	99.9	100.3	100.4
99.8	99.9	99.6	100.4	99.8	100.1	100.3
99.8	99.7	99.8	100.7	99.5	100.8	100.2
100.3	99.9	99.6	100.4	99.8	100.5	100.3
100.4	100.1	99.4	100.5	99.7	100.1	100.1
100.5	99.5	99.7	100.7	99.3	100.5	100.5
100.2	99.8	99.8	100.0	100.2	101.3	100.4
100.0	99.0	99.7	100.7	101.1	100.0	101.7
100.0	98.2	99.4	101.4	102.1	100.0	103.1
100.0	100.0	100.0	100.0	100.0	100.0	100.0
99.8	99.6	99.7	100.7	99.8	100.1	100.4
99.8	99.8	99.7	100.5	99.7	100.1	100.2
100.0	99.7	99.7	100.5	99.8	100.1	100.2
99.7	99.7	99.7	100.5	99.7	100.2	100.4
99.9	100.0	99.6	100.6	99.6	100.2	100.1

3-4

(上月=100)

指 标 名 称	1 月	2 月	3 月	4 月	5 月
(2)鞋类服务	104.8	96.2	99.4	100.6	101.6
鞋类服务	104.8	96.2	99.4	100.6	101.6
三、居住	99.8	99.8	100.2	100.0	99.8
1.租赁房房租	100.0	100.0	100.2	100.0	100.1
公房房租	100.0	100.0	100.0	100.0	100.0
私房房租	100.0	100.0	100.2	100.0	100.1
2.住房保养维修及管理	99.1	99.2	100.9	100.1	100.6
(1)住房装潢材料	98.3	98.5	101.8	100.2	101.1
木 地 板	95.1	99.4	103.1	100.4	101.4
瓷 砖	100.0	96.2	101.6	100.0	100.0
水 泥	100.0	105.2	100.0	99.2	100.0
涂 料	100.0	100.0	107.4	100.5	100.2
板 材	99.3	100.0	101.0	100.0	100.5
管 材	100.0	98.5	98.8	100.0	101.2
厨卫设备	100.0	98.1	97.6	100.8	101.5
门 窗	94.1	95.9	105.0	100.0	103.0
其他住房装潢材料	101.5	100.0	100.0	100.0	100.0
(2)住房维修管理费用	100.0	100.0	100.0	100.0	100.0
物业管理费	100.0	100.0	100.0	100.0	100.0
装潢维修费	100.0	100.0	100.0	100.0	100.0
其他住房费用	100.0	100.0	100.0	100.0	100.0
3.水电燃料	100.0	99.6	100.0	100.0	[illegible]
(1)水	100.0	100.0	100.0	100.0	[illegible]
水	100.0	100.0	100.0	100.0	[illegible]
(2)电	100.0	100.0	100.0	100.0	[illegible]
电	100.0	100.0	100.0	100.0	[illegible]
(3)燃气	100.0	100.0	100.0	100.0	96.3
管道燃气	100.0	100.0	100.0	100.0	100.0
液化石油气	100.0	100.0	100.0	100.0	92.5
(4)其他水电燃料类	100.0	97.7	100.0	100.0	97.5
其他水电燃料类	100.0	97.7	100.0	100.0	97.5
4.自有住房	99.9	100.0	100.2	99.9	100.0
自有住房	99.9	100.0	100.2	99.9	100.0
四、生活用品及服务	99.0	100.5	99.3	99.6	100.2
1.家具及室内装饰品	99.3	101.5	98.4	97.7	104.2
(1)家具	99.3	101.7	98.3	97.8	104.3
柜	96.3	103.2	98.3	97.0	106.9

续表 3

6 月	7 月	8 月	9 月	10 月	11 月	12 月
99.2	97.5	100.0	102.6	100.8	100.0	102.3
99.2	97.5	100.0	102.6	100.8	100.0	102.3
99.6	100.0	100.0	99.8	100.4	100.0	100.1
99.8	99.9	100.0	100.0	100.0	100.1	100.2
100.0	100.0	100.0	100.0	100.0	100.0	100.0
99.8	99.9	100.0	100.0	100.1	100.1	100.2
99.5	99.7	100.1	99.7	100.3	100.2	100.0
98.9	99.4	100.2	99.4	100.7	100.4	100.1
100.7	98.0	100.6	100.0	100.0	100.0	99.4
100.0	94.5	100.0	100.0	100.0	105.1	101.3
96.7	95.6	97.4	99.1	100.0	100.0	100.0
99.6	99.0	100.0	100.0	100.0	100.0	100.0
100.0	100.0	101.1	100.7	100.0	100.0	100.0
100.0	100.0	100.2	100.0	102.1	100.0	100.0
100.0	100.0	98.0	100.0	100.0	100.0	100.0
92.8	106.4	104.3	96.2	104.0	98.2	100.0
100.0	99.6	98.8	100.0	100.0	100.0	100.0
100.0	100.0	100.0	100.0	100.0	100.0	100.0
100.0	100.0	100.0	100.0	100.0	100.0	100.0
100.0	100.0	100.0	100.0	100.0	100.0	100.0
100.0	100.0	100.0	100.0	100.0	100.0	100.0
99.3	100.7	100.0	98.6	101.6	100.0	100.2
100.0	100.0	100.0	100.0	100.0	100.0	100.0
100.0	100.0	100.0	100.0	100.0	100.0	100.0
100.0	100.0	100.0	100.0	100.0	100.0	100.0
100.0	100.0	100.0	100.0	100.0	100.0	100.0
100.0	100.0	100.0	100.0	100.0	100.0	100.7
100.0	100.0	100.0	100.0	100.0	100.0	100.0
100.0	100.0	100.0	100.0	100.0	100.0	101.6
95.8	104.4	100.0	92.3	109.7	100.0	100.0
95.8	104.4	100.0	92.3	109.7	100.0	100.0
99.7	99.9	100.0	100.1	100.0	100.0	100.1
99.7	99.9	100.0	100.1	100.0	100.0	100.1
100.0	100.2	100.0	99.6	100.9	99.4	101.0
96.9	98.5	103.7	98.2	102.9	98.2	100.6
96.6	98.6	103.6	98.3	103.1	98.0	100.7
95.5	99.0	104.6	97.4	106.4	97.3	100.3

3-4

(上月=100)

指 标 名 称	1 月	2 月	3 月	4 月	5 月
床	100.0	102.6	95.8	97.6	106.9
桌	100.0	102.5	97.1	97.6	104.9
椅	100.0	100.0	99.3	98.5	100.0
沙 发	101.8	100.0	100.0	100.0	100.0
其他家具	100.0	100.0	100.0	95.9	104.2
(2)室内装饰品	99.0	99.9	99.9	97.0	102.0
灯 具	98.0	99.7	99.8	100.6	103.9
其他室内装饰品	100.0	100.0	100.0	93.4	100.0
2.家用器具	99.8	99.8	100.8	98.7	99.0
(1)大型家用器具	99.9	99.9	101.0	98.7	98.9
洗 衣 机	99.1	99.7	99.8	97.2	100.5
电冰箱(柜)	99.7	100.7	100.8	100.8	98.1
抽油烟机	101.1	101.1	99.3	98.8	100.7
空 调 器	100.3	100.2	101.7	98.0	98.6
热 水 器	99.1	95.3	103.2	99.0	98.6
炉具灶具	99.6	98.9	101.4	97.8	97.8
吸 尘 器	99.2	107.0	99.3	100.6	94.7
空气净化器	100.1	102.1	100.7	98.0	103.2
净 水 器	102.5	96.8	99.7	97.9	99.5
其他大型家用器具	99.1	101.4	99.1	100.0	99.0
(2)小家电	99.3	99.6	99.6	99.1	99.7
厨房小家电	99.4	99.3	99.7	99.5	98.6
生活小家电	98.9	100.4	99.2	97.7	103.5
3.家用纺织品	98.5	98.4	102.9	97.5	100.0
(1)床上用品	98.1	101.9	100.3	97.7	98.1
被 子	100.0	105.9	99.3	100.7	92.9
床单被套	94.6	97.6	110.4	100.3	104.0
其他床上用品	98.3	100.0	93.9	90.9	100.7
(2)窗帘门帘	98.4	95.3	103.5	96.6	106.0
窗帘门帘	98.4	95.3	103.5	96.6	106.0
(3)其他家用纺织品	100.0	88.8	112.5	97.1	103.0
其他家用纺织品	100.0	88.8	112.5	97.1	103.0
4.家庭日用杂品	98.6	102.7	97.4	100.7	99.0
(1)洗涤卫生用品	98.4	102.1	96.8	99.6	101.0
清洗用品	99.5	99.0	99.1	101.2	101.7
清洁用具	100.4	102.2	97.9	96.4	97.8
清洁用纸	96.9	105.1	94.4	98.9	101.2

续表 4

6 月	7 月	8 月	9 月	10 月	11 月	12 月
95.3	98.5	103.8	97.7	102.3	100.0	99.8
99.4	96.3	104.4	99.0	101.0	96.9	102.2
98.9	96.9	103.2	99.6	101.9	95.9	102.7
94.4	102.7	100.0	97.9	102.2	101.3	100.0
99.0	96.4	105.5	99.5	101.5	95.2	100.6
102.9	95.5	105.2	97.5	99.5	101.0	100.0
99.2	101.5	99.5	101.4	99.1	102.0	100.0
107.0	89.2	112.1	93.4	100.0	100.0	100.0
101.6	99.6	100.1	99.3	100.3	99.5	100.3
101.7	99.6	100.6	99.1	100.2	99.1	100.2
99.7	101.0	98.9	101.1	100.0	97.7	101.3
97.9	100.9	98.9	99.3	100.4	99.1	99.4
100.6	98.5	99.0	100.5	102.1	99.8	101.8
105.4	98.0	101.5	98.1	99.5	99.4	99.3
101.9	98.5	102.8	99.8	101.3	98.3	100.5
101.0	100.6	101.1	100.0	101.2	101.2	100.9
99.8	100.9	100.3	96.0	105.2	98.6	103.1
95.6	106.1	98.2	100.9	99.2	98.4	99.6
96.5	103.9	99.8	96.8	99.8	94.6	108.1
98.2	103.3	102.0	99.4	100.1	100.5	101.0
101.0	100.0	97.3	100.0	100.8	101.6	101.0
101.4	99.6	97.4	100.7	100.8	101.9	99.9
99.6	101.6	97.1	97.7	100.7	100.4	104.8
104.8	94.8	101.4	102.5	100.4	103.6	100.1
107.1	92.5	102.1	103.6	100.6	105.0	100.1
107.6	99.3	94.0	106.8	98.2	102.6	100.3
100.3	89.5	107.1	98.7	105.9	104.2	100.0
113.4	85.5	110.7	103.7	99.3	109.4	100.0
100.0	100.0	100.0	100.0	100.0	106.2	100.0
100.0	100.0	100.0	100.0	100.0	106.2	100.0
100.0	100.0	100.0	100.0	100.0	97.6	100.0
100.0	100.0	100.0	100.0	100.0	97.6	100.0
99.0	103.1	97.8	99.5	100.7	99.7	102.9
97.8	101.7	97.8	99.0	102.6	100.3	102.6
99.1	99.1	102.7	100.6	102.0	98.7	103.0
98.4	102.4	101.4	101.3	98.3	97.8	104.6
96.3	104.1	92.2	96.7	104.5	102.5	101.8

3-4

(上月＝100)

指 标 名 称	1 月	2 月	3 月	4 月	5 月
(2)厨具餐具茶具	98.9	98.9	101.8	95.8	101.4
厨 具	98.5	97.4	104.7	92.4	102.7
餐 具	100.6	99.7	98.2	99.0	101.0
茶 具	96.2	102.5	100.3	100.8	97.4
(3)其他家庭日用杂品	98.5	104.9	95.9	103.8	96.6
配电附件	100.6	100.8	98.9	101.7	99.5
雨 具	98.5	97.2	104.6	95.2	103.3
其他日用杂品	97.5	107.9	93.4	106.0	94.3
5.个人护理用品	97.9	100.2	98.8	101.6	100.2
(1)化妆品	98.0	100.1	96.4	103.5	100.2
清洁化妆品	98.0	99.2	101.5	102.3	100.7
护肤化妆品	97.8	100.1	94.1	104.9	100.4
彩妆化妆品	98.8	100.4	99.9	100.9	99.5
化妆器具	98.4	101.2	100.7	96.4	100.4
(2)其他护理用品类	97.8	100.3	100.6	100.2	100.1
清洁类护理用品	97.6	102.0	99.4	99.2	100.2
护发美发用品	99.8	101.4	98.8	100.4	98.4
护理器具	94.7	102.9	102.0	102.3	99.6
其他护理用品	98.5	96.5	102.7	100.4	101.0
6.家庭服务	100.4	98.2	100.0	100.0	100.0
家政服务	100.9	95.4	100.0	100.0	100.0
母婴护理服务	100.0	100.1	100.0	100.0	100.0
家庭维修服务	100.0	100.0	100.0	100.0	100.0
其他家庭服务	100.0	100.0	100.0	100.0	100.0
五、交通通信	101.1	99.2	99.2	100.0	98.1
1.交通	101.5	99.0	99.0	100.1	98.7
(1)交通工具	98.8	99.5	98.5	98.2	99.2
燃油小汽车	98.3	99.8	98.3	98.3	99.2
新能源小汽车	100.2	98.7	97.9	96.0	99.8
电动自行车	100.5	98.3	99.1	97.9	100.0
自 行 车	100.0	100.0	100.0	100.0	97.4
其他交通工具	99.1	99.4	100.4	101.2	96.7
(2)交通工具用燃料	97.7	101.0	99.8	98.4	99.8
汽 油	97.6	101.1	99.8	98.3	99.8
柴 油	97.5	101.1	99.7	98.3	99.7
其他车用能源	100.0	100.0	100.0	100.0	100.0
(3)交通工具使用和维修	101.3	98.5	100.0	100.0	100.4

续表 5

6 月	7 月	8 月	9 月	10 月	11 月	12 月
101.1	99.6	99.5	99.1	98.5	100.2	100.1
103.0	99.1	98.9	98.1	100.7	101.5	99.0
99.0	100.2	100.2	100.2	95.2	98.1	101.7
99.7	100.2	100.2	99.8	99.1	100.3	100.6
98.9	105.9	97.1	100.1	100.4	99.1	104.4
100.9	100.4	100.4	100.3	99.5	100.0	99.5
89.3	105.9	99.3	100.0	105.9	100.5	104.9
99.5	108.5	95.4	100.0	100.0	98.4	106.5
99.8	100.9	99.2	100.2	100.7	97.9	100.9
98.0	101.5	99.1	102.8	100.3	97.9	99.7
96.7	103.1	99.3	101.4	100.5	97.0	103.4
97.9	102.1	97.9	103.7	100.4	98.2	99.2
99.2	98.1	103.4	100.7	99.7	97.6	98.8
99.7	101.4	99.2	102.0	99.1	97.9	99.1
101.2	100.5	99.3	98.2	101.0	97.8	101.8
102.5	99.7	99.5	97.5	103.3	93.8	104.5
100.3	100.0	100.4	97.5	100.6	99.5	100.8
100.7	98.7	100.3	96.3	101.6	99.3	97.1
100.2	102.3	98.0	100.4	98.0	101.9	100.7
100.0	100.0	100.0	100.0	100.0	100.0	100.0
100.0	100.0	100.0	100.0	100.0	100.0	100.0
100.0	100.0	100.0	100.0	100.0	100.0	100.0
100.0	100.0	100.0	100.0	100.0	100.0	100.0
100.0	100.0	100.0	100.0	100.0	100.0	100.0
98.9	101.7	100.5	99.9	99.8	98.4	99.1
98.8	102.1	100.8	99.9	99.6	98.0	98.5
99.2	99.8	100.1	98.5	100.3	98.9	99.7
99.3	100.0	99.8	98.0	100.3	98.8	99.3
100.0	100.0	100.0	95.9	99.5	100.8	102.1
97.3	100.0	100.0	101.4	100.0	99.5	100.0
100.0	100.0	100.0	100.0	100.9	100.0	100.0
100.9	94.8	105.1	102.5	102.9	96.9	102.4
98.8	101.8	104.9	102.3	101.8	97.2	95.4
98.7	101.8	104.9	102.3	101.8	97.2	95.4
98.6	102.1	105.3	102.6	101.9	96.9	95.0
100.0	100.0	100.0	100.0	100.0	100.0	100.0
98.4	100.0	93.8	100.0	100.0	100.0	100.0

3-4

(上月=100)

指 标 名 称	1 月	2 月	3 月	4 月	5 月
停 车 费	100.0	100.0	100.0	100.0	100.0
车辆使用费	100.0	100.0	100.0	100.0	100.0
交通工具零配件	100.0	100.0	100.0	100.0	100.0
车辆修理与保养	106.6	92.8	100.0	100.0	102.3
(4)交通费	115.1	95.2	97.8	107.1	94.7
市内公共交通	100.0	100.0	100.0	100.0	100.0
出租汽车	100.0	100.0	100.0	100.0	100.0
飞 机 票	139.1	92.5	94.5	115.2	91.2
火 车 票	100.0	100.0	100.0	100.0	100.0
长途汽车	120.7	82.9	100.0	106.4	94.0
网 约 车	100.0	99.8	100.0	100.0	100.0
交通工具租赁费	135.2	79.5	97.4	131.3	68.3
其他交通费	100.0	100.0	100.0	100.0	100.0
2.通信	99.9	99.9	99.8	99.9	96.2
(1)通信工具	99.1	99.6	99.3	99.6	97.3
电 话 机	99.1	99.4	99.4	99.5	97.5
其他通信工具及零配件	99.4	101.3	97.7	100.7	94.9
(2)通信服务	100.3	100.0	100.0	100.0	94.0
电 话 费	100.6	100.0	100.0	100.0	100.0
家庭宽带服务	100.0	100.0	100.0	100.0	74.7
其他通信服务	90.4	100.0	100.0	100.0	100.0
(3)邮递服务	100.0	100.0	100.0	100.0	99.5
邮递服务	100.0	100.0	100.0	100.0	99.5
六、教育文化娱乐	102.0	99.7	99.9	100.6	99.6
1.教育	99.9	102.7	100.1	99.9	99.9
(1)教育用品	99.8	99.8	100.4	98.8	101.6
工 具 书	100.0	100.3	98.6	98.4	100.9
教 材	100.0	100.0	100.0	100.0	100.0
参考资料	99.1	99.4	100.9	97.3	103.9
其他教育用品	101.1	100.1	101.0	100.0	99.7
(2)教育服务	99.9	103.0	100.1	100.0	99.8
幼儿早期教育	98.6	99.8	100.2	100.0	100.0
学前教育	100.0	111.6	100.0	100.0	100.0
小学初中教育	100.0	100.0	100.0	100.0	100.0
高中中职教育	100.0	100.0	100.0	100.0	100.0
高等教育	100.0	100.0	100.0	100.0	100.0
课外教育	99.6	100.8	100.1	100.0	99.6

续表 6

6 月	7 月	8 月	9 月	10 月	11 月	12 月
92.2	100.0	68.4	100.0	100.0	100.0	100.0
100.0	100.0	100.0	100.0	100.0	100.0	100.0
100.0	100.0	100.0	100.0	100.0	100.0	100.0
100.0	100.0	100.0	100.0	100.0	100.0	100.0
98.5	109.1	100.8	98.4	94.2	96.3	100.4
100.0	100.0	100.0	100.0	100.0	100.0	100.0
100.0	100.0	100.0	100.0	100.0	100.0	100.0
92.2	122.6	101.9	95.0	90.4	89.7	100.9
104.2	100.9	100.0	100.0	99.8	100.0	100.0
100.0	100.0	102.4	106.6	91.6	100.0	100.0
100.0	100.0	100.0	100.0	100.0	100.0	98.9
108.9	117.9	97.7	103.0	68.2	105.0	104.6
100.0	103.4	100.0	100.0	93.4	100.0	100.0
99.2	100.3	99.9	100.0	100.4	99.4	101.0
97.4	100.3	99.7	99.8	101.3	98.1	103.2
97.2	100.3	99.8	100.0	100.9	98.2	103.3
101.1	100.2	98.3	97.5	107.6	96.6	101.0
99.9	100.0	100.0	100.0	100.0	100.0	100.0
100.0	100.0	100.0	100.0	100.0	100.0	100.0
100.0	100.0	100.0	100.0	100.0	100.0	100.0
93.1	100.0	100.0	100.0	100.0	100.0	100.0
100.2	100.9	100.0	100.0	100.0	100.0	100.0
100.2	100.9	100.0	100.0	100.0	100.0	100.0
99.5	102.0	99.9	99.9	100.0	98.8	100.5
99.9	100.1	100.0	101.1	100.0	100.0	100.0
99.3	101.0	100.7	99.6	99.3	100.3	100.5
101.4	102.3	103.0	98.1	100.1	99.9	101.2
100.0	100.0	100.0	100.0	100.0	100.0	100.0
99.4	101.6	101.9	98.9	98.3	100.7	100.9
95.8	101.6	97.2	101.9	100.0	100.0	99.9
100.0	100.0	100.0	101.2	100.0	100.0	100.0
101.0	100.0	100.0	102.1	100.5	100.0	100.0
100.0	100.0	100.0	100.0	100.0	100.0	100.0
100.0	100.0	100.0	100.0	100.0	100.0	100.0
100.0	100.0	100.0	100.0	100.0	100.0	100.0
100.0	100.0	100.0	105.1	100.0	100.0	100.0
100.3	100.0	100.0	100.0	100.0	100.0	100.0

(上月＝100)

指 标 名 称	1 月	2 月	3 月	4 月	5 月
专业技能培训	100.0	102.4	101.3	100.4	98.0
其他教育服务	100.0	100.0	100.0	100.0	100.0
2.文化娱乐	105.9	94.5	99.5	101.7	99.1
(1)文娱耐用消费品	100.2	99.0	100.1	99.2	98.7
电 视 机	100.7	99.0	100.1	97.3	96.7
照 相 机	100.3	99.5	102.1	101.9	100.9
台式计算机	100.0	96.9	101.5	98.9	99.7
笔记本电脑	99.8	100.2	100.0	99.5	98.5
平板电脑	100.1	99.1	99.5	99.4	97.9
乐 器	100.0	100.0	100.0	100.0	100.0
音 响	100.0	96.0	100.0	106.3	99.6
可穿戴智能设备	101.4	100.2	99.1	97.4	101.9
其他文娱耐用消费品	100.0	100.3	99.5	100.2	99.8
(2)其他文娱用品	97.6	100.7	97.9	99.9	98.9
书报杂志及音像制品	103.4	102.7	97.9	101.5	100.0
纸张文具	100.0	100.0	100.0	103.5	100.0
体育户外用品	96.2	109.2	94.0	102.5	94.[illegible]
游戏用品和玩具	98.8	101.2	100.4	97.1	96.[illegible]
园艺花卉及用品	98.8	118.1	84.5	100.0	102.[illegible]
宠物及用品	99.4	100.0	99.6	97.6	96.4
其他文化娱乐用品	93.8	94.5	100.2	100.0	100.0
(3)文化娱乐服务	99.6	99.7	99.7	100.4	100.5
电影及演出票	100.6	91.8	95.3	98.9	102.3
景点门票	94.7	105.6	103.4	95.3	105.0
电视服务	100.0	100.0	100.0	100.0	100.0
健身活动	100.0	100.0	104.4	100.0	100.0
宠物服务	100.5	97.6	101.8	100.0	99.1
网络文娱服务	100.7	101.7	96.6	106.2	98.0
儿童娱乐项目	100.0	100.0	100.0	100.0	100.0
其他文娱服务	100.0	98.6	100.0	100.0	100.0
(4)旅游	119.3	85.7	99.5	105.6	98.7
旅行社收费	121.0	84.6	99.5	106.1	98.6
其他旅游	100.0	100.0	100.0	100.0	100.0
七、医疗保健	100.2	100.3	100.0	99.8	10[illegible].3
1.药品及医疗器具	100.6	100.7	100.0	99.4	10[illegible].9
(1)中药	103.0	100.0	99.6	100.7	10[illegible].2
中 药 材	99.9	100.0	100.0	101.9	100.7
中 成 药	104.7	100.0	99.4	100.0	100.0

续表 7

6 月	7 月	8 月	9 月	10 月	11 月	12 月
97.7	100.0	99.2	100.0	100.0	100.0	100.0
100.0	100.0	100.0	100.0	100.0	100.0	100.0
98.8	105.6	99.8	97.8	100.1	96.6	101.4
98.7	100.3	99.9	100.5	100.8	99.7	100.1
100.6	101.8	99.2	103.4	101.3	100.8	98.3
98.0	102.5	97.5	98.4	101.7	99.3	100.1
99.4	98.1	99.9	99.6	99.9	100.8	100.0
96.6	99.7	100.5	99.8	102.7	98.0	101.7
96.8	99.8	101.3	99.0	99.6	97.2	104.4
100.0	100.0	99.9	98.9	101.1	100.0	100.0
100.0	100.0	100.0	100.0	97.5	100.5	100.0
96.3	101.2	100.4	99.1	98.5	99.4	100.3
98.3	101.3	99.5	100.0	100.6	100.2	98.2
99.2	104.6	99.9	95.5	100.6	98.8	100.8
96.4	103.2	99.0	100.0	100.0	99.4	102.1
100.0	100.0	100.0	96.7	101.9	101.5	100.0
98.9	100.3	99.3	100.2	101.8	97.9	99.3
99.0	100.2	100.3	99.5	100.0	98.1	101.8
96.0	100.0	100.0	100.0	100.0	100.0	100.0
103.3	97.7	100.2	100.6	98.7	101.7	101.7
100.0	112.2	100.0	88.6	101.3	97.2	100.0
98.2	101.8	100.3	100.6	99.9	97.9	101.9
98.8	100.8	102.8	97.7	102.6	99.5	97.4
100.0	99.8	100.2	100.0	100.0	97.7	100.0
100.0	100.0	100.0	100.0	100.0	100.0	100.0
100.0	100.0	100.0	100.0	100.0	100.0	100.0
100.9	98.9	100.5	102.9	100.0	99.2	101.2
91.0	110.1	98.5	104.0	98.1	91.0	112.2
100.0	100.0	100.0	100.0	100.0	100.0	100.0
100.0	100.0	103.4	100.0	100.0	100.0	100.0
99.3	112.7	99.3	95.1	99.5	92.5	102.6
99.2	113.8	99.3	94.7	99.4	91.9	102.8
100.0	100.0	100.0	100.0	100.0	100.0	100.0
99.7	100.1	101.4	100.1	100.0	100.0	100.0
99.3	100.2	100.2	100.3	100.0	99.9	100.0
100.3	100.8	100.7	100.1	100.0	100.0	100.0
100.7	102.1	102.8	99.6	100.0	100.0	100.0
100.0	100.0	99.6	100.4	100.0	100.0	100.0

3-4

(上月=100)

指 标 名 称	1 月	2 月	3 月	4 月	5 月
(2)西药	100.1	100.0	100.0	99.5	100.0
抗微生物药	100.0	100.0	100.0	100.0	100.0
消化系统用药	100.0	100.0	100.0	99.1	100.0
呼吸系统用药	101.0	100.0	100.0	100.0	100.0
解热镇痛药	100.0	100.0	100.0	99.5	100.0
抗肿瘤药	100.0	100.0	100.0	100.0	100.0
激素及影响内分泌药	100.0	100.0	100.0	98.7	100.0
心血管系统用药	100.2	100.0	100.0	97.0	100.0
血液系统用药	100.0	100.0	100.0	100.0	100.0
治疗精神障碍药	100.0	100.0	100.0	100.0	100.0
神经系统用药	100.0	100.0	100.0	100.1	100.0
泌尿系统用药	99.9	100.0	100.0	100.0	100.0
维生素、矿物质类药	100.0	100.0	100.0	100.0	100.0
调节水、电解质及酸碱平衡药	99.9	100.0	100.0	99.7	100.0
其他西药	100.0	100.0	100.0	99.1	100.0
(3)滋补保健品	100.0	100.0	100.0	100.0	100.0
滋补保健品	100.0	100.0	100.0	100.0	100.0
(4)医疗卫生器具	99.4	103.3	100.4	97.6	104.1
医疗卫生器具	99.4	103.3	100.4	97.6	104.1
(5)保健器具	99.2	100.3	100.0	100.0	100.0
保健器具	99.2	100.3	100.0	100.0	100.0
2.医疗服务	100.0	100.0	100.0	100.0	100.0
(1)综合医疗类	100.0	100.0	100.0	100.0	100.0
一般医疗服务	100.0	100.0	100.0	100.0	100.0
一般治疗操作	100.0	100.0	100.0	100.0	100.0
护 理	100.0	100.0	100.0	100.0	100.0
其他综合医疗服务	100.0	100.0	100.0	100.0	100.0
(2)诊断类	100.0	100.0	100.0	100.0	100.0
病理学诊断	100.0	100.0	100.0	100.0	100.0
实验室诊断	100.0	100.0	100.0	100.0	100.0
影像学诊断	100.0	100.0	100.0	100.0	100.0
临床诊断	100.0	100.0	100.0	100.0	100.0
(3)治疗类	100.0	100.0	100.0	100.0	100.0
临床手术治疗	100.0	100.0	100.0	100.0	100.0
临床非手术治疗	100.0	100.0	100.0	100.0	100.0
(4)康复类	100.0	100.0	100.0	100.0	100.0
康复医疗	100.0	100.0	100.0	100.0	100.0

续表 8

6 月	7 月	8 月	9 月	10 月	11 月	12 月
100.0	100.1	100.0	99.8	100.0	100.0	100.0
100.0	100.0	100.0	100.0	100.0	100.0	100.0
100.0	101.2	100.0	98.1	100.0	100.0	100.0
100.0	101.2	100.0	100.0	100.0	100.0	100.0
100.0	100.0	100.0	100.0	100.0	100.0	100.0
100.0	100.0	100.0	100.0	100.0	100.0	100.0
100.0	100.0	100.0	99.9	100.0	100.0	100.0
100.0	100.0	100.0	100.0	100.0	100.0	100.0
100.0	99.7	100.0	100.0	100.0	100.0	100.0
100.0	96.7	100.0	100.0	100.0	100.0	100.0
100.0	100.0	100.0	100.0	100.0	100.0	100.0
100.0	100.0	100.0	100.0	100.0	100.0	100.0
100.0	100.0	100.0	100.0	100.0	100.0	100.0
100.0	100.0	100.0	100.0	100.0	100.0	100.0
100.0	100.0	100.0	100.0	100.0	100.0	100.0
100.0	100.0	100.0	100.0	100.0	100.0	100.0
100.0	100.0	100.0	100.0	100.0	100.0	100.0
96.0	100.0	100.0	102.0	99.9	99.5	99.9
96.0	100.0	100.0	102.0	99.9	99.5	99.9
101.8	97.5	102.2	99.0	100.7	99.8	99.5
101.8	97.5	102.2	99.0	100.7	99.8	99.5
100.0	100.0	102.2	100.0	100.0	100.0	100.0
100.0	100.0	104.9	100.0	100.0	100.0	100.0
100.0	100.0	105.3	100.0	100.0	100.0	100.0
100.0	100.0	105.8	100.0	100.0	100.0	100.0
100.0	100.0	103.9	100.0	100.0	100.0	100.0
100.0	100.0	100.0	100.0	100.0	100.0	100.0
100.0	100.0	100.9	100.0	100.0	100.0	100.0
100.0	100.0	110.1	100.0	100.0	100.0	100.0
100.0	100.0	100.0	100.0	100.0	100.0	100.0
100.0	100.0	100.0	100.0	100.0	100.0	100.0
100.0	100.0	100.0	100.0	100.0	100.0	100.0
100.0	100.0	103.1	100.0	100.0	100.0	100.0
100.0	100.0	101.9	100.0	100.0	100.0	100.0
100.0	100.0	105.3	100.0	100.0	100.0	100.0
100.0	100.0	99.8	100.0	100.0	100.0	100.0
100.0	100.0	99.8	100.0	100.0	100.0	100.0

3-4

(上月=100)

指 标 名 称	1 月	2 月	3 月	4 月	5 月
(5)中医医疗服务类	100.0	100.0	100.0	100.0	100.0
中医治疗	100.0	100.0	100.0	100.0	100.0
(6)其他医疗保健服务	100.0	100.0	100.0	100.0	100.0
其他医疗保健服务	100.0	100.0	100.0	100.0	100.0
八、其他用品及服务	101.6	99.9	100.7	101.7	100.4
1.其他用品	100.6	102.3	99.7	101.3	98.9
(1)首饰手表	102.3	97.3	102.6	103.9	100.8
金 饰 品	103.2	98.3	104.2	103.7	101.0
银 饰 品	100.0	100.0	100.0	100.0	100.0
铂金饰品	102.9	90.5	101.6	109.4	101.2
手 表	100.0	101.9	100.0	100.0	100.0
(2)母婴用品	99.3	103.6	95.9	100.8	98.2
母婴洗护喂养用品	99.9	104.4	95.6	101.0	98.0
其他母婴用品	94.7	96.2	98.1	99.4	99.7
(3)其他杂项用品	100.1	106.0	100.2	99.2	97.6
箱 包	100.2	109.7	100.3	98.8	99.0
眼 镜	100.0	100.0	100.0	100.0	94.9
2.其他服务	102.3	98.4	101.3	102.0	101.4
(1)在外住宿	101.0	101.0	103.3	109.2	105.3
宾馆住宿	103.9	102.3	106.6	108.6	103.5
其他住宿	96.3	98.8	97.7	110.4	108.5
(2)美容美发洗浴	104.5	92.6	100.0	98.8	100.0
美 容	100.0	100.0	100.0	96.3	100.0
美 发	107.7	87.7	100.0	100.0	100.0
洗 浴	100.0	100.0	100.0	100.0	100.0
(3)养老服务	102.3	100.0	100.0	100.0	100.0
养老服务	102.3	100.0	100.0	100.0	100.0
(4)金融及保险服务	102.5	99.0	101.8	98.1	99.0
金融服务	100.0	100.0	100.0	100.0	100.0
车辆保险	107.3	96.5	106.3	93.9	96.6
旅行保险	100.0	100.0	100.0	100.0	100.0
其他保险	101.5	100.0	100.0	100.0	100.0
(5)中介法律及其他服务	100.0	100.0	100.0	100.0	100.0
中介服务	100.0	100.0	100.0	100.0	100.0
法律服务	100.0	100.0	100.0	100.0	100.0
其他杂项服务	100.0	100.0	100.0	100.0	100.0

续表 9

6 月	7 月	8 月	9 月	10 月	11 月	12 月
100.0	100.0	101.3	100.0	100.0	100.0	100.0
100.0	100.0	101.3	100.0	100.0	100.0	100.0
100.0	100.0	104.0	100.0	100.0	100.0	100.0
100.0	100.0	104.0	100.0	100.0	100.0	100.0
99.6	99.0	100.4	100.2	99.8	99.9	100.5
100.0	99.7	99.5	100.4	98.9	100.9	100.7
98.6	100.2	100.1	101.3	98.7	101.1	101.5
99.7	101.5	100.6	102.1	98.9	101.5	101.9
100.0	100.0	100.0	100.0	100.0	100.0	100.0
94.2	96.8	98.4	100.7	96.5	101.6	102.3
100.0	100.0	100.0	100.0	100.0	100.0	100.0
102.6	98.1	100.1	100.0	99.4	98.8	100.6
102.8	98.0	99.9	100.0	99.2	99.0	100.6
100.1	99.7	101.4	99.9	101.9	97.1	99.6
99.3	100.4	98.5	99.8	98.5	102.3	99.9
100.3	100.6	96.4	99.7	97.7	102.1	99.8
97.3	100.0	102.6	100.0	100.0	102.6	100.0
99.4	98.6	101.1	100.2	100.5	99.2	100.4
98.0	95.4	103.6	100.5	101.6	97.5	101.4
95.5	100.0	102.4	99.0	103.4	97.2	101.0
102.5	87.7	105.8	103.3	98.4	98.0	102.1
100.0	100.0	100.0	100.0	100.0	100.0	100.0
100.0	100.0	100.0	100.0	100.0	100.0	100.0
100.0	100.0	100.0	100.0	100.0	100.0	100.0
100.0	100.0	100.0	100.0	100.0	100.0	100.0
100.0	100.0	100.0	100.0	100.0	100.0	100.0
100.0	100.0	100.0	100.0	100.0	100.0	100.0
100.0	100.0	100.0	100.0	100.0	100.0	100.0
100.0	100.0	100.0	100.0	100.0	100.0	100.0
100.0	100.0	100.0	100.0	100.0	100.0	100.0
100.0	100.0	100.0	100.0	100.0	100.0	100.0
100.0	100.0	100.0	100.0	100.0	100.0	100.0
100.0	100.0	100.0	100.0	100.0	100.0	100.0
100.0	100.0	100.0	100.0	100.0	100.0	100.0
100.0	100.0	100.0	100.0	100.0	100.0	100.0
100.0	100.0	100.0	100.0	100.0	100.0	100.0

3-5 广西主要城市居民消费

(上年同期=100)

年 份	南宁市	柳州市	桂林市	梧州市	北海市	防城港市
1984	104.4	104.1	104.0	105.3	105.5	
1985	118.3	115.7	114.4	117.4	116.5	
1986	105.2	105.3	105.6	105.1	105.1	
1987	111.1	109.1	113.2	112.7	112.1	
1988	121.6	127.8	124.5	123.4	128.4	
1989	119.4	119.1	119.8	116.2	120.8	
1990	98.0	99.7	99.0	98.7	96.9	
1991	104.1	102.3	101.6	104.8	104.5	
1992	106.7	106.1	109.5	110.2	107.2	
1993	125.1	124.6	120.3	122.2	134.8	
1994	124.8	126.0	128.9	125.8	123.1	
1995	118.6	120.0	119.3	116.1	114.8	
1996	103.3	106.1	108.2	106.8	105.4	
1997	100.2	100.3	101.5	102.1	100.7	
1998	96.7	98.2	95.3	99.9	99.1	
1999	95.9	96.8	98.6	100.1	97.0	
2000	100.0	99.8	99.5	100.5	100.4	
2001	102.8	99.7	102.2	100.3	100.5	
2002	99.4	100.6	100.0	97.8	99.9	
2003	100.8	100.6	100.6	101.3	99.9	
2004	104.2	105.4	104.0	104.3	104.7	
2005	101.1	103.3	104.0	102.8	101.6	
2006	102.5	101.0	100.7	101.4	101.6	
2007	104.5	106.1	106.8	105.8	105.1	
2008	108.4	107.9	105.9	107.5	107.3	
2009	98.2	97.8	99.2	97.6	97.4	
2010	102.5	103.5	102.2	103.5	103.1	
2011	105.7	105.4	105.8	105.4	105.5	
2012	102.9	104.0	103.5	102.9	102.6	
2013	102.1	101.9	102.5	102.3	102.0	
2014	101.6	102.6	102.0	102.1	102.8	
2015	101.9	101.7	101.9	101.0	100.4	
2016	101.4	101.8	102.3	101.2	101.1	101.1
2017	102.3	101.3	101.6	102.3	102.9	102.7
2018	102.5	102.5	102.2	102.3	101.4	103.4
2019	103.4	103.1	103.4	103.9	103.1	103.6
2020	102.3	102.4	102.6	103.0	102.7	102.6
2021	101.4	100.9	100.7	100.8	101.3	101.2
2022	101.7	101.8	101.6	102.2	101.8	101.4
2023	99.7	99.7	99.8	100.2	99.6	100.0

价格总指数(1984—2023年)

钦州市	贵港市	玉林市	百色市	贺州市	河池市	来宾市	崇左市
	104.4		104.6	104.6			
	114.4		117.9	115.1			
	104.4		110.4	105.8			
	107.7		109.1	114.8			
	123.9		120.5	123.3			
	125.0		123.7	121.3			
	95.8		95.4	96.7			
	103.2		102.5	101.6			
	104.6		109.5	108.5			
	123.1		119.9	120.2			
	127.5		128.0	125.1			
	119.9		121.4	119.5			
	107.6		106.8	107.7			
	100.2		103.0	102.5			
	93.8		99.3	97.3			
	98.1		99.1	97.4			
	98.9		100.0	99.2			
	98.1		102.2	100.3			
	100.7		97.6	98.2			
	102.5		101.4	101.2			
	104.6		104.2	104.6			
	102.0		103.4	101.8			
	100.8		102.9	102.6			
	106.5		105.7	106.9			
	108.0		109.8	108.6			
	97.2		98.5	97.9			
	103.8		103.7	104.4			
	105.9		106.5	106.8			
	103.5		103.0	102.8			
	102.7		102.5	102.0			
	101.8		102.3	101.9			
	101.4		101.9	101.8			
	101.2	102.4	101.1	101.4	101.0	102.0	101.6
	101.6	102.2	101.4	101.4	101.3	101.4	101.6
	103.0	102.2	102.5	102.5	102.5	101.9	101.7
103.7	104.1	103.6	103.4	103.0	103.7	104.2	103.8
102.5	102.8	102.4	102.1	102.6	101.9	102.0	102.4
100.9	100.9	100.7	100.9	100.8	101.7	100.5	100.9
101.7	102.0	101.9	101.9	101.8	102.0	101.4	102.3
99.5	99.6	99.1	99.8	100.2	99.5	100.0	99.7

3-6　广西主要城市居民消费

(上年同期＝100)

指　标　名　称	南宁市	柳州市	桂林市	梧州市	北海市	防城港市
居民消费价格总指数	99.7	99.7	99.8	100.2	99.6	100.0
一、食品烟酒	99.5	99.8	100.4	100.7	100.7	100.0
二、衣着	103.1	103.5	101.2	101.6	98.4	104.1
三、居住	99.3	98.8	98.4	99.5	97.6	98.4
四、生活用品及服务	99.3	98.0	100.2	99.6	99.3	98.4
五、交通通信	96.1	97.0	96.8	97.2	96.4	98.3
六、教育文化和娱乐	102.0	101.8	101.0	102.8	102.2	101.9
七、医疗保健	101.0	101.0	101.7	100.9	102.4	101.[illegible]
八、其他用品和服务	103.1	101.7	105.9	101.8	102.6	102.[illegible]

价格分类指数(2023年)

钦州市	贵港市	玉林市	百色市	贺州市	河池市	来宾市	崇左市
99.5	99.6	99.1	99.8	100.2	99.5	100.0	99.7
100.4	99.4	100.5	99.2	99.8	100.4	100.6	99.6
101.7	101.1	101.9	98.7	101.6	100.5	100.9	99.7
97.5	98.2	98.4	99.5	100.2	98.5	98.2	99.2
98.3	99.6	95.0	98.5	99.0	98.1	99.2	99.7
97.3	98.4	94.1	97.8	96.8	96.4	96.3	97.6
100.0	100.9	101.0	104.2	103.9	100.8	105.1	101.3
101.7	102.0	101.8	102.2	101.3	102.0	101.3	102.3
102.7	100.3	100.5	98.1	100.3	99.3	101.4	100.5

3-7 南宁市房地产价格调查汇总指数表(2023年)

指 标 名 称	1月			2月			3月		
	环比	同比	累计	环比	同比	累计	环比	同比	累计
新建商品住宅价格指数	99.9	96.0	96.0	100.5	96.9	96.5	100.9	98.0	97.0
其中：90m^{2}以下	99.9	95.4	95.4	100.7	96.4	95.9	100.8	97.2	96.3
90—144m^2	100.0	96.4	96.4	100.5	97.3	96.9	101.0	98.4	97.4
144m^{2}以上	99.2	94.6	94.6	100.1	95.1	94.9	100.8	96.3	95.3
二手住宅价格指数	99.4	93.5	93.5	99.5	93.4	93.5	100.4	94.4	93.8
其中：90m^{2}以下	99.5	93.8	93.8	99.5	93.4	93.6	100.5	94.5	93.9
90—144m^2	99.1	93.4	93.4	99.4	93.3	93.4	100.5	94.3	93.7
144m^{2}以上	99.9	93.3	93.3	99.9	93.7	93.5	100.0	94.6	93.9

3-7 续表 1

指 标 名 称	4月			5月			6月		
	环比	同比	累计	环比	同比	累计	环比	同比	累计
新建商品住宅价格指数	100.3	98.1	97.2	100.4	98.2	97.4	99.7	97.8	97.[illegible]
其中：90m^{2}以下	100.2	97.3	96.5	100.7	97.7	96.8	99.2	96.4	96.7
90—144m^2	100.3	98.5	97.7	100.3	98.5	97.8	99.8	98.3	97.[illegible]
144m^{2}以上	100.2	96.5	95.6	100.6	97.0	95.9	99.7	96.3	96.0
二手住宅价格指数	100.2	94.9	94.1	99.7	95.2	94.3	99.3	95.0	94.4
其中：90m^{2}以下	100.2	94.9	94.1	99.6	95.4	94.4	99.3	95.4	94.5
90—144m^2	100.1	94.9	94.0	99.9	95.0	94.2	99.3	94.8	94.3
144m^{2}以上	100.2	95.2	94.2	99.1	95.1	94.4	99.5	94.9	94.4

3-7 续表 2

指标名称	7月			8月			9月		
	环比	同比	累计	环比	同比	累计	环比	同比	累计
新建商品住宅价格指数	99.3	98.0	97.6	99.5	98.1	97.6	99.5	98.3	97.7
其中：$90m^2$以下	99.6	97.5	96.8	99.6	98.3	97.0	99.3	98.1	97.1
90—$144m^2$	99.3	98.3	98.0	99.5	98.4	98.0	99.5	98.7	98.1
$144m^2$以上	98.9	97.0	96.1	99.0	96.5	96.1	99.9	96.4	96.2
二手住宅价格指数	99.5	95.0	94.5	99.4	95.2	94.6	99.6	95.2	94.6
其中：$90m^2$以下	99.4	95.0	94.6	99.4	95.5	94.7	99.3	95.0	94.8
90—$144m^2$	99.9	94.9	94.4	99.3	94.9	94.4	99.8	95.2	94.5
$144m^2$以上	99.0	95.1	94.5	99.8	95.4	94.6	99.8	95.5	94.7

3-7 续表 3

指标名称	10月			11月			12月		
	环比	同比	累计	环比	同比	累计	环比	同比	累计
新建商品住宅价格指数	99.5	98.7	97.8	99.0	98.3	97.9	100.3	98.7	97.9
其中：$90m^2$以下	99.6	98.6	97.3	98.7	97.9	97.3	100.4	98.7	97.4
90—$144m^2$	99.4	99.0	98.2	99.2	98.7	98.2	100.2	99.0	98.3
$144m^2$以上	99.8	97.3	96.3	98.5	96.6	96.3	100.7	97.4	96.4
二手住宅价格指数	98.7	94.7	94.6	98.8	94.0	94.6	99.6	94.3	94.6
其中：$90m^2$以下	98.7	94.7	94.8	99.1	94.1	94.7	99.2	93.9	94.6
90—$144m^2$	98.8	94.7	94.5	98.7	94.1	94.5	99.8	94.6	94.5
$144m^2$以上	98.3	94.6	94.7	98.6	93.6	94.6	99.8	94.1	94.6

第四篇

农业调查

4-1 南宁市和各县(市、区)

地区	年份	生猪		
		存栏(万头)	出栏(万头)	肉产量(万吨)
南宁市	2022	276.78	462.92	36.52
	2023	287.83	492.47	38.79
兴宁区	2023	1.67	3.13	0.26
青秀区	2023	6.45	19.35	1.50
江南区	2023	6.53	10.13	0.79
西乡塘区	2023	30.71	69.04	5.39
良庆区	2023	6.48	9.59	0.76
邕宁区	2023	9.89	26.45	2.17
武鸣区	2023	51.56	77.56	6.08
隆安县	2023	38.18	39.31	3.03
马山县	2023	31.46	48.62	3.76
上林县	2023	9.41	27.44	2.18
宾阳县	2023	34.81	59.48	4.67
横州市	2023	55.95	96.98	7.75
南宁市经济技术开发区	2023	0.55	1.38	0.11
东盟经济开发区	2023	4.18	4.02	0.34

畜牧业生产数据(2023年)

牛			羊			家禽		
存栏(万头)	出栏(万头)	肉产量(万吨)	存栏(万只)	出栏(万只)	肉产量(万吨)	存栏(万只)	出栏(万只)	肉产量(万吨)
34.29	14.39	1.54	18.78	17.43	0.28	5737.00	16471.89	26.67
31.44	14.50	1.57	18.50	16.42	0.27	5529.55	17412.35	28.27
0.38	0.17	0.02	0.37	0.36	0.01	386.64	1100.57	1.72
2.00	1.22	0.13	0.34	0.54	0.01	488.96	1621.36	2.35
0.70	0.41	0.05	0.28	0.51	0.01	128.85	359.12	0.67
1.19	0.37	0.04	0.03	0.01	0.0002	307.08	1054.18	1.79
0.96	0.46	0.05	0.71	0.50	0.01	460.31	1435.87	2.35
1.80	0.97	0.10	0.10	0.18	0.004	781.67	2711.00	4.55
4.66	1.85	0.18	3.59	4.00	0.06	445.75	1706.50	2.78
2.39	0.96	0.12	2.34	1.80	0.03	579.59	1238.75	1.90
6.44	1.64	0.18	5.64	4.65	0.08	183.69	542.61	0.97
2.28	1.51	0.15	2.75	1.69	0.03	167.86	427.57	0.77
4.51	2.33	0.25	1.07	1.11	0.02	635.46	2234.90	3.97
4.09	2.60	0.32	1.22	1.04	0.02	819.63	2767.98	4.10
0.03	0.01	0.001	0.05	0.02	0.0003	64.82	147.12	0.26
0.01	0.003	0.0003	0.01	0.01	0.0002	79.23	64.83	0.10

4-2 南宁市和各县(市、区)粮食

地区	年份	粮食作物	谷物	稻谷	早稻	中稻
南宁市	2022	4987.4	5357.3	5609.8	5927.7	6331.2
	2023	4989.2	5355.7	5609.3	5931.5	6295.7
兴宁区	2023	5043.9	5160.5	5413.9	5843.3	
青秀区	2023	5545.3	5707.2	5879.6	6222.8	
江南区	2023	5388.7	5569.5	5841.6	6087.1	
西乡塘区	2023	4906.6	5061.3	5336.4	5975.9	
良庆区	2023	4860.6	5052.9	5098.8	5325.8	
邕宁区	2023	5124.7	5563.0	5705.1	6212.7	
武鸣区	2023	5001.8	5749.1	5949.9	5980.5	7294.7
隆安县	2023	4493.4	4989.2	5507.8	5879.9	5377.8
马山县	2023	4711.3	5115.6	5610.6	5722.4	6429.7
上林县	2023	4887.8	5115.0	5348.8	5619.1	4101.8
宾阳县	2023	4926.6	5283.1	5456.8	6053.4	
横州市	2023	5270.0	5467.2	5754.1	5963.3	

作物单位面积产量(2023年)

单位：公斤/公顷

晚稻	小麦	玉米	其他谷物	豆类	薯类	马铃薯	红薯
5300.2		4767.9	2321.3	1499.2	1886.2	2063.6	1825.0
5295.4		4765.1	1876.7	1499.3	1916.4	2167.5	1829.6
5161.6		4208.1		1846.5	1419.8	2420.4	1408.6
5553.1		5118.0	3546.8	2217.8	3198.0	2694.3	3309.7
5760.9		4845.9		1653.0	2755.8		2755.8
4780.4		4687.0		1691.7	2330.9		2330.9
4856.9		4821.3		1684.6	2639.0		2639.0
5200.0		4942.1		1486.1	1572.3	2259.2	1499.9
5852.2		5421.4		1476.9	1983.4	2065.0	1859.9
5185.7		4613.2	951.6	1560.5	2308.0	3060.1	1974.1
5345.6		4773.5	3063.3	1408.7	1419.4	1803.3	1390.1
5110.0		4459.9	2233.0	1373.2	1653.9	2468.3	1593.8
4872.6		4199.0	1959.4	1422.4	2003.5	2126.4	1990.2
5556.4		4476.5	2749.5	1526.9	1753.4	2109.2	1497.6

4-3 南宁市和各县(市、区)粮食

地区	年份	粮食作物				
			谷物			
				稻谷		
					早稻	中稻
南宁市	2022	426157.2	383238.4	268530.0	127990.0	2740.0
	2023	426215.0	383526.3	268729.5	128105.2	2851.9
兴宁区	2023	10100.0	9783.5	7727.7	2860.0	
青秀区	2023	14706.7	13855.4	10746.6	5240.1	
江南区	2023	15040.0	14276.4	10374.5	2567.9	
西乡塘区	2023	12273.5	11665.2	6723.3	3126.7	
良庆区	2023	18074.3	16950.9	14146.8	7300.0	
邕宁区	2023	27520.1	24503.9	19940.9	9946.7	
武鸣区	2023	68258.3	55742.1	34566.7	17454.4	788.2
隆安县	2023	34588.8	29336.6	12532.4	5626.9	683.9
马山县	2023	41420.1	36897.0	15096.3	7075.0	1231.8
上林县	2023	34826.7	32641.6	24059.7	11580.0	148.0
宾阳县	2023	74952.4	67264.5	58047.2	28720.6	
横州市	2023	74454.2	70609.2	54767.4	26606.8	

作物播种面积(2023年)

单位：公顷

晚稻	小麦	玉米	其他谷物	豆类	薯类	马铃薯	红薯
137800.0		114624.4	84.0	22350.0	20568.9	5282.1	15286.8
137772.4		114674.1	122.7	22432.5	20256.2	5203.4	15052.8
4867.7		2055.8		15.4	301.2	3.3	297.8
5506.4		3094.8	14.0	249.7	601.5	109.2	492.3
7806.6		3901.9		517.3	246.3		246.3
3596.6		4941.9		372.0	236.3		236.3
6846.8		2804.1		800.3	323.1		323.1
9994.2		4563.0		315.3	2700.9	257.3	2443.6
16324.1		21175.4		7654.2	4861.9	2927.1	1934.8
6221.6		16754.8	49.4	4105.1	1147.1	352.7	794.5
6789.5		21791.7	9.0	2783.1	1740.0	123.7	1616.3
12331.7		8580.9	1.0	1250.7	934.4	64.3	870.1
29326.6		9177.1	40.1	2597.1	5090.9	499.2	4591.6
28160.6		15832.7	9.1	1772.4	2072.6	866.6	1206.0

4-4 南宁市和各县(市、区)粮食

地区	年份	粮食作物	谷物	稻谷	早稻	中稻
南宁市	2022	2125412.5	2053108.2	1506400.5	758686.3	17347.4
	2023	2126486.4	2054034.6	1507375.4	759857.3	17954.6
兴宁区	2023	50944.0	50488.0	41837.1	16712.0	
青秀区	2023	81552.7	79075.2	63186.0	32608.2	
江南区	2023	81046.0	79512.2	60604.0	15631.3	
西乡塘区	2023	60220.5	59040.4	35877.8	18684.6	
良庆区	2023	87852.6	85651.8	72132.4	38878.3	
邕宁区	2023	141031.1	136316.0	113765.1	61795.5	
武鸣区	2023	341415.4	320467.8	205667.3	104385.4	5749.7
隆安县	2023	155420.5	146367.0	69026.1	33085.2	3677.7
马山县	2023	195140.7	188750.4	84699.7	40486.0	7920.2
上林县	2023	170226.2	166963.4	128691.2	65069.3	607.
宾阳县	2023	369261.0	355367.1	316753.5	173857.5	
横州市	2023	392375.8	386035.4	315135.3	158664.0	

作物总产量(2023年)

单位：吨

晚稻	小麦	玉米	其他谷物	豆类	薯类	马铃薯	红薯
730366.8		546512.7	195.0	33506.6	38797.7	10900.0	27897.7
729563.5		546428.9	230.3	33632.3	38819.5	11278.4	27541.1
25125.1		8650.9		28.4	427.6	8.1	419.5
30577.8		15839.5	49.7	553.8	1923.7	294.2	1629.5
44972.7		18908.1		855.2	678.7		678.7
17193.2		23162.5		629.3	550.8		550.8
33254.2		13519.4		1348.2	852.6		852.6
51969.6		22551.0		468.6	4246.6	581.3	3665.2
95532.2		114800.5		11304.6	9643.0	6044.4	3598.6
32263.2		77293.9	47.0	6405.9	2647.6	1079.2	1568.4
36293.5		104023.1	27.6	3920.5	2469.8	223.0	2246.8
63014.8		38269.9	2.3	1717.4	1545.4	158.7	1386.7
142896.0		38535.0	78.6	3694.1	10199.7	1061.6	9138.1
156471.3		70875.1	25.0	2706.3	3634.1	1827.9	1806.2

4-5 南宁市和各县(市、区)粮食

地 区	年 份	粮食作物			谷物		
		播种面积(公顷)	每公顷产量(公斤/公顷)	总 产 量(吨)	播种面积(公顷)	每公顷产量(公斤/公顷)	总 产 量(吨)
南宁市	2022	426157.2	4987.4	2125412.5	383238.4	5357.3	2053108.2
	2023	426215.0	4989.2	2126486.4	383526.3	5355.7	2054034.6
兴宁区	2023	10100.0	5043.9	50944.0	9783.5	5160.5	50488.0
青秀区	2023	14706.7	5545.3	81552.7	13855.4	5707.2	79075.2
江南区	2023	15040.0	5388.7	81046.0	14276.4	5569.5	79512.2
西乡塘区	2023	12273.5	4906.6	60220.5	11665.2	5061.3	59040.4
良庆区	2023	18074.3	4860.6	87852.6	16950.9	5052.9	85651.8
邕宁区	2023	27520.1	5124.7	141031.1	24503.9	5563.0	136316.0
武鸣区	2023	68258.3	5001.8	341415.4	55742.1	5749.1	320467.8
隆安县	2023	34588.8	4493.4	155420.5	29336.6	4989.2	146367.0
马山县	2023	41420.1	4711.3	195140.7	36897.0	5115.6	188750.4
上林县	2023	34826.7	4887.8	170226.2	32641.6	5115.0	166963.4
宾阳县	2023	74952.4	4926.6	369261.0	67264.5	5283.1	355367.
横州市	2023	74454.2	5270.0	392375.8	70609.2	5467.2	386035.

作物生产情况(2023年)

稻谷								
			早稻			中稻		
播种面积(公顷)	每公顷产量(公斤/公顷)	总产量(吨)	播种面积(公顷)	每公顷产量(公斤/公顷)	总产量(吨)	播种面积(公顷)	每公顷产量(公斤/公顷)	总产量(吨)
268530.0	5609.8	1506400.5	127990.0	5927.7	758686.3	2740.0	6331.2	17347.4
268729.5	5609.3	1507375.4	128105.2	5931.5	759857.3	2851.9	6295.7	17954.6
7727.7	5413.9	41837.1	2860.0	5843.3	16712.0			
10746.6	5879.6	63186.0	5240.1	6222.8	32608.2			
10374.5	5841.6	60604.0	2567.9	6087.1	15631.3			
6723.3	5336.4	35877.8	3126.7	5975.9	18684.6			
14146.8	5098.8	72132.4	7300.0	5325.8	38878.3			
19940.9	5705.1	113765.1	9946.7	6212.7	61795.5			
34566.7	5949.9	205667.3	17454.4	5980.5	104385.4	788.2	7294.7	5749.7
12532.4	5507.8	69026.1	5626.9	5879.9	33085.2	683.9	5377.8	3677.7
15096.3	5610.6	84699.7	7075.0	5722.4	40486.0	1231.8	6429.7	7920.2
24059.7	5348.8	128691.2	11580.0	5619.1	65069.3	148.0	4101.8	607.1
58047.2	5456.8	316753.5	28720.6	6053.4	173857.5			
54767.4	5754.1	315135.3	26606.8	5963.3	158664.0			

4-5

地 区	年 份	晚稻			小麦		
		播种面积(公顷)	每公顷产量(公斤/公顷)	总 产 量(吨)	播种面积(公顷)	每公顷产量(公斤/公顷)	总 产 量(吨)
南宁市	2022	137800.0	5300.2	730366.8			
	2023	137772.4	5295.4	729563.5			
兴宁区	2023	4867.7	5161.6	25125.1			
青秀区	2023	5506.4	5553.1	30577.8			
江南区	2023	7806.6	5760.9	44972.7			
西乡塘区	2023	3596.6	4780.4	17193.2			
良庆区	2023	6846.8	4856.9	33254.2			
邕宁区	2023	9994.2	5200.0	51969.6			
武鸣区	2023	16324.1	5852.2	95532.2			
隆安县	2023	6221.6	5185.7	32263.2			
马山县	2023	6789.5	5345.6	36293.5			
上林县	2023	12331.7	5110.0	63014.8			
宾阳县	2023	29326.6	4872.6	142896.0			
横州市	2023	28160.6	5556.4	156471.3			

续表 1

玉米			其他谷物	
播种面积 (公顷)	每公顷产量 (公斤/公顷)	总 产 量 (吨)	播种面积 (公顷)	每公顷产量 (公斤/公顷)
114624.4	4767.9	546512.7	84.0	2321.3
114674.1	4765.1	546428.9	122.7	1876.7
2055.8	4208.1	8650.9		
3094.8	5118.0	15839.5	14.0	3546.8
3901.9	4845.9	18908.1		
4941.9	4687.0	23162.5		
2804.1	4821.3	13519.4		
4563.0	4942.1	22551.0		
21175.4	5421.4	114800.5		
16754.8	4613.2	77293.9	49.4	951.6
21791.7	4773.5	104023.1	9.0	3063.3
8580.9	4459.9	38269.9	1.0	2233.0
9177.1	4199.0	38535.0	40.1	1959.4
15832.7	4476.5	70875.1	9.1	2749.5

4-5

地区	年份	豆类			薯类		
		播种面积（公顷）	每公顷产量（公斤/公顷）	总产量（吨）	播种面积（公顷）	每公顷产量（公斤/公顷）	总产量（吨）
南宁市	2022	22350.0	1499.2	33506.6	20568.9	1886.2	38797.7
	2023	22432.5	1499.3	33632.3	20256.2	1916.4	38819.5
兴宁区	2023	15.4	1846.5	28.4	301.2	1419.8	427.6
青秀区	2023	249.7	2217.8	553.8	601.5	3198.0	1923.7
江南区	2023	517.3	1653.0	855.2	246.3	2755.8	678.7
西乡塘区	2023	372.0	1691.7	629.3	236.3	2330.9	550.8
良庆区	2023	800.3	1684.6	1348.2	323.1	2639.0	852.6
邕宁区	2023	315.3	1486.1	468.6	2700.9	1572.3	4246.6
武鸣区	2023	7654.2	1476.9	11304.6	4861.9	1983.4	9643.0
隆安县	2023	4105.1	1560.5	6405.9	1147.1	2308.0	2647.6
马山县	2023	2783.1	1408.7	3920.5	1740.0	1419.4	2469.[illegible]
上林县	2023	1250.7	1373.2	1717.4	934.4	1653.9	1545.[illegible]
宾阳县	2023	2597.1	1422.4	3694.1	5090.9	2003.5	10199.[illegible]
横州市	2023	1772.4	1526.9	2706.3	2072.6	1753.4	3634.[illegible]

续表 2

马铃薯			红薯		
播种面积(公顷)	每公顷产量(公斤/公顷)	总产量(吨)	播种面积(公顷)	每公顷产量(公斤/公顷)	总产量(吨)
5282.1	2063.6	10900.0	15286.8	1825.0	27897.7
5203.4	2167.5	11278.4	15052.8	1829.6	27541.1
3.3	2420.4	8.1	297.8	1408.6	419.5
109.2	2694.3	294.2	492.3	3309.7	1629.5
			246.3	2755.8	678.7
			236.3	2330.9	550.8
			323.1	2639.0	852.6
257.3	2259.2	581.3	2443.6	1499.9	3665.2
2927.1	2065.0	6044.4	1934.8	1859.9	3598.6
352.7	3060.1	1079.2	794.5	1974.1	1568.4
123.7	1803.3	223.0	1616.3	1390.1	2246.8
64.3	2468.3	158.7	870.1	1593.8	1386.7
499.2	2126.4	1061.6	4591.6	1990.2	9138.1
866.6	2109.2	1827.9	1206.0	1497.6	1806.2

第五篇

调查工作要事

5-1 南宁调查队2023年调查工作要事

1 月上旬，南宁调查队举办南宁辖区调查队学习贯彻党的二十大精神宣讲报告会，南宁调查队党组书记、队长卢定新以《奋勇争先 勇毅前行 为实现党的二十大确定的目标任务贡献首府调查力量》为题作宣讲报告。

1 月上旬，南宁调查队举办南宁辖区国家调查队 2022 年党建暨党风廉政建设工作会议，全面总结南宁辖区国家调查队 2022 年党建工作、党风廉政建设工作开展情况，深入研究当前工作面临的主要问题，结合实际部署 2023 年重点工作，推动南宁辖区国家调查队党建、党风廉政建设各项工作有序开展。

1 月上旬，南宁调查队机关第一支部、第二支部开展“创清廉机关 树调查清风”主题党日活动，组织全体党员参观“创清廉机关 建清廉南宁”南宁市直机关书法美术摄影作品展。

1 月上旬，南宁调查队召开 2022 年度全面从严治党专题研究会，贯彻落实《党委（党组）落实全面从严治党主体责任规定》精神，进一步压紧压实队党组管党治党政治责任和纪检组专责监督责任，总结部署本队全面从严治党工作。

1 月上旬，广西调查总队党组成员、副总队长黄茂平带队到南宁市开展住户调查新记账户记账督导工作，总队居民收支调查处和住户监测处主要负责人一同调研，南宁调查队主要领导、分管领导、武鸣区人民政府区长等陪同。

1 月中旬，南宁调查队召开党组会议传达学习习近平总书记在二十届中央纪委二次全会上的重要讲话精神，研究部署本队贯彻落实措施。

1 月下旬，广西调查总队党组成员、副总队长黄茂平一行莅临南宁调查队召开住户调查专题工作座谈会。听取南宁市目前住户调查工作新一轮样本包点分工情况、新一轮记账户的记账情况和样本维护情况等工作汇报。

2 月上旬，南宁调查队召开 2023 年第一次党组理论学习中心组学习（扩大）会暨 2022 年度党员领导干部民主生活会集体学习研讨，学习党的二十大精神和习近平主持召开中共中央政治局民主生活会并发表重要讲话精神、习近平总书记在党的二十届一中全会上的重要讲话精神、《县以上党和国家机关党员领导干部民主生活会若干规定》和《中国共产党章程》，研究部署本队贯彻落实措施。

2 月上旬，南宁调查队召开 2022 年南宁市广西青年发展状况调查工作培训会议，开展 2022 年广西青年发展状况调查和统计法治培训，二级调研员覃善武作工作部署动员讲话，全体专项调查员参加会议。

2 月上旬，南宁调查队党总支部联合南宁市轨道地产咨询公司党支部开展“我们的节日•欢喜闹元宵”主题党日活动，弘扬中国传统文化，共同庆祝元宵佳节，增进民族感情，促进民族团结。

2 月中旬，南宁调查队召开党组会议，传达学习习近平在学习贯彻党的二十大精神研讨班开班式上的重要讲话精神，结合本队实际研究布置贯彻落实措施。

2 月下旬，南宁调查队召开党组会议传达学习习近平总书记在二十届中央纪委第二次全体会议上的重要讲话精神。

2 月中旬，南宁调查队召开 2022 年度党员领导干部民主生活会，广西调查总队党组书记、总队长廖金昌率督导组到会督导并点评。廖金昌指出，民主生活会是严肃党内政治生活的重要载体，是发扬党内民主、加强党内监督、依靠领导班子自身力量解决矛盾和问题的重要方式。下一步要扎实做好民主生活会“后半篇文章”，及时制定整改清单，明确整改措施、整改责任和整改时限，以务实有效的问题整改深化本次民主生活会成效。

2 月中旬，南宁调查队党组书记、队长卢定新组织召开专题会议，深入学习贯彻全国统计工作会议暨国家统计局党建工作会议精神以及 2023 年广西国家调查工作暨党建工作会议精神，谋划 2023 年全年工作思路，明确工作目标，部署工作任务。

2 月中旬，南宁调查队全体干部职工在本队会议室参加 2023 年广西国家调查工作暨党建工作会议，进一步加强党建工作建设。3 月上旬，南宁调查队以视频会议形式召开南宁辖区国家调查工作暨党建工作会议，全面传达学习全国统计工作会议暨国家统计局党建工作会议、广西国家调查工作暨党建工作会议精神，对 2022 年工作进行全面总结并部署 2023 年重点任务。

3 月上旬，南宁调查队召开 2022 年度机关党总支部书记述职评议会。队党组书记、队长、机关党总支部书记卢定新重点围绕履职尽责，聚焦党总支部深入学习宣传贯彻党的二十大精神、推进“五基三化”、服务中心任务和落实意识形态工作责任制等内容进行述职，并接受党员评议，压实党组织书记管党治党政治责任，推动机关党建工作高质量发展。

3 月上旬，南宁调查队机关第一、第二党支部分别召开 2022 年度组织生活会。会议组织开展民主评议党员，两个党支部书记分别代表支委作支部述职报告，就党支部书记抓党建工作进行述职，报告一年来相关工作情况，并组织党员对党支部书记抓党建工作、支部委员会工作进行评议。

3 月上旬，南宁调查队全体干部职工参加 2023 年广西国家调查队系统全面从严治党工作暨警示教育视频会议。

3 月上旬，广西调查总队人事教育处处长傅汉明带队到南宁调查队召开 2022 年度南宁辖区调查队领导班子及成员考核会议。

3 月上旬，南宁调查队组织全队妇女职工开展“巾帼心向党 奋进新征程”主题活动，深入学习贯彻党的二十大精神，教育引导妇女职工坚定拥护“两个确立”、坚决做到“两个维护”，更好地投身本职工作。

3 月中旬，南宁调查队召开 2023 年南宁市服务零售结构调查工作培训会议，开展了统计法治、2023 年服务零售结构调查相关知识培训。

3 月中旬，南宁调查队组织党员干部集中收看十四届全国人大一次全会闭幕式。

3 月中旬，南宁调查队机关党总支部联合长虹路社区党支部开展“全民志愿行 弘扬雷锋精神 共创卫生城市”主题活动。

3 月中旬，南宁调查队举办 2023 年农产品生产者价格调查和中间消耗统计调查业务培训班，围绕广西农业调查制度中农产品生产者价格调查和中间消耗统计调查台账登记、调查技巧等开展业务培训，传达学习广西调查总队培训班精神。

3 月下旬，南宁调查队组织召开南宁市新设立小微企业和个体经营户跟踪调查业务培训会，解读调查制度方案，开展统计法治宣传教育，布置 2023 年的调查工作。

3 月下旬，南宁调查队召开南宁市粮食和畜牧业统计调查业务培训班，总结 2022 年南宁市粮食和畜牧业统计调查工作，布置 2023 年工作，传达学习国家统计局及广西调查总队调查工作会议精神，提高粮食和畜牧业统计调查业务能力。

4 月上旬，南宁调查队机关党总支部举办全民国防教育讲座，队党组成员、副队长成中文开展专题讲座，全队干部职工参加。

4 月中旬，国家统计局毛有丰副局长一行赴南宁市开展经济形势调研，南宁调查队党组书记、队长卢定新陪同。

4 月中旬，南宁调查队在北海市委党校举办南宁辖区调查队系统干部职工学习贯彻党的二十大精神培训班，南宁调查队党组书记、队长卢定新出席并作开班动员讲话，南宁辖区调查队干部职工 40 余人参加集中培训。

4 月中旬，南宁调查队派员参加“壮族三月三 广桂嘉年华”2023 年南宁市直机关干部职工“民族团结杯”健身运动会。

4 月下旬，南宁调查队组织辖区市县调查队纪检干部开展“践行党的二十大精神 永葆清廉本色”主题党日活动。

4 月下旬，南宁调查队在南宁市举办 2023 年南宁市住户类调查工作推进暨党建与业务融合培训班，广西调查总队党组成员、副总队长黄茂平，居民收支调查处处长林家豪及南宁调查队党组书记、队长卢定新出席并讲话，南宁市各有关县（市、区）、开发区统计调查机构局队领导、业务人员、乡镇分管领导、乡镇统计员及村级辅助调查员共 300 多人参加。

4 月下旬，南宁调查队在上林县举办 2023 年南宁市劳动力调查业务培训班，南宁调查队队长卢定新、副队长陆宇平和上林县人民政府副县长宋尧兰出席会议并讲话，全市各县级调查队、县（市、区）统计局和开发区统计机构的分管领导、业务骨干，128 个调查点的统计分管人员、调查员共计 220 余人参加。

4 月下旬，南宁调查队在本队会议室举办“两个信息”工作推进会暨信息写作培训班，邀请总队办公室和综合处业务骨干就如何提高信息写作能力作专题培训，南宁调查队全体干部职工参加。

4 月下旬，南宁调查队选派农业调查科二级主任科员卢桂明同志到马山县古零镇乔老村任驻村第一书记，任期 2 年。

5 月中旬，南宁调查队机关党总支开展“以案明纪强作风 廉洁自律守初心”主题党日活动，南宁辖区调查队全体纪检干部参加。

5 月中旬，南宁调查队召开南宁辖区国家调查队纪检业务培训会，南宁辖区市县调查队全体纪检干部参加。

5 月中旬，广西调查总队住户监测处处长杨宁琳一行到南宁市乡村振兴局、南宁市人力资源和社会保障局进行座谈交流，南宁调查队二级调研员覃善武陪同。

5 月下旬，南宁调查队召开党组会议，传达学习习近平总书记在二十届中央审计委员会第一次会议上的重要讲话精神，结合本队工作实际，对财务管理、资产管理等工作提出了具体要求。

5 月下旬，广西调查总队党组书记、总队长廖金昌以“深入学习贯彻党的二十大精神 在统计现代化新征程上展现新作为”为题，为南宁辖区调查队党员干部讲专题党课。

5 月下旬，南宁调查队机关党总支与广西华胜律师事务所党支部开展党建共建交流活动，活动以“党建共建添活力，高质量发展谋提升”为主题，通过“实地参观+经验交流+微党课”的形式，搭建党建交流学习的互动平台，进一步着力提升基层党支部的党建工作水平。

5 月下旬，南宁调查队队领导在本队会议室参加 2023 年广西国家调查队系统第一轮巡察工作动员会。

5 月下旬，南宁调查队召开全体干部会议，党组书记、队长卢定新领学《意见》《办法》《规定》《监督意见》。

5 月下旬，南宁调查队组织全体干部职工观看青海省 6 名领导干部严重违反中央八项规定精神问题通报视频资料，党组纪检组组长朱必臻开展违法典型案例教育。

5 月下旬，广西调查总队联合南宁调查队开展“奋进新征程 建功新时代”五四青年活动。总队党组成员、副总队长陆奉昌出席活动并讲话。

6 月上旬，南宁调查队召开党组会议，传达学习习近平总书记在二十届中央国家安全委员会第一次会议上的重要讲话精神，并作工作部署。

6 月中旬，南宁调查队党组召开党组理论学习中心组学习扩大会暨学习贯彻习近平新时代中国特色社会主义思想主题教育读书班。

6 月中旬，南宁调查队第一、第二党支部组织开展“学思想、悟原理、强党性”主题党日活动。

6 月中旬，南宁调查队与南宁市人力资源和社会保障局联合召开劳动力调查工作座谈会。南宁调查队党组书记、队长卢定新，南宁市人力资源和社会保障局党组书记、局长刘德宁出席座谈会并讲话，有关分管领导及业务人员参加座谈。

6 月下旬，南宁调查队在复旦大学举办“依法统计 提高调查数据真实性”专题培训班，南宁辖区调查队及县区级统计机构业务骨干参训。

6 月下旬，南宁调查队党组书记、队长卢定新以“坚决贯彻落实习近平总书记重要批示精神 牢记统计职责使命 用真实准确的统计数据服务高质量发展”为题，为“依法统计 提高调查数据真实性”专题培训班全体学员讲党课。

7 月上旬，南宁调查队机关第一党支部、第二党支部联合开展“庆七一、学先进、践初心”主题党日活动。

7 月上旬，南宁调查队组织全体干部职工参加广西国家调查队系统学习贯彻习近平新时代中国特色社会主义思想主题教育专题党课。

7 月中旬，南宁调查队组织召开党组扩大会议，专题传达学习广西国家调查队系统 2023 年年中工作推进会议精神，研究部署本队贯彻落实措施。

7 月中旬，南宁调查队党组成员、副队长陆宇平陪同广西调查总队农业调查处一级调研员李小雯一行到隆安县、马山县开展实割实测和农业基础工作检查调研。

7 月下旬，南宁调查队党组召开 2023 年上半年全面从严治党专题研究会议。

7 月下旬，南宁调查队在本队分会场参加广西国家调查队系统干部队伍教育整顿警示视频会。

8 月，南宁调查队开展住户调查“大访户”工作。

8 月上旬，南宁调查队党组书记、队长卢定新主持召开本队党组会议，传达学习习近平总书记有关党的建设和组织工作重要指示精神、习近平总书记在二十届中共中央政治局第七次集体学习会上的重要讲话精神。

8 月下旬，南宁调查队召开以县为总体粮食产量抽样调查培训班，贯彻落实广西调查总队有关文件精神，辖区各调查队及县区统计局业务骨干参加会议。

8 月下旬，南宁调查队组织参加“健康广西你我共建 无偿献血爱心同行”活动，推进“我为群众办实事”实践活动。

8 月下旬，南宁调查队联合总队和南宁辖区调查队党员干部到南宁监狱开展现场廉政警示教育。

9 月上旬，南宁调查队召开党组理论学习中心组学习会暨学习贯彻习近平新时代中国特色社会主义思想主题教育读书班，与会代表就学习主题作中心发言。

9 月上旬，南宁调查队全体干部职工在本队分会场参加国家统计局学习贯彻习近平新时代中国特色社会主义思想主题教育第一批总结暨第二批部署视频会。

9 月中旬，南宁调查队召开网络信息安全意识培训会。

9 月下旬，南宁调查队联合南宁市统计局承办由广西调查总队、广西壮族自治区统计局、南宁市人民政府在南宁市兴宁区三街两巷主办的第十四届“中国统计开放日”广西现场活动，通过有奖问答、展板展示、现场讲解统计业务、发放统计宣传资料等形式开展宣传。

9 月下旬，南宁调查队召开 2023 年南宁市农民工市民化进程动态监测调查业务培训会，研究部署南宁市农民工市民化进程动态监测调查工作。

9 月下旬，南宁调查队召开学习贯彻习近平新时代中国特色社会主义思想主题教育工作布置会暨专题党课。党组书记、队长卢定新以“深入学习贯彻习近平新时代中国特色社会主义思想推动首府国家调查事业高质量发展”为主题上专题党课。

9 月下旬，南宁调查队召开节前廉洁警示教育专题会，提醒干部提高站位，时刻保持敬畏之心。

10 月，根据广西调查总队党组及总队任免文件，罗莎同志任南宁调查队党组成员、副队长。

10 月上旬，南宁调查队机关工会选送作品参加南宁市直属机关工会工作委员会举办的启航新征程 建功新时代——2023 年南宁机关干部职工才艺大展演决赛，并获得优秀奖。

10 月上旬，南宁调查队召开党组会议，传达学习习近平总书记在庆祝中华人民共和国成立 74 周年招待会上的重要讲话精神。

10 月上旬，南宁调查队党组成员、党组纪检组组长朱必臻受邀赴中国共产党横州市委员会党校为学员授课，并对横州调查队开展党风廉政建设工作检查。

10 月中旬，南宁调查队组织读书班，队领导班子成员围绕《党的二十大报告》《中国共产党章程》《习近平著作选读》（第一、二卷）和《习近平新时代中国特色社会主义思想专题摘编》四种必读学习材料开展学习研讨，原文学习《中央和国家机关党员干部违纪违法案例选编》《推进领导干部能上能下规定》等精神。

10 月中旬，南宁调查队机关党总支在队党员活动室开展 10 月集中学习会暨“立足岗位做贡献，创先争优当先锋”主题党日活动，学习习近平总书记关于青年的寄语和论述，组织观看党员立足岗位创先争优宣传教育视频，与会青年党员结合各自岗位职责谈心得体会。

10 月下旬，南宁调查队党组成员、党组纪检组组长朱必臻受邀赴中国共产党上林县委员会党校为学员授课，并对上林调查队开展党风廉政建设工作检查。

10 月下旬，南宁调查队组队参加南宁市直属机关工会工作委员会举办的“健康南宁活力机关”2023 年南宁市直机关职工气排球比赛。

10 月下旬，南宁调查队党组成员、副队长陆宇平带队赴柳州市参加 2023 年广西国家调查队系统劳动力调查业务技能竞赛，南宁调查队获大赛团体三等奖，南宁辖区辅助调查员获个人三等奖。

10 月下旬，南宁调查队召开保密安全专题会议，组织全体队员观看反间谍影片《迷失境外》，开展保密安全警示教育。

11 月，南宁调查队召开党组会议，组织学习《干部教育培训工作条例》和《全国干部教育培训规划（2023—2027）》。

11 月上旬，南宁调查队机关党总支部开展“学悟新思想 开创新局面 学身边榜样”主题党日活动，传达学习国家统计局、广西调查总队对近 5 年来参加统计执法监督工作表现特别突出的 13 名优秀人员进行表彰的通报。

11 月中旬，南宁调查队举办为期 3 天的学习贯彻习近平新时代中国特色社会主义思想主题教育读书班。

11 月中旬，国家统计局主题教育第三巡回督导组和胜平带队莅临南宁调查队现场督导第二批主题教育开展情况。期间，参加南宁调查队党总支“学习榜样精神 汲取奋进力量”主题党日活动，广西调查总队党组成员、副总队长陆奉昌率机关党办陪同督导。

11 月中旬，广西调查总队党组成员、副总队长黄茂平率队到宾阳县督导建立主要畜禽大型场（户）名录库工作。南宁调查队副队长陆宇平、南宁市农业农村局党组成员蒋建议等陪同。

11 月下旬，南宁调查队、南宁市农业农村局组成督导组赴武鸣区督导建立主要畜禽监测大型养殖场（户）名录库工作。

11 月下旬，南宁调查队召开 2023 年度网络安全和数据安全工作会议，通报本队 2023 年度网络安全和信息化工作以及网络安全演练情况，研究部署下阶段工作。

12 月中旬，南宁调查队党总支联合广西调查总队四支部和中共广西南南铝加工有限公司党委开展“牢记总书记嘱托，争当发展排头兵”主题党日活动，共 24 名党员代表参加。

12 月下旬，南宁调查队召开党组理论学习中心组学习会，传达学习习近平总书记视察广西重要讲话精神、习近平总书记关于主题教育系列重要讲话指示批示精神、习近平总书记关于铸牢中华民族共同体意识论述、习近平总书记在北京河北考察灾后恢复重建工作时重要讲话精神，传达学习中央经济工作会议精神，与会人员作交流研讨发言。

12 月下旬，南宁调查队机关第一、第二支部联合召开主题教育专题理论学习会暨警示教育会，传达学习习近平总书记视察广西重要讲话精神、习近平总书记在北京河北考察灾后恢复重建工作时重要讲话精神以及《习近平新时代中国特色社会主义思想专题摘编》部分章节；学习习近平总书记关于“政治三力”的重要论述；传达学习《广西领导干部统计管理培训班暨统计造假典型案例警示教育活动精神》；传达学习《关于利用何永东、徐海虹 2 名同志违反中央八项规定精神问题通报开展警示教育的通知》；观看警示教育视频；与会党员代表发言。

12 月下旬，南宁调查队召开辖区纪检干部教育整顿专题组织生活会队党组书记、队长卢定新列席并点评，广西调查总队纪律检查室主任蒋宏杰到会督导。

12 月下旬，南宁调查队召开党组会议，对照广西调查总队《关于 2023 年巡察发现问题的通报》所列问题，审议各科室检视查摆发现问题，形成本队问题清单，研究部署整改措施。

5-2 马山调查队2023年调查工作要事

1月上旬，马山调查队召开2023年第一次班子会，传达学习习近平总书记2023年新年贺词，传达学习中央经济工作会议精神、自治区党委第十二届五次全会暨经济工作会议精神、南宁市委第十三届五次全会暨经济工作会议精神及中国共产党马山县第十五届委员会第六次全体会议暨经济工作会议精神。

1月上旬，马山调查队召开党风廉政建设工作会议，传达学习中国共产党第二十届中央纪律检查委员会第二次全体会议精神，传达学习南宁辖区国家调查队学习贯彻党的二十大精神宣讲报告会、元旦、春节期间廉洁过节提醒谈话及2022年党建暨党风廉政建设工作会议精神，开展春节节前警示教育、节前集体廉政谈话。

1月中旬，马山调查队党支部组织开展“风清气正迎新春 廉政春联送祝福”主题党日活动，共同营造风清气正、文明廉洁的节日氛围。

1月下旬，马山县委常委、副县长彭功茂赴马山调查队开展走访调研工作，马山调查队队长韦淑兰代表班子汇报2022年工作完成情况及2023年主要工作思路，分析当前统计调查工作存在的困难和问题，同时提出需要地方党委政府协调帮助解决的意见建议。

2月上旬，马山调查队召开党的二十大精神宣讲报告会，队长韦淑兰以“深入贯彻落实党的二十大精神 奋力谱写马山国调队新篇章”作宣讲。

2月上旬，马山调查队召开理论学习会，传达学习习近平总书记在党的二十大会议期间系列重要讲话、参加广西代表团讨论时的重要讲话以及在党的二十届一中全会上的重要讲话精神，学习新版《中国共产党章程》、《党的二十大报告学习辅导百问》、《二十大党章修正案学习问答》有关章节。

2月上旬，马山调查队召开2022年度组织生活会暨民主评议党员大会，党支部书记、队长韦淑兰主持会议并作进行党支部书记抓党建工作述职，党员对党支部书记抓党建工作述职及支部委员会的工作进行评议，严肃认真开展批评和自我批评，评选出1名优秀党员。

2月上旬，马山调查队召开2022年度党员领导干部民主生活会，南宁调查队二级调研员覃善武率队到会指导。

2月中旬，马山调查队召开2023年第四次班子会议，传达学习习近平总书记在学习贯彻党的二十大精神研讨班开班式上发表的重要讲话精神，传达学习2023年广西国家调查工作暨党建工作会议精神。

2月中旬，马山调查队召开2022年度全面从严治党专题研究会议，队长韦淑兰主持会议。

2月下旬，马山调查队召开2023年上半年住户类辅助调查员业务培训会。南宁调查队二级调研员覃善武、政府办副主任熊巧灵出席并讲话。

2月下旬，马山调查队开展“扬清风正气，让警钟长鸣”主题党日活动，组织全体队员到马山县反腐倡廉教育基地参观学习。

2月下旬，马山调查队到古寨乡古寨社区、百龙滩村勉圩村住户调查网点开展“学习党的二十大精神 开启为民调查新征程”主题党建活动，向新一轮记账户宣传党的二十大精神，宣传住户调查工作，进行走访慰问，提高记账户“为国记账”的荣誉感。

3月下旬，马山调查队召开2023年保密和国家安全工作专题会议，会议传达学习《总体国家安全观学习纲要》和2022年法律法规新增的保密规定，组织观看保密宣传警示教育片《秘密“微”机》。

3月下旬，马山县委副书记、县长韦佳到国家统计局马山调查队进行走访调研，看望全体干部职工，并听取马山调查队领导班子工作汇报。

3月下旬，马山调查队召开廉政党课，纪检监察员陆晓丽主讲，主题为“守好‘五条线’，做到‘三个心中有’，争做新时代廉洁从政的表率”。

4月上旬，马山调查队召开清明节和“壮族三月三”节前集体廉政谈话暨警示教育会，传达学习《马山县2023年“我们的节日•清明节”和“壮族三月三”文明祭扫倡议书》，组织观看清明节祭祀火灾案例警示片——《思亲勿让烟火扰 文明祭祀入人心》。

4月下旬，马山调查队召开2023年第二季度保密宣传教育专题会，会议学习《中华人民共和国数据安全法》，观看保密宣传警示教育片。

4月下旬，马山调查队召开党风廉政建设专题会议和集体廉政谈话，传达学习国家统计局机关纪委（党廉办）及广西调查总队党组纪检组《关于2023年“五一”、端午期间廉洁过节的通知》、广西调查总队党组《关于转发国家统计局和驻委纪检监察组领导同志在近期重要工作会议上讲话材料的通知》。开展节前警示教育，组织观看警示教育专题片——《永远吹冲锋号》第一集《第二个答案》。

5月上旬，马山调查队召开党风廉政建设专题会议，传达学习中共国家统计局广西调查总队党组纪检组《关于开展贯彻落实中央八项规定精神情况自查和党性教育的通知》文件精神，组织学习国家统计局贯彻落实中央八项规定及其实施细则精神有关制度。

5月中旬，广西调查总队住户监测处处长杨宁琳一行到马山县开展脱贫人口就业增收调研，并召开脱贫人口就业增收问题座谈会，会上马山县副县长张春涛发表讲话，县乡村振兴局、县人社局和马山调查队汇报相关情况。

5月下旬，马山调查队开展“坚定理想信念 永葆对党忠诚”主题党日活动，队党支部书记、队长韦淑兰组织学习习近平总书记在学习贯彻习近平新时代中国特色社会主义思想主题教育工作会议上的重要讲话精神、习近平总书记对统计工作的重要讲话和指示批示精神、习近平总书记关于全面从严治党的重要论述等内容。

5月下旬，马山调查队队长韦淑兰以“转变作风，警惕‘微腐败’，勤政廉政，提高执行力”为题，为全体干部职工上廉政党课。

6月上旬，马山调查队组织开展“我是小小调查员”暨“共话廉洁好家风”主题活动、“童心向党、强国有我”主题党日活动。

6月下旬，马山调查队召开党风廉政建设专题工作会议，会议传达《关于转发国家统计局党廉办利用青海省6名领导干部严重违反中央八项规定精神问题通报开展警示教育有关要求的通知》、县纪委转发《中共广西壮族自治区纪律检查委员会关于六起违反中央八项规定精神典型问题的通报》的通知并进行警示教育，队长进行端午节前集体廉政谈话。

6月下旬，马山调查队开展“观影学党史 行动践初心”主题党日活动。

7月上旬，根据广西调查总队党组及总队任免文件，南宁调查队消费价格调查科科长李泉麟到马山调查队基层锻炼一年，履行副队长职责。

7月上旬，总队农业调查处一级调研员李小雯一行到马山县开展实割实测和农业基础工作检查调研，南宁调查队党组成员、副队长陆宇平陪同。

7月中旬，南宁调查队党组成员、纪检组组长朱必臻一行到马山县开展贯彻落实重要精神推动统计调查高质量发展调研。

7月下旬，马山调查队召开2023年第十二次班子会议，学习传达习近平总书记在江苏考察时的重要讲话精神，广西国家调查队系统2023年年中工作推进会精神，传达学习广西调查总队党组书记、总队长廖金昌同志讲授学习贯彻习近平新时代中国特色社会主义思想主题教育专题党课精神。

7月下旬，马山调查队召开2023年上半年全面从严治党专题研究会议。

7月下旬，南宁调查队党组书记、队长卢定新一行赴马山县开展统计调查部门履行全面从严治党情况调研。

7月下旬，马山县人民政府召开马山县国家调查数据质量提升会，马山县委常委、副县长彭功茂出席会议并讲话，马山县政府办副主任熊巧玲主持会议，有关乡镇、部门参加会议。

9月上旬，马山县委书记穆贤清、统战部部长潘桂军、乡村振兴局局长蓝呈勇到马山调查队开展调研工作。

9月上旬，马山调查队开展“传承红色基因 凝聚奋进力量”主题党日活动，组织党员干部和青年理论学习小组成员观看影片《李明瑞》。

9月中旬，马山县委书记穆贤清到马山县古寨乡开展访户工作，马山调查队队长韦淑兰陪同。

9月下旬，马山调查队联合马山县统计局开展暨纪念《统计法》颁布40周年线下宣传活动，开展五经普、统计法治集中宣传活动。

9 月下旬，马山调查队召开学习贯彻习近平新时代中国特色社会主义思想主题教育工作会议。会议研究部署本队贯彻落实措施。

9 月下旬，马山调查队开展 2023 年国家统计局马山调查队工会举办“我们的节日•中秋节”暨“月满人团圆 佳节‘廉’作伴”主题活动。

9 月下旬，马山调查队召开 2023 年马山县调查队党风廉政建设专题工作会议及 2023 年中秋、国庆节前警示教育会。会议对全体队员进行党风廉政警示教育并开展中秋、国庆节前集体廉政谈话。

10 月中旬，马山调查队队长韦淑兰以“学思悟透，以学促干建新功，全面提升新时代统计调查队伍履职能力”为题，给全体党员同志上学习习近平新时代中国特色社会主义思想主题教育专题党课。

10 月中旬，马山调查队开展“立足岗位做贡献 担当作为勇争先”主题党日活动，活动专题学习《习近平新时代中国特色社会主义思想专题摘编》章节“高质量发展”，并开展各项工作基础工作交叉检查。

10 月下旬，马山调查队召开第七次党员大会，会议顺利完成党支部换届选举工作。

10 月下旬，南宁调查队党组成员、副队长陆宇平带队到马山县进行晚稻、晚玉米实测和数据质量核查。

10 月下旬，马山调查队队长韦淑兰受马山县委组织部邀请，到马山县委党校就“坚守统计法律法规，全面推进依法统计”为题为马山县公务员轮训班授课，进一步提高公务员干部队伍依法统计意识，筑牢统计底线。

11 月上旬，马山调查队全体党员、青年理论学习小组成员参加“大兴调查研究 守住数据生命线”主题党日活动。

11 月上旬，马山调查队全体党员、青年理论学习小组成员参加“学党章强党性 学榜样当先锋”主题党日活动，全文学习《中国共产党章程》，组织观看《榜样的力量（第二季）》“两弹一星”元勋孙家栋的感人事迹。总队主题教育领导小组办公室派员莅临指导。

11 月中旬，马山调查队全体党员、青年理论学习小组成员参加“学思践悟二十大 踔厉奋发新征程”主题党日活动。

11 月中旬，马山调查队开展青年荐学课堂，集中学习研讨《习近平关于调查研究论述摘编》有关章节。

11 月下旬，马山县主题教育领导小组办公室第三指导组到马山队开展主题教育指导工作。

12 月上旬，马山调查队开展 2023 年国家宪法日和《统计法》颁布 40 周年宣传活动。

12 月中旬，马山调查队召开第十九次班子会议，传达学习习近平总书记在广西考察时的重要讲话精神及中央经济工作会议精神；传达学习自治区党委办公厅印发《关于加强全区党员干部纪律教育的若干措施》；传达学习《中共国家统计局党组关于于永东、徐海虹 2 名同志违反中央八项规定精神问题的通报》文件精神；传达学习马山县委主题教育办《关于运用反面典型案例开展警示教育活动的通知》文件精神；传达学习《关于运用反面典型案例开展警示教育活动的通知》并开展相关的警示教育活动。

5-3　上林调查队 2023 年调查工作要事

1 月上旬，上林调查队召开党风廉政专题工作会议，深入学习贯彻党的二十大精神。

1 月中旬，上林调查队召开会议，传达学习习近平总书记在二十届中央纪委二次全会上的重要讲话精神，会议要求要贯彻落实党的二十大精神，稳中求进做好开局工作。

1 月中旬，上林调查队党支部书记、队长蒋兆国带队赴皇周社区宣传党的二十大精神暨住户调查座谈会。

1 月中旬，上林调查队召开春节节前廉政警示教育会。

1 月下旬，上林调查队召开网络和数据安全专题会议。传达学习《中华人民共和国保守网络安全法》《中华人民共和国数据安全法》，并提出具体要求。

1 月下旬，上林调查队召开安全保密教育培训。传达学习《中华人民共和国保守国家秘密法》《中华人民共和国国家安全法》，并提出具体要求。

2 月上旬，上林县委副书记、县长王鹏到上林调查队走访调研，看望慰问全体干部职工。

2 月上旬，上林调查队领导班子成员在队会议室集中学习贯彻中央经济工作会议、全区经济工作会议、全国农业农村会议、全区农业农村会议、全国统计工作会议精神，结合本队工作实际，做好下一步工作部署。

2 月下旬，南宁调查队党组成员、党组纪检组组长朱必臻及党组成员、副队长成中文赴上林指导党员领导干部民主生活会。

2 月下旬，上林调查队党支部书记、队长蒋兆国在队会议室为全体干部职工上“学习雷锋精神，发挥好统计调查优质服务作用”主题党课。

3 月上旬，上林调查队在队会议室召开“三八国际妇女节”座谈会。

3 月上旬，上林调查队党支部全体党员在队会议室参加 2022 年度组织生活会暨民主评议党员会议，非党干部列席会议。

3 月中旬，上林调查队纪检监察员蓝治斌带队赴三里开展“爱心助农 学雷锋志愿服务活动”主题党日活动。

3 月中旬，上林调查队联合上林县农业农村局在队会议室召开 2023 年农村统计调查工作布置暨业务培训会议。

4 月中旬，南宁调查队党组成员、副队长成中文率业务骨干到上林县开展劳动力调查入户陪访工作，上林调查队队长蒋兆国陪同前往。

4 月中旬，南宁市统计局党组成员、副局长黄勐虎率南宁市主要畜禽检测样本轮换摸底调查核验工作组到上林县开展核查核验工作，上林调查队队长蒋兆国陪同前往。

4 月下旬，上林调查队党支部全体党员在队会议室召开党支部选举大会。

4 月下旬，上林调查队全体干部职工在队会议室参加“五一”前廉政警示教育会。

4 月下旬，上林调查队全体干部在队会议室学习贯彻党的二十大精神。

4 月下旬，自治区农业农村厅种植业管理处处长封善坚带队到上林县开展“忆初心，当先锋，促粮食生产”调研指导活动，上林调查队队长蒋兆国陪同前往。

5 月上旬，上林调查队全体干部职工在队会议室开展“五四”青年节读书分享活动。

5 月中旬，上林调查队纪检监察员蓝治斌在队会议室主持召开纪检监察警示教育会。

5 月中旬，广西调查总队党组成员、党组纪检组组长姜永亮带队到上林调查队开展有效运用监督执纪四种形态专题调研。

5 月中旬，上林调查队在上林县发展和改革局组织召开上林县 2023 年二季度城乡住户调查业务培训会议。

5 月中旬，上林调查队队长蒋兆国参加 2023 上半年上林县住户调查工作会议，并对当前上林县城乡居民可支配收入调查工作情况进行通报。

5 月下旬，上林调查队领导班子成员在队会议室学习习近平总书记关于“三农”工作的重要论述；传达学习习近平总书记近期关于统计工作重要指示批示精神；学习总队关于中央八项规定、统计造假屡禁难绝相关文件精神；学习《意见》《办法》《规定》《监督意见》。

5 月下旬，上林调查队组织全体干部职工在队会议室收听收看 2023 年第三场“名家云直播”之“追问马克思主义真理之道——习近平新时代中国特色社会主义思想的世界观和方法论”。

6 月上旬，广西调查总队党组成员、副总队长黄茂平带队到上林开展脱贫人口务工助力增收情况调研和农民工监测调查基础工作检查，上林调查队队长蒋兆国陪同。

6 月中旬，上林县县长王鹏赴西燕开展农业调查访户，上林调查队队长蒋兆国陪同调研。

6 月中旬，南宁市农业农村局到上林县开展农民增收工作专题调研，上林调查队陪同调研。

6 月下旬，国家统计局上林调查队队长蒋兆国带队到白圩镇召开 2023 年上林县粮食产量监测调查工作现场培训会议。

6 月下旬，上林调查队全体队员在队会议室开展“我们的节日•端午节”特别活动。

7 月中旬，上林县国家档案馆副馆长周国平到上林调查队开展档案室定级指导工作。

7 月下旬，南宁调查队党组成员、纪检组组长朱必臻一行到上林县开展贯彻落实重要精神推动统计调查高质量发展调研。

7 月下旬，上林调查队召开保密工作专题会议、信息化与网络安全专题学习会。

7 月下旬，广西调查总队财务管理处一级调研员林琳一行 6 人到上林调查队开展审计和调研工作，在队会议室召开审计组进点会。

7 月下旬，南宁调查队党组书记、队长卢定新一行赴上林县开展统计调查部门履行全面从严治党情况调研，上林调查队队长蒋兆国陪同调研。

7 月下旬，南丹调查队党支部书记、队长黄艳一行 11 人到上林调查队开展工作交流，双方就办公室工作、农业调查工作、住户调查工作、专项调查工作等方面进行探讨。

8 月上旬，南宁调查队纪检组组长、党组成员朱必臻到上林指导全面从严治党工作会议。上林调查队全体干部参加会议。

8 月下旬，上林调查队全体队员在队会议室参加防范和惩治弄虚作假工作会议，专题学习《关于更加有效发挥统计监督职能作用的意见》，结合工作实际部署本队贯彻落实措施。

8 月下旬，上林调查队与上林县统计局联合开展统计执法检查与“送法入企”活动。

9 月下旬，上林调查队在队会议室召开上林调查队全体辅助调查员工作会议，上林调查队党支部书记、队长蒋兆国主持会议，对全体辅调员工作表示肯定和感谢，开展《统计法》宣讲。

9 月下旬，上林调查队在大丰镇莲花坡幸福佳园小区开展以“经济大普查，数说新时代”为主题的第十四届“中国统计开放日”暨《统计法》颁布第 40 周年活动，全体辅助调查员及社会公众共同参与活动。

9 月下旬，上林调查队与县人社局联合举办“联学联建强本领•就业调查助民富”主题党日活动。

10 月上旬，上林调查队组织开展《心中有信仰，脚下有力量》理论学习大讨论。

10 月中旬，上林县主题教育督导组莅临上林调查队督导主题教育工作。

10 月中旬，上林调查队组织开展《习近平新时代中国特色社会主义思想专题摘编》专题学习。

10 月中旬，上林调查队联合上林县农业农村局、上林县气象局赴三里镇、白圩镇开展“党建引领聚合力 共护粮安测稻情”主题党日活动。

10 月下旬，广西调查总队联合自治区农业农村厅赴上林县开展晚稻实割实测。广西总队党组成员、副总队长黄茂平，自治区党委农办专职副主任、农业农村厅党组成员韦波参加活动并开展调研。南宁调查队队长卢定新、上林调查队队长蒋兆国陪同调研。

11 月中旬，国家统计局主题教育第三巡回督导组和胜平带队莅临上林调查队现场督导第二批主题教育开展情况，广西调查总队党组成员、副总队长陆奉昌率机关党办陪同督导。

11 月下旬，上林调查队组织会议传达学习防范统计造假、确保住户调查数据真实性文件精神，结合本队实际作工作部署。

11月下旬，上林调查队在队会议室开展廉政党课暨廉政谈心谈话。

12月上旬，上林调查队领导班子集体学习习近平总书记在上海考察时重要讲话精神、中央经济工作会议精神以及《习近平新时代中国特色社会主义思想专题摘编》。

12月上旬，上林调查队党支部宣传委员蓝治斌组织全体队员开展党规党纪专题学习。

12月上旬，上林县档案局、上林县国家档案馆到上林调查队指导二级档案室晋级工作。

12月上旬，上林调查队联合上林县统计局开展“全面弘扬宪法精神，深入推进依法治统”“经济普查惠万家 诚信统计促发展”第五次全国经济普查暨《统计法》颁布40周年互动宣传活动。

12月中旬，上林调查队召开上林县2023年主要畜禽调查样本轮换工作暨畜牧业统计调查培训会。上林调查队队长蒋兆国、上林县农业农村局党组成员叶长卫出席会议。

12月中旬，上林调查队召开全体干部职工会议传达学习习近平总书记视察广西时重要讲话精神，结合本队实际作工作部署。

12月中旬，上林调查队纪检员蓝治斌组织全体干部职工专题学习总队2023年第二批“双随机”统计执法检查发现问题的通报。

12月中旬，上林调查队党支部书记蒋兆国围绕《习近平新时代中国特色社会主义思想专题摘编》为全体队员上专题党课。

12月下旬，上林调查队纪检员蓝治斌到镇圩瑶族乡参加上林县2023年第四季度“公开大接访”活动。

12月下旬，上林调查队组织全体干部职工在队会议室集中收看《榜样8》及《零容忍》。

12月下旬，上林调查队领导班子集中学习习近平总书记在广西考察时重要讲话精神、习近平总书记关于提升“政治三力”重要论述、习近平总书记关于主题教育系列重要讲话和重要指示批示精神；重温《意见》《办法》《规定》《监督意见》部分内容。

5-4 横州调查队2023年调查工作要事

1 月中旬，横州调查队召开 1 月份理论学习专题会，会议传达学习习近平总书记 2023 年新年贺词、在二十届中央纪委二次全会上和在全国政协新年茶话会上的重要讲话精神，与会代表就学习主题作中心发言。

1 月中旬，横州调查队党支部开展“学习贯彻二十大 对标先进促提升”主题党日活动，实地参观横州市税务局税务文化展厅、党建文化展馆，学习横州市税务局在党建工作中的先进做法和典型经验，不断提升党支部党建工作水平。

1 月中旬，横州调查队召开 2023 年党风廉政建设专题会，传达南宁辖区国家调查队 2022 年度党建、党风廉政建设工作会议精神，听取 2022 年党风廉政工作情况报告，研究部署 2023 年党风廉政建设工作。

2 月上旬，横州调查队召开 2 月份理论学习专题会，深入学习党的二十大精神、习近平总书记在中共中央政治局第二次集体学习时的重要讲话精神、《中国共产党章程》和《广西国家调查队系统工作人员记录过问打探工作事项管理办法(试行)》。

2 月上旬，横州调查队党支部召开 2023 年党建工作研究部署专题会，听取 2022 年党建工作情况汇报，研究部署 2023 年党建工作计划。

2 月上旬，横州调查队党支部召开横州市“党旗耀花都•调查树标兵”党建活动暨 2023 年农业调查业务培训会。会上颁发辅助调查员聘书，作农业调查业务、统计法律法规知识培训，邀请旧点优秀辅助调查员分享工作经验，新点党员辅助调查员作表态发言。

2 月中旬，横州调查队党支部召开领导班子 2022 年度民主生活会。

2 月中旬，横州调查队党支部召开 2022 年度组织生活会和开展民主评议党员。

2 月下旬，横州调查队党支部开展“查农情•优服务•助春耕”主题党日活动，深入了解农户开春后早稻、玉米、甘蔗、蔬菜等农作物种植意向和面积，收集农户春耕生产存在的问题和困难；向农户宣传“粮食安全”重要性以及地力补贴、农户种粮一次性补贴等惠民政策。

2 月上旬，横州调查队召开保密和国家安全工作专题会议。学习习近平总书记关于总体国家安全观的重要论述精神；听取 2022 年度保密和国家安全工作情况报告，研究部署 2023 年保密和国家安全工作。

2 月上旬，横州调查队召开 2023 年度普法依法治理工作专题会议，听取 2022 年度普法依法治理工作情况报告，研究部署 2023 年度普法依法治理工作计划。

2 月上旬，横州调查队召开 2023 年意识形态工作专题会，听取 2022 年意识形态工作情况汇报，组织各股室负责人就如何落实意识形态工作责任制发言，研究部署 2023 年意识形态工作。

2 月中旬，横州调查队召开 2023 年全面从严治党专题研究会议，南宁调查队党组成员、副队长陆宇平到会指导。

2 月中旬，南宁调查队党组成员、副队长陆宇平到横州调查队督导民主生活会召开情况。

2 月中旬，横州调查队召开横州市 2023 年住户调查工作培训会。

3 月上旬，横州调查队召开 2023 年横州国家调查工作会议，传达学习 2023 年广西国家调查工作暨党建工作会议精神，听取 2022 年度横州调查队工作情况报告及各股室 2022 年工作总结，研究讨论 2023 年重点工作任务与计划。

3 月中旬，横州调查队党支部书记曹鸿飞以“学深悟透二十大，奋楫扬帆再出发”为题上党课。

3 月中旬，横州调查队党支部开展“志愿服务倡文明 美化环境我先行”主题党日暨新时代文明实践志愿服务活动。

4 月上旬，横州调查队党支部开展“缅怀革命

先烈 追寻红色记忆”暨“我们的节日•清明”主题党日活动，全体党员、非党青年小组成员到横州公园烈士纪念碑开展集体默哀三分钟、向革命烈士行鞠躬礼、重温入党誓词活动。

4 月中旬，横州调查队召开第二季度保密和国家安全工作专题会，学习《中华人民共和国保守国家秘密法》，集中观看保密警示教育片。

4 月下旬，横州调查队召开 2023 年“五一”、端午廉洁过节专题会，传达学习二十届中央纪委二次全会精神和中共广西调查总队党组纪检组关于《2023 年“五一”、端午期间廉洁过节的通知》精神，通报中央和国家机关 5 起违反中央八项规定精神典型案例，作节前廉政谈话。

4 月下旬，横州调查队陪同南宁市农业农村局工作组到横州峦城镇、新福镇开展主要畜禽样本轮换摸底现场核实工作。

6 月上旬，横州调查队党支部开展“党建引领基层治理 助力绿色低碳发展”主题党日活动，传达学习习近平总书记关于生活垃圾分类重要指示精神，进行垃圾分类知识培训，开展垃圾分类知识有奖问答活动。

6 月上旬，横州调查队召开 2023 年警示教育专题会议，党支部书记曹鸿飞上“学思践悟二十大，培优队伍强建设”专题党课，传达学习国家统计局和驻委纪检监察组领导同志在近期重要工作会议上讲话精神、2023 年广西国家调查队系统警示教育会议精神、国家统计局党廉办（机关纪委）印发的《关于利用青海省 6 名领导干部严重违反中央八项规定精神有关问题通报开展警示教育的通知》精神、孙怀新同志在国家统计局纪检组组长（纪委书记）培训班上的讲话精神，组织干部职工观看反腐电视专题片《零容忍》第一集《不负十四亿》。

6 月下旬，横州调查队开展“溯传统文化，颂端午情怀”主题活动，集中观看介绍端午节的宣传视频，追忆端午故事，了解和传承端午习俗；诵读《离骚》经典名句，厚植爱国主义情怀；进行节前廉政提醒谈话。

6 月下旬，横州调查队参加横州市委市直机关工委举办的“讲政治 提能力 敢担当 促发展”主题知识竞赛活动决赛，荣获三等奖。

7 月中旬，横州调查队召开横州国家调查 2023 年年中工作推进会。会议传达 2023 年广西国家调查队系统 2023 年年中工作推进会会议精神，听取横州调查队 2023 年上半年工作情况报告、各股室上半年工作总结和下半年重点工作计划，就如何推动“党建+业务”深度融合作交流研讨。

7 月下旬，南宁调查队党组成员、党组纪检组组长朱必臻一行到横州调查队开展贯彻落实重要精神推动统计调查高质量发展调研。

7 月下旬，南宁调查队党组成员、副队长陆宇平一行到横州调查队开展 2023 年早稻数据质量核查工作。

8 月上旬，横州调查队召开 2023 年上半年全面从严治党专题研究会议，分别听取 2023 年上半年领导班子及其成员履行全面从严治党职责情况报告，剖析工作中存在的问题及原因，部署下一步改进计划。南宁调查队党组成员、副队长陆宇平上“压实责任，驰而不息推进全面从严治党”党风廉政专题党课，并作指导讲话。

8 月上旬，广西调查总队居民收支处二级主任科员谢定杰一行 4 人到横州镇洪德社区、马岭镇龙坪村开展住户调查基础工作检查，横州调查队队长曹鸿飞陪同调研。

8 月下旬，横州调查队党支部书记曹鸿飞上“摒弃‘躺平’实干担当”廉政专题党课。

9 月上旬，横州调查队党支部开展“学习焦裕禄精神 践行新时代使命”主题党日活动，集中观看电影《我的父亲焦裕禄》，并联系工作生活实际，撰写电影观后感，交流心得与体会。

9 月中旬，横州调查队召开廉政教育专题会议，传达《关于印发<横州市开展领导干部利用职权或影响力插手工程项目谋私贪腐问题专项整治工作方案>的通知》（横纪发〔2023〕5 号）精神，学习《新时代反腐败斗争形势专题辅导报告》和《党员领导干部应知应守党规党纪、法律法规（一）》相关内容，通报 4 起领导干部利用职权或影响力插手工程项目谋私贪腐典型案例，观看领导干部插手工程项目警示教育片，深化清廉机关建设。

9 月中旬，横州调查队召开网络和数据安全工作专题会议，学习《中华人民共和国个人信息保护法》《关键信息基础设施保护条例》《中华人民共和国网络安全法》和《中华人民共和国数据安全法》，观看网络安全知识宣传视频，增强网络和数据安全意识。

9 月中旬，广西调查总队农村调查处处长莫林一行 5 人到横县六景镇藤山春源养殖场、广西桂华丝绸有限公司等开展畜禽生产形势和桑蚕生产养殖情况调研，横州调查队队长曹鸿飞陪同调研。

9 月下旬，横州调查队党支部召开学习贯彻习近平新时代中国特色社会主义思想主题教育工作会议，传达横州市学习贯彻习近平新时代中国特色社会主义思想主题教育工作会议精神，研究讨论横州队关于深入开展学习贯彻习近平新时代中国特色社会主义思想主题教育的工作方案。

9 月下旬，横州调查队召开 2023 年中秋、国庆廉洁过节专题会，传达国家统计局党廉办《关于 2023 年中秋、国庆期间廉洁过节的通知》精神，通报中央和国家机关 7 起党员干部酒驾醉驾典型案例和 8 起违反中央八项规定精神典型问题，作节前廉政谈话。

9 月下旬，横州调查队联合横州市统计局在横州镇步行街正门开展第十四届“中国统计开放日”现场宣传活动。

9 月下旬，横州调查队到横州镇蒙村开展“推进移风易俗•助力乡村振兴”新时代文明实践志愿服务活动。

10 月中旬，横州调查队党支部召开党员大会，学习习近平总书记关于意识形态工作的重要论述，研究讨论《中共国家统计局横州调查队支部学习贯彻习近平新时代中国特色社会主义思想主题教育学习计划》以及成立党员突击队事宜。广西调查总队办公室主任赵宗焕列席会议。

10 月下旬，横州调查队党支部开展“培蕾护苗呵护成长”关爱未成年人主题党日活动，到横州镇茉莉社区景山小学宣传统计法律法规知识，开展防溺水、防拐、防诈安全教育。

11 月上旬，横州调查队党支部召开讨论中共预备党员转正大会。会议研究，同意马燕彩、廖小文、李伽豪三位同志按期转正。

11 月下旬，横州调查队党支部联合横州市气象局党支部到横州公园纪念馆、横州市党性党风党纪教育基地开展“学身边榜样 扬清风正气”主题党日活动。

11 月下旬，横州调查队召开“党旗耀花都•调查树标兵”党建活动暨 2023 年横州市主要畜禽监测调查工作培训会。

11 月下旬，横州调查队陪同横州市委副书记李金发一行到陶圩镇六秀村住户调查网点走访记账户。

12 月中旬，横州调查队党支部开展“提升政治三力 淬炼忠诚品格”主题党日活动，集中学习《习近平新时代中国特色社会主义思想专题摘编》部分章节内容和《在加强党的政治建设中提高政治判断力、政治领悟力、政治执行力》文章，党支部书记曹鸿飞上“在主题教育中强党性 敢担当 建新功”专题党课。

附录一

全国及各省（区、市）主要统计调查数据

附录1-1　全国和36个大中城市居民

(上年同期=100)

地　区	2012		2013		2014		2015		2016		2017	
	指　数	排　位	指　数	排　位	指 数	排 位	指 数	排 位	指 数	排 位	指 数	排 位
平均指数	102.8		102.7		102.1		101.7		102.2		101.8	
北　京	103.3	3	103.3	8	101.6	33	101.8	27	101.4	31	101.9	14
天　津	102.7	19	103.1	12	101.9	29	101.7	21	102.1	17	102.1	7
石家庄	102.8	14	102.9	14	102.0	25	101.0	4	101.6	27	101.4	30
太　原	102.1	33	103.1	10	102.2	15	100.4	1	101.2	33	101.8	19
呼和浩特	103.1	7	103.8	3	101.2	36	101.8	26	101.4	30	101.4	29
沈　阳	103.0	9	102.5	28	102.2	14	101.2	8	101.7	25	101.4	27
大　连	103.4	1	102.5	27	102.0	26	101.6	20	101.9	19	102.1	8
长　春	102.3	30	103.0	13	102.2	17	101.3	12	101.4	32	101.3	33
哈尔滨	103.2	5	102.1	35	102.0	22	101.4	15	101.8	22	101.6	23
上　海	102.8	15	102.3	31	102.7	7	102.4	34	103.2	1	101.7	22
南　京	102.7	20	102.7	20	102.6	9	102.0	30	102.7	5	101.9	15
杭　州	102.5	27	102.5	26	102.0	24	101.8	25	102.6	8	102.5	3
宁　波	101.7	36	102.2	34	101.9	28	101.8	24	102.1	18	101.8	17
合　肥	102.2	32	102.7	22	102.0	20	101.6	17	102.6	6	101.4	26
福　州	102.0	35	102.6	24	101.7	31	101.4	16	102.5	9	101.4	31
厦　门	102.1	34	102.3	33	102.2	12	101.7	23	101.7	23	102.0	10
南　昌	102.9	12	102.3	32	102.5	10	101.6	18	102.1	15	102.1	6
济　南	102.4	28	102.8	18	102.2	13	101.9	28	102.7	4	102.0	12
青　岛	102.7	21	102.5	29	102.6	8	101.2	10	102.5	10	102.0	13
郑　州	102.7	22	102.8	17	102.0	21	101.1	6	102.3	13	101.8	20
武　汉	102.8	16	102.4	30	101.9	27	101.4	14	102.4	12	101.9	16
长　沙	102.3	31	102.8	16	102.7	6	101.1	5	101.9	20	101.3	32
广　州	103.0	10	102.6	25	102.3	11	101.7	22	102.7	3	102.3	4
深　圳	102.8	17	102.7	19	102.0	23	102.2	32	102.4	11	101.4	28
南　宁	102.9	13	102.1	36	101.6	32	101.9	29	101.4	29	102.3	5
海　口	103.3	4	102.9	15	102.2	16	101.2	9	103.0	2	103.3	1
重　庆	102.6	24	102.7	23	101.8	30	101.3	11	101.8	21	101.0	34
成　都	103.0	11	103.1	11	101.3	35	101.1	7	102.2	14	102.0	9
贵　阳	102.6	25	103.2	9	102.7	5	102.3	33	101.1	34	101.0	35
昆　明	103.1	8	103.9	1	103.1	1	102.4	35	101.7	24	100.5	36
拉　萨	103.2	6	103.4	7	103.0	2	102.2	31	102.6	7	101.4	25
西　安	102.8	18	102.7	21	101.4	34	100.7	3	100.9	35	102.0	1
兰　州	102.4	29	103.5	5	102.2	18	101.3	13	100.8	36	101.5	24
西　宁	102.7	23	103.8	2	102.8	3	102.5	36	102.1	16	101.8	1
银　川	102.6	26	103.5	6	102.1	19	101.6	19	101.7	26	101.7	2
乌鲁木齐	103.4	2	103.5	4	102.8	4	100.7	2	101.5	28	102.8	[illegible]

消费价格指数(2013—2023年)

2018		2019		2020		2021		2022		2023	
指数	排位	指数	排位	指数	排位	指数	排位	指数	排位	指数	排位
102.2		102.8		102.1		101.1		102.1		100.4	
102.5	8	102.3	32	101.7	32	101.1	20	101.8	27	100.4	17
102.0	25	102.7	23	102.0	24	101.3	10	101.9	23	100.4	15
102.3	13	102.7	19	102.3	17	100.9	26	101.2	35	100.7	4
101.8	29	102.7	22	102.6	4	101.0	23	102.1	16	99.7	35
102.1	20	102.6	24	102.0	26	100.9	25	102.1	17	100.5	12
103.0	2	102.4	30	102.3	20	101.3	11	101.7	28	100.3	21
103.0	1	102.4	29	102.1	22	101.4	7	102.2	14	100.4	14
102.0	22	102.9	13	101.9	29	100.5	31	101.9	21	99.8	32
102.5	7	102.6	25	101.4	35	100.6	27	101.9	22	100.7	5
101.6	33	102.5	28	101.7	33	101.2	17	102.5	1	100.3	20
102.4	10	103.1	8	102.4	13	101.5	6	102.2	12	100.6	9
102.3	15	103.1	7	102.1	21	101.3	13	102.4	3	100.2	26
102.2	17	103.0	12	101.9	28	102.1	1	102.3	9	100.4	18
102.0	24	102.9	14	102.3	14	101.7	2	102.4	7	100.0	31
101.5	34	102.5	26	102.4	9	100.6	28	102.4	6	100.2	27
101.8	28	103.0	11	102.5	6	101.2	16	101.8	26	100.2	28
102.3	14	102.8	17	102.5	7	101.0	22	101.8	24	100.6	8
102.6	5	103.3	5	102.4	11	101.5	5	101.4	33	100.6	10
102.1	19	103.3	3	102.4	10	101.5	4	102.0	18	100.5	11
102.4	11	103.1	9	102.3	15	101.1	21	101.2	34	99.4	36
101.9	27	103.2	6	102.4	8	100.6	29	102.3	10	100.4	16
102.0	23	102.9	15	101.8	30	101.1	19	101.7	31	100.4	13
102.4	12	103.0	10	102.6	3	101.1	18	102.4	4	101.0	1
102.8	3	103.4	2	102.3	18	100.9	24	102.3	11	100.8	3
102.5	6	103.4	1	102.3	19	101.4	9	101.7	30	99.7	34
102.4	9	103.3	4	101.6	34	100.5	30	101.1	36	100.3	23
102.0	21	102.7	20	102.3	16	100.3	35	102.1	15	99.7	33
101.4	35	102.8	16	102.5	5	100.5	33	102.4	5	100.2	25
101.7	32	102.7	18	102.4	12	100.5	34	101.9	20	100.1	29
101.7	31	102.3	31	103.1	1	100.2	36	101.7	29	100.8	2
101.1	36	102.2	33	102.0	25	100.5	32	101.8	25	100.3	22
101.9	26	102.7	21	102.1	23	101.7	3	102.2	13	100.0	30
101.7	30	102.2	34	102.0	27	101.3	14	102.3	8	100.6	7
102.7	4	102.5	27	102.7	2	101.3	12	102.5	2	100.3	19
102.2	18	102.2	35	101.8	31	101.4	8	102.0	19	100.6	6
102.2	16	102.0	36	100.9	36	101.3	15	101.6	32	100.2	24

附录1-2　全国主要城市住宅

城市	1月								
	新建商品住宅分类价格指数								
	90m²及以下			90—144m²			144m²以上		
	环比	同比	累计	环比	同比	累计	环比	同比	累计
北　　京	100.2	104.6	104.6	100.2	104.5	104.5	100.6	106.0	106.0
天　　津	100.1	97.2	97.2	100.5	97.4	97.4	100.0	95.3	95.3
石家庄	100.3	97.7	97.7	100.1	97.4	97.4	99.9	98.1	98.1
太　　原	100.2	95.4	95.4	100.1	95.4	95.4	100.3	96.2	96.2
呼和浩特	99.9	96.9	96.9	99.9	97.1	97.1	99.3	95.6	95.6
沈　　阳	99.8	96.0	96.0	99.4	94.9	94.9	99.7	94.0	94.0
大　　连	99.9	96.3	96.3	99.9	95.1	95.1	99.8	93.8	93.8
长　　春	99.6	95.6	95.6	99.6	94.7	94.7	99.2	94.4	94.4
哈尔滨	99.0	94.3	94.3	99.7	92.9	92.9	99.8	91.7	91.7
上　　海	101.2	105.4	105.4	100.5	103.1	103.1	100.9	105.4	105.4
南　　京	99.8	100.1	100.1	100.0	99.8	99.8	100.1	101.1	101.1
杭　　州	100.5	106.2	106.2	100.3	106.3	106.3	100.5	107.0	107.0
宁　　波	100.6	102.3	102.3	100.6	102.0	102.0	100.7	101.7	101.7
合　　肥	101.1	102.8	102.8	100.8	102.6	102.6	100.3	101.3	101.3
福　　州	100.2	96.9	96.9	100.1	97.8	97.8	100.6	97.7	97.7
厦　　门	99.6	95.8	95.8	99.7	97.1	97.1	99.7	94.9	94.9
南　　昌	100.3	101.5	101.5	100.2	101.9	101.9	100.4	101.4	101.4
济　　南	99.9	102.3	102.3	99.9	101.2	101.2	99.4	102.6	102.6
青　　岛	100.3	101.1	101.1	100.3	101.4	101.4	100.7	101.7	101.7
郑　　州	100.1	96.5	96.5	100.3	97.1	97.1	100.2	97.2	97.2
武　　汉	100.1	94.1	94.1	100.3	94.6	94.6	100.0	92.9	92.9
长　　沙	100.0	103.7	103.7	100.2	103.4	103.4	100.6	103.5	103.5
广　　州	99.9	99.3	99.3	99.7	99.7	99.7	100.2	100.4	100.4
深　　圳	99.9	99.3	99.3	99.6	99.0	99.0	100.1	99.2	99.2
南　　宁	99.9	95.4	95.4	100.0	96.4	96.4	99.2	94.6	94.6
海　　口	100.0	100.7	100.7	99.7	100.9	100.9	100.3	100.8	100.8
重　　庆	100.6	99.7	99.7	100.3	99.7	99.7	100.0	98.5	98.5
成　　都	100.9	108.3	108.3	100.6	108.6	108.6	100.4	108.8	108.8
贵　　阳	100.0	97.5	97.5	99.4	98.1	98.1	99.9	97.6	97.6
昆　　明	100.6	98.1	98.1	100.2	96.9	96.9	100.3	96.2	96.2
西　　安	100.2	102.3	102.3	100.2	102.0	102.0	100.3	102.7	102.7
兰　　州	99.5	94.4	94.4	99.9	94.3	94.3	99.9	94.9	94.9
西　　宁	100.3	97.6	97.6	100.5	96.7	96.7	100.7	99.0	99.0
银　　川	100.6	101.6	101.6	100.1	101.0	101.0	100.1	100.1	100.1
乌鲁木齐	100.3	102.3	102.3	100.3	102.0	102.0	100.6	100.8	100.8

销售价格指数(2023年)

二手住宅分类价格指数								
90m^{2}及以下			90—144m^2			144m^{2}以上		
环比	同比	累计	环比	同比	累计	环比	同比	累计
101.1	103.9	103.9	100.5	104.1	104.1	100.9	105.6	105.6
99.4	94.2	94.2	99.8	93.4	93.4	99.7	93.3	93.3
99.2	96.5	96.5	99.8	97.2	97.2	99.3	95.1	95.1
99.6	95.4	95.4	99.8	95.3	95.3	99.6	94.9	94.9
99.8	94.4	94.4	99.3	95.1	95.1	99.3	94.2	94.2
99.2	93.0	93.0	99.9	94.0	94.0	99.1	92.5	92.5
99.3	94.6	94.6	99.8	95.6	95.6	99.3	94.7	94.7
98.9	92.7	92.7	99.3	93.8	93.8	98.6	93.5	93.5
99.2	90.5	90.5	99.3	91.3	91.3	99.6	91.2	91.2
100.4	102.1	102.1	100.5	102.6	102.6	100.0	102.4	102.4
100.6	98.9	98.9	100.7	96.0	96.0	100.1	96.5	96.5
99.8	98.3	98.3	99.9	98.7	98.7	99.8	98.8	98.8
100.2	99.7	99.7	100.3	98.5	98.5	100.1	99.7	99.7
99.9	98.7	98.7	99.9	99.3	99.3	99.0	97.0	97.0
100.0	98.3	98.3	100.0	96.6	96.6	100.5	97.9	97.9
99.9	99.2	99.2	99.7	97.2	97.2	99.8	97.6	97.6
99.3	97.3	97.3	99.6	98.2	98.2	99.8	97.4	97.4
99.4	96.6	96.6	99.9	96.4	96.4	99.6	96.4	96.4
100.1	96.8	96.8	99.8	96.6	96.6	99.5	96.0	96.0
99.7	93.5	93.5	99.3	95.1	95.1	99.9	93.4	93.4
99.7	93.6	93.6	99.8	94.0	94.0	99.3	94.4	94.4
100.4	100.0	100.0	100.1	100.1	100.1	100.1	100.2	100.2
100.0	99.1	99.1	99.5	99.7	99.7	99.9	100.0	100.0
100.4	97.2	97.2	100.5	97.0	97.0	101.1	98.0	98.0
99.5	93.8	93.8	99.1	93.4	93.4	99.9	93.3	93.3
99.9	97.7	97.7	99.4	98.0	98.0	99.8	97.7	97.7
99.2	96.3	96.3	99.7	97.6	97.6	99.9	96.5	96.5
100.7	108.8	108.8	100.4	109.2	109.2	100.3	107.6	107.6
99.5	95.7	95.7	99.4	96.6	96.6	99.9	94.6	94.6
99.7	99.8	99.8	99.1	100.5	100.5	98.9	100.5	100.5
100.5	98.5	98.5	100.7	98.4	98.4	100.5	97.5	97.5
99.4	94.2	94.2	99.5	95.4	95.4	100.0	95.4	95.4
100.1	97.7	97.7	100.4	97.3	97.3	99.9	98.4	98.4
99.0	95.5	95.5	99.8	96.9	96.9	98.9	95.3	95.3
99.3	97.3	97.3	99.8	97.7	97.7	99.5	96.9	96.9

附录1-2

城市	1月								
	新建商品住宅分类价格指数								
	90m²及以下			90—144m²			144m²以上		
	环比	同比	累计	环比	同比	累计	环比	同比	累计
唐山	100.0	96.3	96.3	100.2	97.5	97.5	100.0	97.4	97.4
秦皇岛	99.9	94.5	94.5	99.6	94.2	94.2	99.9	95.0	95.0
包头	100.0	95.5	95.5	99.9	95.1	95.1	99.9	96.3	96.3
丹东	100.0	96.1	96.1	100.1	95.4	95.4	100.0	97.7	97.7
锦州	99.8	96.4	96.4	99.5	96.0	96.0	99.0	96.4	96.4
吉林	99.1	96.0	96.0	99.2	95.0	95.0	99.9	96.5	96.5
牡丹江	99.9	97.9	97.9	99.8	96.6	96.6	99.2	97.4	97.4
无锡	99.1	98.4	98.4	100.0	99.3	99.3	99.0	98.6	98.6
徐州	100.5	98.2	98.2	100.1	98.3	98.3	100.7	98.8	98.8
扬州	100.8	97.4	97.4	100.4	97.7	97.7	100.4	97.5	97.5
温州	99.0	92.4	92.4	99.1	92.2	92.2	98.6	91.7	91.7
金华	99.9	97.9	97.9	99.8	97.8	97.8	99.4	96.9	96.9
蚌埠	100.1	95.3	95.3	100.3	98.0	98.0	100.7	97.9	97.9
安庆	99.6	96.7	96.7	100.4	95.3	95.3	100.0	96.6	96.6
泉州	99.6	96.7	96.7	99.5	96.3	96.3	99.5	95.9	95.9
九江	100.4	98.7	98.7	100.2	98.1	98.1	100.1	98.9	98.9
赣州	99.8	100.2	100.2	99.9	99.6	99.6	100.0	99.6	99.6
烟台	99.6	97.8	97.8	100.0	98.6	98.6	99.8	96.9	96.[illegible]
济宁	99.8	94.9	94.9	99.8	95.6	95.6	99.9	95.9	95.[illegible]
洛阳	99.4	96.2	96.2	99.5	94.6	94.6	99.5	95.8	95.[illegible]
平顶山	99.3	97.6	97.6	99.4	97.1	97.1	99.4	95.9	95.[illegible]
宜昌	99.8	94.1	94.1	99.6	94.7	94.7	99.3	95.8	95.[illegible]
襄阳	99.9	95.3	95.3	99.6	96.2	96.2	99.9	95.1	95.[illegible]
岳阳	100.1	91.8	91.8	100.0	92.1	92.1	100.2	91.5	91.5
常德	99.9	94.4	94.4	99.5	94.6	94.6	99.6	93.2	93.2
韶关	100.3	98.2	98.2	100.3	96.9	96.9	100.0	98.5	98.5
湛江	101.0	93.3	93.3	100.5	92.8	92.8	100.8	93.6	93.[illegible]
惠州	99.8	96.4	96.4	99.6	97.3	97.3	99.6	96.8	96.8
桂林	100.4	95.4	95.4	100.0	95.8	95.8	99.9	93.5	93.5
北海	100.3	90.7	90.7	100.5	89.7	89.7	100.3	88.8	88.8
三亚	100.4	99.2	99.2	100.4	98.7	98.7	100.0	98.4	98.4
泸州	99.1	95.4	95.4	99.5	95.9	95.9	99.3	94.4	94.4
南充	100.1	98.6	98.6	100.8	98.1	98.1	100.1	98.3	98.3
遵义	100.1	99.1	99.1	100.2	99.5	99.5	100.5	100.1	100.1
大理	99.1	94.2	94.2	99.4	96.0	96.0	99.4	94.7	94.7

续表 1

二手住宅分类价格指数								
90m²及以下			90—144m²			144m²以上		
环比	同比	累计	环比	同比	累计	环比	同比	累计
99.1	93.0	93.0	99.5	94.2	94.2	99.4	94.6	94.6
99.5	95.5	95.5	99.7	95.4	95.4	99.5	95.9	95.9
99.8	96.3	96.3	99.9	94.8	94.8	99.9	95.4	95.4
99.7	93.7	93.7	99.6	92.7	92.7	100.0	95.0	95.0
99.3	93.5	93.5	99.4	94.3	94.3	99.7	95.0	95.0
99.3	91.0	91.0	99.1	91.1	91.1	99.9	92.6	92.6
99.3	88.9	88.9	99.5	88.9	88.9	98.7	89.7	89.7
99.7	99.4	99.4	99.6	99.9	99.9	99.2	99.6	99.6
100.2	97.6	97.6	100.0	98.4	98.4	100.1	97.7	97.7
100.0	95.8	95.8	99.7	98.5	98.5	99.8	98.0	98.0
99.8	94.9	94.9	99.8	95.0	95.0	99.7	94.9	94.9
99.6	93.1	93.1	99.7	94.2	94.2	99.3	94.6	94.6
99.9	96.5	96.5	99.6	97.0	97.0	99.2	96.8	96.8
99.5	94.4	94.4	99.8	93.3	93.3	99.7	93.2	93.2
99.7	93.9	93.9	99.0	93.2	93.2	99.6	94.0	94.0
100.0	97.1	97.1	99.8	97.2	97.2	100.2	96.5	96.5
99.4	99.0	99.0	99.8	99.0	99.0	99.6	98.9	98.9
100.3	98.7	98.7	99.8	96.9	96.9	100.1	96.5	96.5
99.3	93.1	93.1	99.9	92.9	92.9	99.6	94.2	94.2
99.6	92.0	92.0	99.5	92.9	92.9	99.4	92.9	92.9
99.6	95.8	95.8	99.8	95.6	95.6	99.7	95.8	95.8
99.7	93.7	93.7	99.4	92.5	92.5	99.7	94.7	94.7
99.3	94.9	94.9	99.4	94.2	94.2	99.9	93.1	93.1
99.7	94.3	94.3	99.2	94.6	94.6	99.9	95.4	95.4
99.7	93.8	93.8	99.6	94.3	94.3	99.9	93.1	93.1
99.4	95.1	95.1	99.2	94.8	94.8	99.6	96.5	96.5
99.9	94.2	94.2	99.8	94.5	94.5	99.6	93.0	93.0
99.8	97.2	97.2	99.8	98.5	98.5	99.7	97.4	97.4
99.7	95.5	95.5	99.5	96.1	96.1	99.6	96.2	96.2
99.4	92.6	92.6	99.9	92.4	92.4	99.9	91.0	91.0
100.4	99.0	99.0	100.3	98.1	98.1	100.3	99.4	99.4
99.8	97.6	97.6	99.6	97.0	97.0	99.6	97.5	97.5
99.8	101.8	101.8	100.0	101.3	101.3	100.1	101.7	101.7
99.1	94.4	94.4	99.2	95.2	95.2	99.0	93.3	93.3
99.1	95.5	95.5	99.5	95.7	95.7	99.7	94.9	94.9

附录1-2

城市	2月								
	新建商品住宅分类价格指数								
	$90m^2$及以下			90—$144m^2$			$144m^2$以上		
	环比	同比	累计	环比	同比	累计	环比	同比	累计
北京	100.4	104.6	104.6	100.1	104.0	104.3	100.0	105.2	105.6
天津	101.6	98.5	97.9	100.8	98.1	97.8	100.5	95.7	95.5
石家庄	100.5	98.1	97.9	100.3	97.5	97.4	99.9	98.3	98.2
太原	100.1	96.4	95.9	100.5	96.0	95.7	100.7	97.6	96.9
呼和浩特	100.1	97.4	97.1	100.6	97.8	97.5	100.7	96.5	96.0
沈阳	99.8	95.7	95.9	99.9	95.6	95.2	99.9	94.5	94.3
大连	99.9	96.0	96.2	99.5	95.1	95.1	99.8	94.5	94.2
长春	99.6	95.4	95.5	99.6	94.7	94.7	99.9	94.7	94.6
哈尔滨	100.0	95.1	94.7	100.2	94.0	93.4	100.2	92.8	92.2
上海	100.5	105.5	105.5	100.1	102.7	102.9	100.2	105.1	105.2
南京	100.3	100.2	100.1	100.4	99.5	99.6	100.0	100.1	100.6
杭州	100.2	106.2	106.2	100.2	106.2	106.2	100.1	106.5	106.7
宁波	100.7	102.3	102.3	101.0	102.1	102.0	101.0	102.1	101.9
合肥	100.0	104.1	103.4	100.3	103.3	103.0	100.4	103.0	102.1
福州	100.7	97.3	97.1	100.3	97.8	97.8	100.2	97.5	97.6
厦门	100.0	96.4	96.1	100.1	97.6	97.3	100.2	95.5	95.2
南昌	100.6	101.7	101.6	100.3	101.8	101.8	100.3	101.4	101.4
济南	100.5	102.3	102.3	101.0	102.1	101.7	100.6	103.3	103.0
青岛	100.4	101.8	101.5	100.8	102.3	101.9	100.0	101.6	101.6
郑州	101.0	97.5	97.0	100.4	97.7	97.4	100.9	98.3	97.8
武汉	100.3	94.9	94.5	100.6	95.5	95.1	100.7	94.4	93.6
长沙	99.9	103.7	103.7	100.1	103.2	103.3	99.8	103.3	103.4
广州	100.5	99.2	99.3	100.2	99.3	99.5	100.3	100.0	100.2
深圳	100.3	98.8	99.1	100.1	98.8	98.9	100.3	99.3	99.2
南宁	100.7	96.4	95.9	100.5	97.3	96.9	100.1	95.1	94.9
海口	100.6	101.6	101.2	100.2	101.6	101.2	100.6	101.4	101.1
重庆	100.3	99.2	99.4	100.8	100.0	99.9	100.8	98.7	98.6
成都	100.4	108.3	108.3	100.6	108.3	108.4	100.8	109.2	109.0
贵阳	99.6	97.8	97.7	99.8	98.2	98.1	99.4	97.2	97.4
昆明	100.4	98.1	98.1	100.8	97.3	97.1	101.4	96.8	[illegible]
西安	99.7	101.0	101.7	99.9	101.0	101.5	100.2	101.8	[illegible]
兰州	100.5	95.0	94.7	100.7	95.3	94.8	100.0	95.1	[illegible]
西宁	100.0	97.9	97.8	100.5	98.1	97.4	99.7	99.6	[illegible]
银川	100.2	101.9	101.7	100.3	101.6	101.3	101.0	100.7	100.4
乌鲁木齐	100.2	101.0	101.6	100.5	101.9	102.0	100.0	100.2	100.5

续表 2

二手住宅分类价格指数								
90m²及以下			90—144m²			144m²以上		
环比	同比	累计	环比	同比	累计	环比	同比	累计
101.1	104.3	104.1	100.5	103.8	103.9	100.3	105.4	105.5
100.2	94.1	94.1	101.1	94.4	93.9	100.6	93.7	93.5
100.2	97.0	96.8	99.9	97.3	97.2	100.6	96.0	95.5
100.1	96.1	95.8	100.4	96.2	95.7	100.3	95.6	95.2
99.9	95.0	94.7	99.9	95.1	95.1	100.0	94.7	94.5
99.7	93.7	93.3	99.5	94.6	94.3	99.1	92.0	92.3
100.0	94.7	94.6	100.6	96.4	96.0	100.3	95.5	95.1
99.9	92.9	92.8	98.9	93.7	93.7	99.7	93.8	93.7
99.9	91.1	90.8	99.6	92.2	91.7	99.4	91.4	91.3
100.8	102.3	102.2	101.1	102.4	102.5	101.5	103.0	102.7
100.2	99.5	99.2	101.0	97.9	96.9	100.6	98.3	97.4
100.3	98.4	98.3	100.7	99.1	98.9	100.1	98.9	98.8
100.1	99.1	99.4	100.2	98.4	98.4	100.1	99.4	99.5
100.3	99.5	99.1	100.4	99.9	99.6	101.6	97.8	97.4
100.5	99.0	98.6	100.3	97.7	97.1	100.7	98.2	98.1
99.7	98.7	98.9	99.9	97.6	97.4	100.0	97.5	97.5
100.3	97.7	97.5	99.8	97.9	98.0	99.8	97.7	97.5
100.0	96.8	96.7	100.4	97.1	96.7	100.2	96.4	96.4
100.3	97.2	97.0	100.0	96.7	96.7	100.7	96.6	96.3
100.4	94.0	93.8	100.5	96.2	95.6	100.1	93.9	93.6
100.0	94.1	93.9	100.2	95.2	94.6	100.1	94.6	94.5
99.8	100.1	100.1	100.4	100.7	100.4	99.9	100.1	100.2
100.7	99.2	99.2	100.4	99.3	99.5	100.2	99.6	99.8
100.4	97.7	97.5	100.8	97.9	97.5	100.4	99.2	98.6
99.5	93.4	93.6	99.4	93.3	93.4	99.9	93.7	93.5
100.2	97.6	97.7	100.0	98.3	98.2	100.1	97.7	97.7
100.4	96.8	96.5	100.0	97.5	97.5	100.8	97.7	97.1
101.0	109.3	109.1	100.9	109.3	109.3	101.3	108.7	108.1
100.4	95.9	95.8	100.2	96.5	96.5	100.8	96.1	95.3
99.6	99.8	99.8	99.3	100.4	100.5	99.6	100.1	100.3
100.7	99.3	98.9	100.9	99.5	98.9	100.5	99.1	98.3
99.6	94.2	94.2	99.5	95.5	95.4	100.2	95.9	95.6
100.1	98.4	98.1	99.9	98.2	97.7	100.6	99.3	98.8
100.3	96.5	96.0	100.6	97.4	97.2	100.2	96.1	95.7
100.1	97.9	97.6	100.1	98.1	97.9	100.4	97.8	97.4

附录1-2

城市	2月								
	新建商品住宅分类价格指数								
	$90m^2$及以下			90—$144m^2$			$144m^2$以上		
	环比	同比	累计	环比	同比	累计	环比	同比	累计
唐山	100.3	96.3	96.3	100.3	97.8	97.7	100.9	98.4	97.9
秦皇岛	99.4	94.0	94.3	100.0	94.3	94.2	99.7	95.4	95.2
包头	100.0	95.8	95.6	100.4	96.2	95.7	100.6	96.5	96.4
丹东	99.9	96.5	96.3	99.7	95.5	95.5	99.3	97.0	97.4
锦州	99.7	97.0	96.7	99.7	96.3	96.1	99.9	96.8	96.5
吉林	100.1	95.9	95.9	100.4	95.1	95.0	100.1	96.9	96.7
牡丹江	99.9	98.2	98.0	99.8	97.1	96.9	99.1	96.6	97.0
无锡	100.7	98.6	98.5	100.2	99.2	99.2	100.2	98.0	98.3
徐州	100.3	98.6	98.4	100.6	99.1	98.7	100.9	99.6	9[illegible].2
扬州	100.1	98.1	97.7	100.4	98.3	98.0	100.6	99.0	9[illegible].2
温州	100.5	93.1	92.8	100.3	93.2	92.7	100.5	92.9	92.3
金华	100.4	98.3	98.1	100.5	98.0	97.9	100.3	97.2	97.0
蚌埠	100.2	95.3	95.3	100.3	98.3	98.1	100.3	97.7	97.8
安庆	100.5	97.2	96.9	100.5	96.4	95.8	100.3	97.4	97.0
泉州	99.6	95.5	96.1	99.5	95.5	95.9	99.9	95.7	95.8
九江	100.6	99.7	99.2	100.0	98.4	98.2	100.4	99.7	99.3
赣州	100.0	99.9	100.1	99.9	99.4	99.5	99.6	98.2	98.9
烟台	100.7	98.5	98.1	100.5	99.0	98.8	100.4	96.8	96.9
济宁	100.0	95.6	95.2	100.1	96.1	95.8	99.6	96.4	96.2
洛阳	100.0	96.2	96.2	100.4	95.4	95.0	100.2	96.3	96.0
平顶山	99.8	97.6	97.6	99.9	97.9	97.5	99.9	95.8	95.8
宜昌	100.8	95.9	95.0	100.7	95.7	95.2	100.2	96.0	95.9
襄阳	100.2	95.7	95.5	100.2	96.8	96.5	100.3	96.1	95.6
岳阳	100.2	92.8	92.3	100.0	92.7	92.4	100.4	92.6	92.1
常德	100.1	95.6	95.0	100.2	95.3	94.9	100.4	94.8	94.0
韶关	100.7	99.2	98.7	100.2	97.5	97.2	100.1	98.8	98.6
湛江	101.4	94.5	93.9	101.5	93.7	93.3	101.0	94.5	94.1
惠州	100.1	96.4	96.4	100.4	97.2	97.3	100.1	95.8	96.3
桂林	100.5	95.8	95.6	100.8	96.7	96.2	100.7	95.4	94.5
北海	100.4	93.0	91.8	100.8	92.4	91.0	100.9	91.4	90.1
三亚	100.3	99.6	99.4	100.5	99.3	99.0	100.5	99.6	99.0
泸州	100.2	95.8	95.6	100.0	96.3	96.1	100.5	96.0	95.2
南充	99.8	99.1	98.8	99.8	98.9	98.5	99.4	98.6	98.5
遵义	101.0	99.6	99.3	100.9	100.0	99.8	100.3	100.1	100.1
大理	100.3	94.6	94.4	100.5	96.8	96.4	100.1	95.8	95.2

续表 3

二手住宅分类价格指数								
90m²及以下			90—144m²			144m²以上		
环比	同比	累计	环比	同比	累计	环比	同比	累计
99.7	92.8	92.9	99.5	93.9	94.1	99.5	94.3	94.4
99.8	95.5	95.5	100.1	95.6	95.5	100.0	96.0	95.9
99.7	96.2	96.2	99.9	95.1	94.9	99.7	95.2	95.3
99.4	93.7	93.7	99.9	93.8	93.2	100.0	95.7	95.3
99.9	93.8	93.7	99.5	94.8	94.6	99.8	95.0	95.0
99.3	90.4	90.7	99.8	92.1	91.6	99.5	92.5	92.5
99.6	90.0	89.5	99.8	89.6	89.2	100.0	92.0	90.8
100.9	100.8	100.1	100.9	100.9	100.4	101.1	100.3	99.9
101.1	99.2	98.4	100.6	99.4	98.9	100.9	98.4	98.1
99.7	96.4	96.1	100.0	98.8	98.7	99.8	98.1	98.0
100.6	95.8	95.4	100.7	95.8	95.4	100.4	95.5	95.2
100.0	93.9	93.5	99.8	94.4	94.3	99.8	95.3	94.9
100.0	96.6	96.6	100.4	97.6	97.3	100.1	96.4	96.6
100.0	95.2	94.8	100.1	93.6	93.4	100.3	93.8	93.5
99.7	93.6	93.7	99.6	93.0	93.1	99.8	94.2	94.1
99.4	96.7	96.9	100.0	97.0	97.1	100.0	96.3	96.4
99.7	98.7	98.9	99.7	99.1	99.0	99.8	99.4	99.2
100.1	99.3	99.0	100.9	98.5	97.7	100.3	97.3	96.9
99.7	93.3	93.2	100.1	93.3	93.1	99.7	94.3	94.2
99.9	92.3	92.1	99.9	93.5	93.2	99.7	94.1	93.5
99.6	95.9	95.9	99.9	95.7	95.6	99.6	95.4	95.6
99.7	93.9	93.8	99.8	92.8	92.6	99.9	95.1	94.9
99.8	95.0	94.9	99.9	94.4	94.3	99.9	93.3	93.2
100.7	95.2	94.8	100.6	95.6	95.1	100.7	96.2	95.8
100.3	94.8	94.3	100.0	94.8	94.6	100.5	94.1	93.6
99.4	95.1	95.1	99.8	95.0	94.9	99.0	96.4	96.5
100.6	94.9	94.5	100.2	94.8	94.7	100.4	93.6	93.3
99.8	96.2	96.7	100.0	97.9	98.2	99.6	96.7	97.1
100.7	96.7	96.1	100.3	96.5	96.3	100.6	97.2	96.7
99.8	92.9	92.7	100.0	92.8	92.6	99.9	91.1	91.0
100.2	99.4	99.2	100.2	98.2	98.2	100.0	99.2	99.3
100.1	97.9	97.7	100.3	97.2	97.1	100.0	97.9	97.7
100.4	102.0	101.9	100.4	101.4	101.3	100.2	101.5	101.6
101.1	95.5	94.9	100.2	95.7	95.5	100.8	94.8	94.1
99.8	95.9	95.7	99.7	96.1	95.9	99.9	95.8	95.4

附录1-2

城市	3月								
	新建商品住宅分类价格指数								
	90m²及以下			90—144m²			144m²以上		
	环比	同比	累计	环比	同比	累计	环比	同比	累计
北京	100.1	104.5	104.6	100.2	103.6	104.0	100.4	105.3	105.5
天津	100.5	98.6	98.1	100.8	98.8	98.1	101.2	96.8	96.0
石家庄	100.4	97.9	97.9	100.9	98.1	97.7	100.2	98.3	98.2
太原	100.0	96.6	96.1	100.3	96.5	96.0	99.8	97.5	97.1
呼和浩特	100.8	98.1	97.4	100.3	98.4	97.8	100.8	97.1	96.4
沈阳	100.7	96.4	96.0	100.3	96.3	95.6	100.7	95.8	94.8
大连	99.9	96.4	96.2	99.6	95.3	95.1	99.2	95.4	94.6
长春	100.1	95.5	95.5	100.3	95.0	94.8	100.5	95.2	94.8
哈尔滨	100.4	95.9	95.1	100.4	95.0	94.0	100.2	94.5	[illegible]
上海	100.5	105.5	105.5	100.5	103.0	102.9	100.2	105.1	[illegible]
南京	100.7	100.7	100.3	100.5	99.6	99.6	100.7	100.8	100.7
杭州	100.4	105.8	106.1	100.2	105.8	106.1	100.3	105.7	106.4
宁波	100.7	102.9	102.5	100.7	102.7	102.3	100.3	102.4	102.1
合肥	100.3	104.6	103.8	100.2	103.9	103.3	100.4	104.1	102.8
福州	100.5	98.6	97.6	100.4	98.7	98.1	100.2	98.3	97.8
厦门	100.2	96.7	96.3	100.7	98.4	97.7	100.2	96.5	95.6
南昌	100.8	101.5	101.6	100.5	102.0	101.9	100.7	101.7	101.5
济南	101.1	102.9	102.5	100.6	102.5	101.9	100.6	103.8	[illegible]
青岛	100.1	101.3	101.4	100.5	102.3	102.0	100.6	102.1	[illegible]
郑州	101.4	99.2	97.7	100.9	99.4	98.1	100.5	99.4	[illegible]
武汉	101.3	96.3	95.1	101.1	97.1	95.8	101.9	96.2	[illegible]
长沙	100.1	103.5	103.7	100.7	103.3	103.3	100.6	103.8	103.6
广州	100.2	99.7	99.4	100.3	99.7	99.6	99.7	100.2	100.2
深圳	100.4	98.8	99.0	100.5	98.3	98.7	100.0	98.4	99.0
南宁	100.8	97.2	96.3	101.0	98.4	97.4	100.8	96.3	[illegible]
海口	100.7	101.9	101.4	100.2	101.2	101.2	101.1	102.3	[illegible]
重庆	101.3	99.9	99.6	100.6	100.0	99.9	101.7	100.1	99.1
成都	100.8	108.6	108.4	100.8	108.4	108.4	100.5	108.6	108.9
贵阳	100.3	98.1	97.8	100.8	98.7	98.3	100.4	97.9	97.6
昆明	100.8	98.9	98.4	101.3	98.9	97.7	101.2	98.5	97.2
西安	100.1	100.6	101.3	100.5	101.2	101.4	100.5	101.6	102.0
兰州	101.0	96.2	95.2	100.6	96.3	95.3	100.4	95.5	95.2
西宁	100.5	99.5	98.3	100.3	98.4	97.8	100.0	100.3	99.6
银川	100.7	101.9	101.8	100.6	101.9	101.5	100.8	101.0	100.6
乌鲁木齐	100.8	100.8	101.4	100.7	101.6	101.8	100.9	100.4	100.5

续表 4

二手住宅分类价格指数								
90m²及以下			90—144m²			144m²以上		
环比	同比	累计	环比	同比	累计	环比	同比	累计
100.7	103.7	104.0	101.2	103.6	103.8	100.1	104.5	105.2
100.0	94.5	94.3	100.2	94.7	94.1	100.2	94.4	93.8
100.3	97.4	97.0	100.3	98.2	97.5	100.1	96.8	95.9
100.0	97.0	96.2	100.5	97.1	96.2	100.4	96.2	95.6
99.5	94.7	94.7	100.1	95.6	95.3	99.8	94.8	94.6
100.3	94.0	93.6	100.3	96.1	94.9	100.7	94.2	92.9
100.3	95.7	95.0	100.2	96.6	96.2	100.5	96.0	95.4
99.9	92.8	92.8	99.9	93.6	93.7	99.8	93.6	93.6
100.8	92.5	91.3	100.7	93.4	92.3	101.0	93.1	91.9
100.8	102.5	102.3	100.7	103.0	102.7	100.4	103.0	102.8
100.3	99.9	99.4	100.5	98.5	97.4	100.3	98.7	97.8
100.6	98.7	98.4	100.5	99.2	99.0	100.7	99.4	99.0
100.2	99.0	99.3	100.5	98.8	98.6	100.1	99.4	99.5
100.6	100.7	99.7	100.0	99.9	99.7	100.1	97.9	97.6
100.2	99.2	98.8	100.2	98.5	97.6	100.4	98.6	98.3
100.0	98.4	98.8	100.0	97.6	97.5	100.5	97.8	97.6
99.6	96.9	97.3	100.1	97.8	98.0	99.8	97.4	97.5
100.1	96.9	96.8	100.6	97.6	97.0	100.4	97.4	96.7
100.0	97.1	97.1	100.1	96.5	96.6	100.7	97.1	96.6
100.3	94.5	94.0	100.6	96.9	96.0	100.5	94.4	93.9
100.6	95.0	94.3	100.5	96.4	95.2	100.4	95.7	94.9
100.2	100.6	100.2	100.2	100.6	100.5	100.9	101.4	100.6
100.0	99.1	99.1	100.3	99.2	99.4	100.2	99.4	99.6
100.4	98.6	97.8	100.1	98.5	97.8	100.5	99.3	98.9
100.5	94.5	93.9	100.5	94.3	93.7	100.0	94.6	93.9
100.5	97.5	97.6	100.3	97.9	98.1	100.3	97.4	97.6
100.1	97.1	96.7	100.6	97.6	97.6	100.2	97.6	97.3
100.9	109.3	109.1	101.1	110.1	109.5	100.0	108.4	108.2
100.0	97.2	96.3	100.7	97.5	96.9	100.8	98.2	96.3
100.9	100.1	99.9	100.7	100.8	100.6	100.2	100.3	100.3
101.0	100.0	99.2	100.6	100.0	99.3	100.8	99.8	98.8
100.8	95.1	94.5	100.1	95.7	95.5	100.3	96.6	96.0
100.2	98.5	98.2	100.3	98.1	97.9	100.4	99.6	99.1
100.5	96.9	96.3	100.4	98.2	97.5	100.7	97.0	96.1
99.7	97.3	97.5	99.8	97.6	97.8	99.6	97.0	97.3

附录1-2

城市	3月								
	新建商品住宅分类价格指数								
	90m²及以下			90—144m²			144m²以上		
	环比	同比	累计	环比	同比	累计	环比	同比	累计
唐山	101.0	97.2	96.6	100.0	97.9	97.7	100.9	99.3	98.4
秦皇岛	100.9	95.4	94.6	100.0	95.4	94.6	100.2	95.7	95.4
包头	99.8	95.9	95.7	99.8	96.7	96.0	100.0	96.8	96.6
丹东	99.8	96.8	96.4	99.4	96.0	95.6	99.5	96.6	97.1
锦州	100.3	97.1	96.8	100.1	95.9	96.1	100.3	97.0	96.7
吉林	100.4	96.2	96.0	101.0	96.0	95.4	100.3	97.3	96.9
牡丹江	99.1	97.4	97.8	99.4	97.0	96.9	99.4	96.0	96.7
无锡	100.1	98.5	98.5	100.4	99.3	99.3	100.1	97.9	98.[illegible]
徐州	100.8	99.4	98.8	101.0	100.3	99.2	100.9	100.6	99.7
扬州	100.2	98.3	97.9	100.7	99.5	98.5	100.2	99.0	98.5
温州	100.1	94.3	93.3	100.1	93.9	93.1	100.0	93.4	92.7
金华	100.3	98.1	98.1	100.3	97.7	97.8	100.0	97.1	97.1
蚌埠	100.5	95.4	95.3	100.3	98.4	98.2	100.0	97.5	97.7
安庆	100.1	97.2	97.0	100.8	97.8	96.5	100.0	97.9	97.3
泉州	99.4	95.4	95.9	99.4	95.2	95.7	99.7	96.0	95.9
九江	100.0	99.4	99.3	100.6	99.1	98.5	100.0	100.0	99.5
赣州	99.6	99.6	99.9	100.1	99.2	99.4	99.9	98.0	98.6
烟台	101.4	99.8	98.7	100.4	99.8	99.2	100.2	97.0	96.9
济宁	100.2	96.4	95.6	100.5	96.9	96.2	100.1	96.9	96.4
洛阳	100.1	96.8	96.4	100.6	96.4	95.5	100.5	97.1	96.4
平顶山	100.2	98.4	97.9	100.5	98.6	97.9	100.1	96.7	96.1
宜昌	100.0	96.1	95.4	100.3	96.1	95.5	100.2	96.3	96.0
襄阳	100.2	95.7	95.6	100.4	97.1	96.7	100.2	96.3	95.8
岳阳	100.6	94.0	92.9	100.3	93.8	92.9	100.9	94.2	92.8
常德	100.7	96.0	95.3	100.4	95.6	95.2	100.6	94.8	94.3
韶关	100.0	99.1	98.9	100.8	97.7	97.4	100.3	98.0	98.4
湛江	100.7	95.5	94.5	100.8	95.4	94.0	100.6	95.8	94.7
惠州	100.6	97.8	96.9	100.0	97.6	97.4	100.6	97.6	96.7
桂林	100.2	96.5	95.9	100.0	97.2	96.6	100.1	96.6	95.2
北海	100.9	94.4	92.7	101.0	93.7	91.9	100.0	92.2	90.8
三亚	100.9	100.4	99.7	100.7	100.2	99.4	100.4	100.4	99.5
泸州	100.9	96.7	96.0	100.4	97.1	96.4	100.3	97.0	95.8
南充	100.7	99.9	99.2	100.6	99.1	98.7	100.2	99.4	98.8
遵义	101.2	101.2	99.9	101.0	100.4	100.0	100.6	100.3	100.2
大理	100.9	96.7	95.1	100.7	97.9	96.9	100.1	95.9	95.4

续表 5

二手住宅分类价格指数								
$90m^2$及以下			90—$144m^2$			$144m^2$以上		
环比	同比	累计	环比	同比	累计	环比	同比	累计
99.8	92.6	92.8	99.9	93.8	94.0	99.3	93.6	94.2
100.1	96.4	95.8	100.2	96.0	95.6	100.0	96.4	96.1
99.9	96.4	96.3	99.9	95.6	95.2	99.3	95.0	95.2
99.3	93.8	93.7	99.6	93.9	93.5	99.3	95.2	95.3
99.8	93.9	93.7	99.9	94.8	94.7	99.9	94.9	95.0
99.7	90.2	90.5	99.8	91.9	91.7	99.6	92.1	92.4
99.9	91.6	90.2	99.9	91.5	90.0	99.0	93.5	91.7
100.6	101.3	100.5	100.9	100.8	100.5	100.7	100.7	100.2
100.3	100.0	98.9	100.2	100.4	99.4	100.8	100.1	98.7
100.8	97.2	96.5	100.4	98.5	98.6	100.8	98.2	98.1
100.4	96.6	95.8	100.6	96.8	95.8	100.0	96.0	95.5
100.5	95.2	94.1	100.3	95.3	94.6	100.4	95.8	95.2
100.2	97.2	96.8	100.1	97.9	97.5	100.0	96.5	96.6
100.0	95.6	95.1	100.3	95.0	93.9	100.1	94.8	93.9
99.9	93.7	93.7	99.8	93.1	93.1	99.8	94.6	94.2
100.1	97.0	96.9	100.4	97.6	97.3	100.4	97.1	96.6
100.8	99.0	98.9	100.1	99.2	99.1	100.8	99.6	99.3
100.3	99.8	99.3	100.2	99.2	98.2	99.9	97.2	97.0
100.2	94.2	93.6	100.5	93.7	93.3	100.9	95.0	94.5
100.0	93.2	92.5	100.2	93.6	93.3	100.1	94.8	93.9
100.3	96.4	96.0	100.0	96.1	95.8	100.1	96.0	95.7
100.0	93.9	93.8	99.8	93.2	92.8	99.7	94.9	94.9
100.1	95.2	95.0	100.2	94.5	94.4	100.0	94.0	93.5
99.5	94.7	94.8	99.4	94.9	95.0	99.6	95.8	95.8
99.8	95.0	94.5	100.2	95.3	94.8	100.1	94.7	93.9
100.0	95.4	95.2	100.4	95.6	95.1	100.8	97.2	96.7
100.1	95.4	94.8	100.3	95.3	94.9	100.9	95.0	93.9
100.0	96.7	96.7	100.1	98.2	98.2	100.5	97.2	97.1
100.1	96.4	96.2	100.6	97.0	96.5	100.7	97.7	97.0
100.4	93.4	93.0	100.2	93.4	92.8	100.5	92.0	91.4
100.5	99.8	99.4	100.6	98.7	98.4	100.4	99.2	99.3
100.4	98.4	97.9	100.1	98.1	97.4	100.0	98.0	97.8
100.2	102.4	102.1	100.6	102.0	101.5	100.1	102.4	101.9
100.8	96.9	95.6	100.9	97.2	96.0	100.9	96.4	94.8
100.3	96.9	96.1	100.3	96.4	96.1	100.6	97.3	96.0

附录1-2

城市	4月								
	新建商品住宅分类价格指数								
	$90m^2$及以下			90—$144m^2$			$144m^2$以上		
	环比	同比	累计	环比	同比	累计	环比	同比	累计
北京	100.5	104.2	104.5	100.9	104.0	104.0	100.5	105.1	105.4
天津	100.7	99.3	98.4	100.5	99.2	98.4	100.7	98.3	96.5
石家庄	100.4	98.2	98.0	100.8	98.6	97.9	100.7	98.9	98.4
太原	100.1	97.1	96.4	100.4	97.7	96.4	100.1	97.9	97.3
呼和浩特	100.4	98.7	97.8	100.2	98.8	98.0	100.4	98.6	96.9
沈阳	100.4	97.2	96.3	100.2	96.6	95.9	100.1	96.0	95.1
大连	99.4	95.5	96.1	99.9	95.5	95.2	99.0	94.7	94.6
长春	100.4	95.9	95.6	100.4	95.4	95.0	100.2	95.4	94.9
哈尔滨	100.7	96.9	95.5	100.8	96.6	94.6	100.4	95.2	93.5
上海	100.1	105.6	105.5	100.4	103.4	103.0	100.6	105.8	105.3
南京	100.6	101.7	100.7	100.5	100.6	99.9	100.5	102.3	101.1
杭州	100.0	105.3	105.9	100.2	105.5	106.0	100.1	104.6	105.9
宁波	100.0	103.1	102.6	100.3	103.3	102.5	100.1	102.8	102.2
合肥	99.9	104.0	103.9	100.2	104.3	103.5	100.1	104.2	103.1
福州	100.3	99.2	98.0	100.1	99.2	98.4	100.6	99.9	98.3
厦门	100.1	97.6	96.6	100.1	99.0	98.0	100.3	97.0	96.0
南昌	101.1	102.7	101.9	100.4	101.7	101.8	100.5	102.3	101.7
济南	100.6	104.2	102.9	100.6	103.2	102.3	100.4	104.5	103.[illegible]
青岛	100.7	101.7	101.5	100.2	102.5	102.1	99.9	102.0	101.[illegible]
郑州	100.6	100.9	98.5	100.5	100.0	98.5	100.6	100.0	98.7
武汉	101.1	98.4	95.9	100.6	98.3	96.4	100.6	98.2	95.1
长沙	100.2	103.8	103.7	100.5	103.4	103.3	100.4	104.1	103.7
广州	100.4	100.0	99.6	100.2	99.9	99.7	100.0	99.9	100.1
深圳	100.1	98.5	98.9	100.4	99.0	98.8	100.5	99.0	99.0
南宁	100.2	97.3	96.5	100.3	98.5	97.7	100.2	96.5	95.5
海口	100.7	101.8	101.5	100.8	101.7	101.3	100.2	102.2	101.7
重庆	100.4	101.1	100.0	100.9	101.3	100.3	100.2	100.9	99.6
成都	100.6	109.3	108.6	100.9	108.1	108.4	101.0	109.5	109.0
贵阳	100.3	98.4	97.9	100.2	98.0	98.2	100.0	97.0	97.4
昆明	100.0	99.4	98.6	100.0	98.9	98.0	100.4	99.0	97.6
西安	100.1	100.7	101.1	100.8	101.7	101.5	100.1	101.6	101.9
兰州	100.1	97.3	95.7	100.4	97.4	95.8	100.6	96.2	95.5
西宁	100.0	99.5	98.6	100.5	98.9	98.0	100.0	100.2	99.8
银川	100.8	103.0	102.1	101.0	102.5	101.7	100.9	102.6	10[illegible].1
乌鲁木齐	100.1	100.1	101.0	100.1	101.1	101.7	100.2	100.2	10[illegible].4

续表 6

二手住宅分类价格指数								
90m²及以下			90—144m²			144m²以上		
环比	同比	累计	环比	同比	累计	环比	同比	累计
99.9	103.0	103.8	100.2	103.4	103.7	100.2	103.9	104.8
99.9	94.7	94.4	99.7	95.3	94.4	99.2	93.7	93.8
100.2	97.9	97.2	99.4	97.7	97.6	100.1	96.9	96.2
99.8	98.5	96.8	99.5	98.0	96.7	99.3	97.1	95.9
99.9	94.7	94.7	99.8	95.7	95.4	100.1	95.2	94.7
99.9	94.0	93.7	99.1	95.9	95.2	99.6	94.5	93.3
99.2	95.8	95.2	99.9	97.3	96.5	99.7	97.3	95.9
99.8	92.7	92.8	99.8	93.4	93.6	99.5	93.1	93.5
100.6	94.0	92.0	100.3	94.9	92.9	100.1	94.1	92.4
99.6	102.1	102.2	99.9	103.0	102.8	99.9	102.9	102.9
99.9	100.0	99.6	99.9	99.5	98.0	100.0	99.4	98.2
100.2	98.8	98.5	100.3	99.3	99.0	100.4	99.6	99.2
100.0	98.8	99.1	100.2	99.5	98.8	100.2	99.5	99.5
100.0	101.0	100.0	99.9	100.9	100.0	99.8	99.1	97.9
99.8	98.5	98.7	99.9	98.5	97.8	99.9	98.3	98.3
99.9	97.6	98.5	99.1	96.6	97.3	99.7	97.8	97.7
99.9	97.4	97.3	99.6	97.7	97.9	99.6	97.8	97.6
100.3	97.7	97.0	100.1	98.8	97.5	100.2	98.2	97.1
99.3	97.2	97.1	100.0	97.1	96.7	99.7	97.8	96.9
99.7	94.7	94.2	99.7	96.7	96.2	99.9	95.0	94.2
100.6	95.8	94.6	100.1	97.1	95.7	100.8	96.7	95.3
100.6	101.6	100.6	100.1	101.3	100.7	100.4	102.0	100.9
100.4	99.3	99.2	100.4	98.8	99.2	100.1	99.0	99.5
100.4	98.3	97.9	100.6	98.8	98.1	100.8	99.7	99.1
100.2	94.9	94.1	100.1	94.9	94.0	100.2	95.2	94.2
99.8	97.2	97.5	99.4	97.1	97.8	99.2	97.0	97.5
100.4	97.9	97.0	100.4	98.3	97.7	100.3	99.1	97.7
100.6	109.0	109.1	100.3	110.1	109.7	101.7	108.9	108.4
100.6	98.2	96.7	99.8	97.6	97.0	100.7	99.1	97.0
100.7	100.4	100.0	100.2	100.6	100.6	100.5	99.5	100.1
100.0	100.7	99.6	100.5	100.3	99.6	100.4	100.3	99.2
99.5	94.7	94.6	100.1	95.9	95.6	100.1	97.3	96.3
100.0	98.0	98.2	100.1	98.0	97.9	100.8	100.4	99.4
99.8	97.8	96.7	100.4	98.7	97.8	99.9	97.8	96.5
99.5	96.7	97.3	100.1	97.9	97.8	99.8	96.9	97.2

附录1-2

城市	4月								
	新建商品住宅分类价格指数								
	90m²及以下			90—144m²			144m²以上		
	环比	同比	累计	环比	同比	累计	环比	同比	累计
唐山	100.3	97.2	96.8	100.8	98.5	97.9	100.3	99.6	98.7
秦皇岛	99.7	95.5	94.8	99.5	95.2	94.7	100.1	96.2	95.6
包头	100.5	97.1	96.1	100.3	97.6	96.4	100.4	98.1	96.9
丹东	100.2	98.2	96.9	100.5	97.6	96.1	100.0	96.6	97.0
锦州	100.2	98.3	97.2	100.4	97.9	96.5	100.6	98.9	97.3
吉林	100.4	96.6	96.2	100.0	96.0	95.5	100.0	97.3	97.0
牡丹江	100.2	97.6	97.8	100.1	97.1	97.0	100.1	96.1	96.5
无锡	100.8	99.3	98.7	100.5	99.9	99.4	100.0	98.2	98.2
徐州	100.8	101.0	99.3	100.7	101.5	99.8	100.0	101.4	100.1
扬州	100.5	99.0	98.2	99.9	100.6	99.0	100.4	99.6	98.8
温州	100.6	95.3	93.8	100.2	94.9	93.5	100.2	94.3	93.1
金华	99.5	97.5	97.9	99.9	97.3	97.7	99.3	95.8	96.7
蚌埠	100.2	96.4	95.6	100.3	99.9	98.6	100.6	99.4	98.1
安庆	100.0	97.3	97.1	100.1	98.5	97.0	100.3	98.5	97.6
泉州	99.7	95.1	95.7	99.8	95.3	95.6	99.6	95.9	95.9
九江	100.8	100.2	99.5	100.3	99.7	98.8	100.4	100.6	99.8
赣州	99.9	99.5	99.8	100.4	99.5	99.4	100.4	98.5	98.6
烟台	99.9	99.9	99.0	99.9	100.2	99.4	100.0	97.2	97.0
济宁	100.0	95.5	95.6	100.2	97.1	96.4	100.4	97.0	96.5
洛阳	100.2	97.2	96.6	100.7	97.8	96.1	100.3	97.8	96.7
平顶山	100.4	98.8	98.1	100.1	98.7	98.1	100.2	97.8	96.5
宜昌	100.0	96.3	95.6	99.8	96.3	95.7	99.9	96.4	96.1
襄阳	100.5	97.4	96.0	100.2	98.4	97.1	100.3	97.6	96.3
岳阳	99.9	95.1	93.4	100.4	95.2	93.4	100.1	95.8	93.5
常德	100.5	98.0	96.0	100.1	96.7	95.5	100.7	96.7	94.9
韶关	100.0	100.2	99.2	100.4	99.1	97.8	100.5	99.6	98.7
湛江	100.7	97.9	95.3	100.7	97.2	94.8	100.0	96.6	95.1
惠州	100.3	98.2	97.2	100.8	98.7	97.7	100.5	99.1	97.3
桂林	100.3	97.5	96.3	100.6	98.2	97.0	100.2	97.9	95.8
北海	100.2	96.0	93.5	100.6	95.9	92.9	100.8	94.7	91.7
三亚	100.1	100.7	100.0	100.1	100.8	99.8	100.3	101.0	99.9
泸州	100.6	98.4	96.6	100.4	97.9	96.8	100.4	98.5	96.4
南充	100.5	100.8	99.6	100.3	100.2	99.1	100.0	100.9	99.3
遵义	100.6	101.7	100.4	100.5	101.3	100.3	100.7	100.8	100.3
大理	99.4	96.4	95.5	99.5	98.2	97.2	99.4	96.2	95.6

续表 7

二手住宅分类价格指数								
90m²及以下			90—144m²			144m²以上		
环比	同比	累计	环比	同比	累计	环比	同比	累计
100.2	93.2	92.9	101.1	95.2	94.3	100.1	93.9	94.1
99.7	96.2	95.9	100.0	96.0	95.7	99.8	96.4	96.2
100.2	96.9	96.4	100.2	96.8	95.6	100.1	95.3	95.2
100.2	94.3	93.9	100.2	94.6	93.7	100.1	95.5	95.3
100.1	94.8	94.0	100.0	95.5	94.9	100.0	95.4	95.1
99.5	89.8	90.3	99.9	91.8	91.7	99.5	91.6	92.2
100.1	91.7	90.6	100.1	91.6	90.4	100.2	93.7	92.2
99.5	101.2	100.7	99.9	100.8	100.6	99.8	100.9	100.3
99.6	99.2	99.0	99.7	99.5	99.4	99.6	99.5	98.9
99.8	98.3	96.9	100.0	99.8	98.9	99.3	98.2	98.1
99.7	96.5	96.0	99.3	96.7	96.1	99.9	96.5	95.7
99.9	95.7	94.5	99.8	95.4	94.8	99.6	95.9	95.4
99.9	97.3	96.9	99.9	97.9	97.6	99.8	96.6	96.6
99.9	95.7	95.2	99.8	95.1	94.2	100.0	95.0	94.2
99.5	93.8	93.7	99.7	93.5	93.2	99.2	94.2	94.2
100.9	98.0	97.2	100.1	97.4	97.3	100.2	97.8	96.9
100.5	98.8	98.9	100.2	99.4	99.2	100.1	98.8	99.2
99.4	99.7	99.4	99.7	99.8	98.6	99.2	97.2	97.1
100.4	95.2	94.0	100.3	94.3	93.6	99.9	95.3	94.7
99.8	93.8	92.8	99.9	94.5	93.6	99.7	95.0	94.2
100.0	96.6	96.2	100.1	96.8	96.0	100.4	96.5	95.9
99.3	93.4	93.7	99.9	93.2	92.9	99.7	94.9	94.9
100.2	96.2	95.3	100.3	95.3	94.6	100.1	94.4	93.7
100.7	95.2	94.9	100.4	95.2	95.1	100.4	95.7	95.8
100.6	96.3	95.0	100.2	95.6	95.0	100.3	95.9	94.4
100.3	95.8	95.3	100.7	97.3	95.7	100.7	98.4	97.1
100.3	95.8	95.1	100.3	95.9	95.1	100.6	95.7	94.3
100.1	97.2	96.8	100.6	98.9	98.4	100.5	98.1	97.4
99.9	96.8	96.4	99.2	96.5	96.5	99.8	97.9	97.2
100.1	93.8	93.2	100.2	93.8	93.1	100.5	93.2	91.8
99.9	99.7	99.5	100.3	99.1	98.5	99.9	99.3	99.3
100.0	98.6	98.1	100.1	98.4	97.7	100.3	98.1	97.9
100.2	102.1	102.1	100.2	101.7	101.6	100.1	102.3	102.0
99.7	96.8	95.9	99.6	97.0	96.3	99.9	96.7	95.3
99.4	97.1	96.3	99.7	96.9	96.3	99.1	97.7	96.4

附录1-2

城市	5月								
	新建商品住宅分类价格指数								
	90m²及以下			90—144m²			144m²以上		
	环比	同比	累计	环比	同比	累计	环比	同比	累计
北京	100.4	104.5	104.5	100.2	104.0	104.0	100.0	104.3	105.2
天津	100.1	99.6	98.7	100.2	99.8	98.7	100.4	99.6	97.1
石家庄	100.9	100.0	98.4	100.2	99.1	98.2	100.9	100.0	98.7
太原	100.9	98.1	96.7	100.6	98.7	96.8	100.8	98.7	97.6
呼和浩特	100.0	98.4	97.9	100.1	98.7	98.2	100.1	98.8	97.3
沈阳	100.2	97.6	96.6	100.2	96.8	96.0	100.4	96.9	95.4
大连	99.5	95.2	95.9	99.9	95.3	95.2	99.6	95.2	94.7
长春	99.8	96.1	95.7	99.6	95.1	95.0	99.9	95.5	95.0
哈尔滨	100.1	97.3	95.9	100.4	97.1	95.1	100.2	96.7	94.2
上海	100.0	105.7	105.6	100.4	103.8	103.2	100.2	106.0	105.5
南京	99.6	101.4	100.8	99.8	101.1	100.1	99.6	102.4	101.3
杭州	100.3	105.5	105.8	100.1	105.2	105.8	100.2	104.5	105.6
宁波	100.2	103.7	102.8	100.2	103.7	102.7	101.1	104.2	102.6
合肥	99.8	103.7	103.8	100.2	104.4	103.7	100.5	104.7	103.4
福州	100.2	99.3	98.3	100.1	99.7	98.6	99.7	99.8	98.6
厦门	99.7	97.4	96.8	99.9	99.3	98.3	99.7	97.4	96.3
南昌	100.7	103.1	102.1	100.4	102.0	101.9	100.3	102.6	101.9
济南	101.0	103.7	103.1	100.6	103.6	102.5	100.7	104.7	103.8
青岛	100.0	101.7	101.5	100.2	102.3	102.2	100.6	102.7	102.0
郑州	100.1	101.5	99.1	99.7	99.8	98.8	99.9	99.4	98.9
武汉	100.5	99.7	96.7	100.1	99.0	96.9	100.2	99.7	96.3
长沙	100.8	103.8	103.7	100.3	103.7	103.4	100.4	104.3	103.8
广州	100.5	100.3	99.7	100.0	99.6	99.6	100.0	98.5	99.8
深圳	100.1	97.5	98.6	99.8	98.4	98.7	99.6	98.6	98.9
南宁	100.7	97.7	96.8	100.3	98.5	97.8	100.6	97.0	95.9
海口	100.9	102.4	101.7	100.3	101.3	101.3	100.4	102.5	101.8
重庆	99.8	101.2	100.2	99.9	101.4	100.5	100.1	101.0	99.9
成都	101.1	109.9	108.9	100.5	108.0	108.3	100.4	108.3	108.9
贵阳	100.6	99.4	98.2	100.5	98.6	98.3	100.0	97.6	97.5
昆明	99.1	99.2	98.7	99.6	99.0	98.2	99.9	99.1	97.9
西安	100.6	101.2	101.1	100.2	101.6	101.5	100.5	102.0	101.9
兰州	99.6	97.0	96.0	100.7	98.4	96.3	100.5	97.1	95.8
西宁	100.3	99.8	98.9	100.3	100.7	98.6	99.8	100.1	99.[illegible]
银川	100.0	103.5	102.4	100.2	102.2	101.8	100.2	103.3	101.[illegible]
乌鲁木齐	100.4	100.0	100.8	100.2	100.7	101.5	100.6	100.0	100.[illegible]

续表 8

二手住宅分类价格指数								
90m²及以下			90—144m²			144m²以上		
环比	同比	累计	环比	同比	累计	环比	同比	累计
99.2	102.6	103.5	99.6	102.8	103.5	99.9	103.5	104.6
100.2	95.7	94.6	100.3	96.4	94.8	100.5	95.1	94.0
99.9	97.6	97.3	99.6	97.3	97.5	100.2	97.0	96.3
100.2	97.9	97.0	100.3	98.0	96.9	100.5	97.1	96.2
99.4	94.7	94.7	99.4	95.6	95.4	99.8	95.1	94.8
99.2	93.4	93.6	99.7	95.6	95.3	99.8	94.6	93.5
99.7	95.9	95.3	99.2	96.9	96.6	99.0	97.8	96.2
99.6	93.3	92.9	99.5	95.2	93.9	99.6	93.9	93.6
99.6	94.7	92.5	99.9	95.5	93.5	99.1	93.7	92.7
99.2	101.2	102.0	99.0	101.9	102.6	99.6	102.5	102.8
99.3	99.7	99.6	99.5	100.2	98.4	99.1	100.0	98.6
99.6	98.8	98.6	99.3	98.8	99.0	99.6	99.1	99.1
99.9	99.1	99.1	99.5	99.5	98.9	99.6	99.3	99.4
99.9	101.3	100.3	99.4	100.9	100.2	100.0	99.5	98.2
99.9	98.2	98.6	99.4	97.6	97.8	99.7	98.0	98.2
99.4	96.7	98.1	99.4	95.5	96.9	99.2	96.3	97.4
99.5	98.1	97.5	99.7	97.9	97.9	100.0	98.1	97.7
99.8	97.9	97.2	99.7	98.5	97.7	100.4	99.7	97.6
99.7	96.9	97.0	100.2	97.5	96.9	99.4	97.6	97.0
99.7	94.8	94.3	99.5	96.2	96.2	99.6	95.2	94.4
99.6	95.5	94.8	99.4	97.6	96.0	99.2	96.0	95.5
99.9	101.6	100.8	100.1	101.8	100.9	100.5	102.8	101.3
99.7	99.2	99.2	99.8	98.2	99.0	100.0	98.4	99.3
99.7	98.1	98.0	100.0	98.4	98.1	100.4	99.6	99.2
99.6	95.4	94.4	99.9	95.0	94.2	99.1	95.1	94.4
99.8	96.9	97.4	99.8	97.0	97.7	100.1	97.8	97.5
99.6	97.8	97.2	99.5	97.9	97.8	99.4	99.5	98.1
100.3	108.5	109.0	100.1	109.0	109.5	100.5	108.9	108.5
99.5	98.3	97.1	99.8	98.0	97.2	99.9	100.4	97.6
100.5	100.8	100.2	100.3	100.6	100.6	100.9	100.4	100.2
99.6	100.3	99.8	99.7	100.5	99.7	99.2	100.0	99.3
99.5	95.9	94.8	99.5	96.0	95.7	98.8	97.4	96.5
99.9	98.2	98.2	100.1	98.4	98.0	100.4	100.5	99.6
99.9	98.3	97.0	99.8	98.9	98.0	100.0	98.4	96.9
99.8	96.4	97.1	99.9	98.1	97.9	99.5	96.4	97.0

附录1-2

城市	5月								
	新建商品住宅分类价格指数								
	90m²及以下			90—144m²			144m²以上		
	环比	同比	累计	环比	同比	累计	环比	同比	累计
唐山	100.3	97.2	96.8	99.8	98.2	98.0	100.1	99.5	98.8
秦皇岛	99.9	94.8	94.8	100.2	95.2	94.8	99.9	96.0	95.6
包头	99.8	97.6	96.4	99.8	97.9	96.7	99.9	98.2	97.2
丹东	99.9	98.1	97.1	99.5	97.0	96.3	99.5	96.1	96.8
锦州	100.1	98.0	97.4	100.0	97.6	96.7	100.5	98.9	97.6
吉林	100.6	97.6	96.5	100.8	97.5	95.9	100.0	97.3	97.0
牡丹江	100.1	97.0	97.6	100.0	97.0	97.0	100.5	95.9	96.4
无锡	100.0	99.5	98.9	99.7	99.9	99.5	99.9	98.2	98.2
徐州	100.3	101.3	99.7	100.1	101.4	100.1	99.9	100.8	100.3
扬州	100.8	100.7	98.7	100.1	101.5	99.5	100.7	100.7	99.2
温州	99.4	95.3	94.1	99.8	95.2	93.9	99.7	94.6	93.4
金华	99.7	97.3	97.8	99.5	96.8	97.5	100.0	96.2	96.6
蚌埠	100.7	98.3	96.1	100.1	100.3	99.0	100.3	100.1	98.5
安庆	99.9	97.1	97.1	100.3	99.3	97.4	100.2	99.2	97.9
泉州	100.2	96.0	95.8	100.3	96.3	95.7	100.1	96.5	96.[illegible]
九江	100.3	100.8	99.8	100.1	100.0	99.1	100.0	101.0	100.[illegible]
赣州	99.8	99.1	99.7	99.7	99.1	99.4	100.0	98.0	98.[illegible]
烟台	99.5	100.5	99.3	100.2	100.8	99.7	100.4	98.2	97.2
济宁	100.0	96.4	95.7	99.5	96.5	96.4	99.4	96.2	96.5
洛阳	100.1	97.8	96.8	100.1	98.7	96.6	99.8	98.2	97.0
平顶山	100.0	100.1	98.5	100.1	98.9	98.2	100.5	98.5	96.9
宜昌	99.8	96.1	95.7	99.1	95.3	95.6	99.6	95.9	96.1
襄阳	100.4	98.2	96.4	100.2	99.1	97.5	100.5	98.4	96.7
岳阳	99.4	95.3	93.8	99.9	95.4	93.8	99.8	96.3	94.1
常德	99.8	97.9	96.4	99.7	97.0	95.8	100.1	97.5	95.4
韶关	100.4	100.3	99.4	100.9	100.0	98.2	100.4	99.7	98.9
湛江	100.9	99.7	96.2	100.6	99.2	95.6	101.7	99.0	95.9
惠州	99.8	98.5	97.5	99.5	98.5	97.9	99.7	99.4	97.7
桂林	99.4	97.2	96.5	99.7	98.0	97.2	99.5	97.4	96.1
北海	100.6	97.2	94.2	100.4	97.3	93.7	100.5	96.7	9[illegible].7
三亚	101.0	101.9	100.4	100.4	101.5	100.1	100.9	101.9	10[illegible].3
泸州	100.0	99.0	97.1	100.7	99.3	97.3	100.3	100.5	9[illegible].2
南充	99.7	101.5	100.0	99.3	100.8	99.4	99.5	101.6	9[illegible].8
遵义	99.3	101.7	100.6	99.6	101.4	100.5	99.5	100.6	100.4
大理	99.9	96.6	95.7	98.9	97.5	97.3	99.4	95.7	95.6

续表 9

二手住宅分类价格指数								
90m²及以下			90—144m²			144m²以上		
环比	同比	累计	环比	同比	累计	环比	同比	累计
99.4	93.9	93.1	99.8	96.0	94.6	99.7	94.2	94.1
99.8	96.0	95.9	100.0	95.7	95.7	99.9	96.3	96.2
100.0	97.1	96.6	99.9	96.7	95.8	99.9	95.5	95.3
99.9	94.2	93.9	99.5	94.1	93.8	99.8	95.3	95.3
99.7	95.4	94.3	99.9	95.6	95.0	99.1	94.7	95.0
99.3	91.2	90.5	99.6	92.9	92.0	99.8	92.3	92.2
99.9	92.8	91.0	99.3	92.3	90.7	99.9	93.6	92.5
99.5	99.9	100.5	99.5	99.7	100.4	99.7	99.9	100.3
99.4	98.6	98.9	99.4	98.4	99.2	99.2	98.6	98.9
99.5	98.2	97.2	99.9	99.8	99.1	99.9	98.6	98.2
99.4	96.4	96.1	99.4	96.9	96.2	99.6	96.5	95.9
99.5	96.5	94.9	99.7	96.0	95.1	99.6	95.9	95.5
99.6	97.5	97.0	99.9	98.8	97.8	100.1	97.7	96.8
99.7	95.6	95.3	99.2	95.0	94.4	99.9	95.5	94.4
99.9	94.1	93.8	99.9	93.8	93.3	99.8	94.6	94.3
99.8	97.6	97.3	99.7	97.3	97.3	99.8	97.8	97.1
100.1	98.9	98.9	100.2	99.2	99.2	100.1	98.7	99.1
99.8	100.0	99.5	99.4	100.5	99.0	100.1	98.2	97.3
99.6	95.3	94.2	99.1	94.2	93.7	99.7	95.5	94.8
99.4	94.0	93.0	99.9	95.2	93.9	98.7	94.1	94.2
99.9	96.8	96.3	99.7	96.6	96.2	100.1	97.1	96.1
99.8	93.7	93.7	99.2	93.3	93.0	99.0	94.9	94.9
99.6	96.7	95.6	99.9	96.1	94.9	99.4	95.0	94.0
99.7	96.0	95.1	99.5	95.6	95.2	99.2	95.6	95.7
100.2	96.6	95.3	100.1	96.4	95.3	100.0	96.9	94.9
101.1	96.7	95.6	100.4	97.5	96.0	100.3	98.5	97.4
100.5	97.4	95.5	100.0	97.1	95.5	100.4	97.1	94.9
99.6	97.6	97.0	99.4	98.3	98.4	99.5	98.0	97.5
100.4	96.8	96.4	100.5	97.0	96.6	100.1	97.3	97.2
100.5	95.1	93.5	100.0	94.5	93.4	100.2	94.6	92.4
100.4	100.6	99.7	100.7	100.0	98.8	100.1	99.5	99.3
100.1	99.1	98.3	100.3	98.8	97.9	100.1	98.7	98.1
100.3	101.8	102.0	100.4	101.7	101.6	100.3	101.5	101.9
99.8	97.5	96.2	99.8	97.4	96.5	99.0	97.1	95.6
100.1	97.4	96.5	100.0	97.2	96.4	99.7	98.7	96.9

附录1-2

城市	6月								
	新建商品住宅分类价格指数								
	90m²及以下			90—144m²			144m²以上		
	环比	同比	累计	环比	同比	累计	环比	同比	累计
北京	100.2	104.0	104.4	100.0	103.2	103.9	100.0	103.4	104.9
天津	100.3	100.5	99.0	100.2	100.1	98.9	100.3	100.1	97.6
石家庄	99.4	100.0	98.6	100.1	99.2	98.3	99.7	100.0	98.9
太原	99.9	97.5	96.8	99.9	98.7	97.1	99.8	98.4	97.7
呼和浩特	100.3	99.2	98.1	100.3	99.5	98.4	100.0	99.2	97.[illegible]
沈阳	99.9	97.5	96.7	99.5	96.2	96.1	99.9	96.7	95.3
大连	100.1	95.5	95.8	100.4	96.2	95.4	100.0	95.2	94.3
长春	100.8	97.1	95.9	100.4	96.3	95.2	100.1	96.5	95.3
哈尔滨	100.4	97.8	96.2	100.2	98.0	95.6	100.7	98.2	94.8
上海	100.3	105.2	105.5	100.3	103.7	103.3	100.5	106.1	105.6
南京	99.5	100.2	100.7	100.0	100.8	100.2	99.7	101.6	10[illegible].4
杭州	100.3	105.0	105.7	100.5	104.3	105.6	100.4	104.4	105.4
宁波	100.3	103.6	103.0	100.3	104.0	102.9	100.5	104.5	103.0
合肥	99.4	102.6	103.6	100.2	104.1	103.8	99.3	103.6	103.5
福州	99.9	99.1	98.4	99.8	98.9	98.7	99.8	99.7	98.8
厦门	99.9	96.7	96.8	99.8	98.6	98.3	99.5	96.6	96.3
南昌	100.0	104.0	102.4	100.0	102.6	102.0	100.3	103.2	102.1
济南	100.1	103.9	103.2	100.3	103.7	102.7	100.0	104.0	103.8
青岛	100.4	101.1	101.5	100.0	101.6	102.1	100.5	102.8	102.1
郑州	99.9	101.8	99.6	99.7	99.7	98.9	99.8	99.0	98.9
武汉	99.8	100.2	97.2	100.1	99.4	97.3	99.8	100.2	96.9
长沙	100.0	103.4	103.7	100.1	103.3	103.4	100.4	104.5	103.9
广州	99.8	99.8	99.7	100.0	99.3	99.6	99.8	98.3	99.5
深圳	99.3	96.5	98.2	99.9	97.9	98.6	99.6	98.2	98.8
南宁	99.2	96.4	96.7	99.8	98.3	97.9	99.7	96.3	96.0
海口	100.6	103.0	101.9	100.3	101.8	101.4	100.8	103.3	102.1
重庆	99.5	99.9	100.2	99.8	100.9	100.6	99.8	100.2	99.9
成都	99.9	109.1	108.9	100.2	106.9	108.1	100.4	107.0	108.6
贵阳	99.6	99.0	98.4	99.7	98.6	98.4	100.3	97.9	97.5
昆明	99.6	99.0	98.8	99.5	98.8	98.3	99.6	98.8	98.1
西安	100.0	101.0	101.1	100.3	101.7	101.5	100.4	101.7	101.9
兰州	100.4	98.1	96.3	100.2	99.0	96.8	100.2	97.8	96.1
西宁	100.4	100.3	99.1	100.1	100.3	98.9	99.9	99.6	99.8
银川	100.0	102.9	102.5	100.5	102.7	102.0	100.1	103.3	101.8
乌鲁木齐	99.9	100.0	100.7	99.6	100.4	101.3	99.4	99.9	100.3

续表 10

二手住宅分类价格指数								
90m²及以下			90—144m²			144m²以上		
环比	同比	累计	环比	同比	累计	环比	同比	累计
99.2	101.2	103.1	99.2	101.4	103.2	99.7	102.5	104.2
99.8	95.6	94.8	99.9	96.9	95.1	99.9	95.7	94.3
99.6	97.8	97.4	100.0	97.6	97.5	99.3	96.6	96.4
99.4	96.9	97.0	99.6	96.9	96.9	99.4	96.1	96.2
99.8	95.4	94.8	99.9	95.8	95.5	99.5	95.4	94.9
99.3	93.1	93.5	99.9	95.6	95.3	99.0	94.4	93.7
99.4	95.1	95.3	99.2	96.1	96.5	99.9	97.3	96.4
99.4	94.1	93.1	99.9	95.2	94.1	99.7	93.8	93.6
99.3	95.1	92.9	99.9	95.9	93.9	99.5	94.3	93.0
98.9	100.0	101.7	98.7	100.1	102.2	98.6	100.9	102.5
99.1	99.0	99.5	98.7	99.7	98.6	99.1	99.3	98.7
99.3	97.7	98.4	99.6	97.4	98.7	99.2	97.8	98.9
99.3	98.0	98.9	99.1	98.3	98.8	99.6	98.2	99.2
99.6	100.8	100.3	99.5	99.5	100.1	99.7	98.7	98.3
99.2	97.6	98.5	99.5	97.4	97.7	99.6	97.6	98.1
99.0	95.5	97.7	99.8	94.8	96.6	98.8	95.1	97.0
99.6	98.3	97.6	99.9	98.0	97.9	99.6	98.0	97.7
100.0	98.3	97.4	99.6	98.0	97.7	99.8	99.7	97.9
99.7	96.2	96.9	99.5	96.6	96.8	99.9	96.6	96.9
99.0	94.5	94.4	99.2	95.9	96.2	100.0	96.0	94.6
99.3	95.4	94.9	99.4	97.9	96.3	99.4	95.7	95.5
100.2	101.9	101.0	100.0	101.4	101.0	100.3	103.3	101.6
99.9	98.9	99.1	99.4	97.1	98.7	100.0	97.0	98.9
99.3	98.9	98.1	99.4	98.3	98.2	99.1	99.1	99.2
99.3	95.4	94.6	99.3	94.8	94.3	99.5	94.9	94.4
99.2	96.0	97.2	99.8	96.2	97.4	99.8	97.4	97.5
99.6	96.8	97.1	99.6	97.4	97.7	98.9	97.4	98.0
100.4	106.7	108.6	100.1	106.8	109.1	100.0	107.5	108.3
99.2	98.0	97.2	99.7	98.4	97.4	99.9	101.1	98.2
99.7	100.3	100.2	98.8	99.3	100.4	99.7	100.2	100.2
99.6	99.7	99.7	99.4	100.0	99.8	99.9	99.7	99.4
100.1	96.1	95.0	100.2	97.0	95.9	100.0	97.2	96.6
100.6	99.1	98.3	100.0	99.3	98.2	99.9	100.5	99.8
99.6	97.6	97.1	99.6	98.7	98.1	99.9	98.2	97.1
99.5	97.1	97.1	99.4	97.8	97.9	99.6	97.3	97.1

附录1-2

城市	6月								
	新建商品住宅分类价格指数								
	$90m^2$及以下			90—$144m^2$			$144m^2$以上		
	环比	同比	累计	环比	同比	累计	环比	同比	累计
唐山	100.2	98.2	97.1	100.0	98.9	98.1	99.6	99.7	99.0
秦皇岛	100.0	95.5	94.9	99.5	95.9	95.0	99.5	96.4	95.8
包头	100.0	97.5	96.5	99.5	97.8	96.9	99.8	98.3	97.4
丹东	100.0	98.1	97.3	100.1	97.1	96.4	100.1	96.2	96.7
锦州	100.6	98.3	97.5	100.1	97.6	96.9	100.0	98.9	97.8
吉林	100.2	97.7	96.7	100.1	97.5	96.2	100.4	98.0	97.2
牡丹江	100.1	97.2	97.5	100.3	97.0	97.0	100.7	96.2	96.4
无锡	99.9	99.4	98.9	99.5	99.2	99.5	99.6	97.7	98.1
徐州	99.8	100.5	99.9	100.0	100.8	100.2	99.9	100.1	100.2
扬州	100.2	101.4	99.1	100.2	101.8	99.9	100.1	101.8	99.6
温州	100.2	96.0	94.4	100.1	95.8	94.2	100.7	96.0	93.8
金华	99.6	97.2	97.7	99.9	97.0	97.4	100.1	96.6	[illegible]
蚌埠	99.3	97.3	96.3	99.9	100.0	99.2	99.3	99.3	[illegible]
安庆	100.0	97.1	97.1	99.7	99.6	97.8	100.1	99.6	[illegible]
泉州	99.5	96.1	95.8	99.6	96.7	95.9	99.8	96.5	[illegible]
九江	99.2	100.7	99.9	100.0	100.5	99.3	99.2	100.5	[illegible]
赣州	99.7	98.8	99.5	99.5	98.1	99.1	99.9	97.7	98.3
烟台	100.0	100.1	99.4	99.9	100.6	99.8	100.7	98.9	97.5
济宁	100.1	96.7	95.9	100.0	96.9	96.5	100.3	96.8	96.5
洛阳	99.9	98.5	97.1	99.7	98.8	97.0	99.9	97.8	97.1
平顶山	99.5	99.3	98.6	99.7	98.7	98.3	99.9	98.8	97.2
宜昌	99.3	97.0	95.9	99.8	96.6	95.8	99.8	97.1	96.2
襄阳	100.9	99.1	96.9	100.3	99.6	97.9	100.4	99.0	97.1
岳阳	100.0	96.5	94.2	99.9	96.9	94.3	99.5	97.8	94.7
常德	99.1	97.6	96.6	99.8	96.9	96.0	99.0	97.3	95.7
韶关	100.0	100.5	99.6	99.8	100.3	98.6	99.6	99.8	[illegible]
湛江	100.0	100.3	96.8	100.3	100.1	96.4	100.1	99.8	96.5
惠州	98.6	97.0	97.4	99.0	97.4	97.8	98.8	97.5	97.7
桂林	99.5	97.1	96.6	99.5	97.5	97.2	99.6	97.2	96.3
北海	100.1	98.1	94.8	100.2	98.6	94.5	100.6	98.9	[illegible]
三亚	99.9	102.7	100.7	100.6	102.3	100.5	100.1	102.8	100.7
泸州	99.5	99.0	97.4	99.6	99.4	97.6	98.6	99.5	97.6
南充	99.7	101.6	100.2	99.9	100.7	99.6	100.3	101.8	100.1
遵义	99.9	101.5	100.8	99.9	100.8	100.6	100.0	99.6	100.3
大理	99.5	96.9	95.9	99.2	97.6	97.3	99.2	96.1	95.7

续表 11

二手住宅分类价格指数								
90m²及以下			90—144m²			144m²以上		
环比	同比	累计	环比	同比	累计	环比	同比	累计
99.1	94.0	93.3	98.6	95.5	94.8	98.5	93.0	93.9
99.6	96.2	96.0	99.4	95.5	95.7	100.3	97.0	96.3
99.6	97.0	96.6	99.7	96.9	96.0	99.7	95.2	95.3
99.7	93.9	93.9	99.0	93.2	93.7	99.8	95.1	95.3
99.3	94.9	94.4	99.6	95.9	95.2	99.5	94.3	94.9
99.0	91.4	90.7	99.5	93.4	92.2	99.5	92.7	92.3
99.5	92.4	91.2	99.0	92.6	91.0	99.3	93.0	92.5
99.2	98.4	100.2	99.3	98.7	100.1	99.5	98.8	100.0
99.0	98.2	98.8	99.2	98.3	99.1	99.0	98.0	98.7
100.0	98.4	97.4	99.3	99.1	99.1	99.4	98.2	98.2
99.8	96.9	96.2	99.6	97.3	96.4	100.0	97.0	96.1
99.6	96.7	95.2	99.6	96.1	95.2	99.7	95.8	95.6
99.5	97.1	97.0	99.6	98.6	98.0	99.9	97.7	96.9
99.7	95.9	95.4	99.4	95.3	94.6	99.9	96.0	94.7
99.6	94.1	93.8	99.3	93.7	93.4	99.4	94.4	94.3
99.8	97.4	97.3	99.7	97.2	97.3	99.9	97.9	97.2
100.4	99.0	98.9	100.3	99.5	99.2	100.5	98.6	99.0
99.9	99.7	99.5	99.4	99.8	99.1	99.6	98.2	97.4
99.3	94.9	94.3	99.9	94.7	93.8	99.8	96.1	95.0
99.8	94.5	93.3	99.5	95.3	94.1	99.6	94.4	94.2
99.4	96.3	96.3	99.7	96.7	96.2	99.2	96.4	96.2
99.6	94.3	93.8	98.8	93.5	93.1	99.4	94.5	94.8
99.6	96.3	95.7	99.9	96.5	95.1	99.6	96.1	94.3
99.7	97.0	95.4	99.9	96.3	95.4	99.6	97.0	95.9
99.6	96.6	95.5	99.7	96.1	95.4	99.5	96.9	95.2
99.6	96.9	95.8	99.9	97.7	96.3	99.1	97.9	97.5
99.5	97.0	95.8	99.8	97.0	95.8	99.9	97.2	95.3
99.5	97.3	97.0	99.1	98.1	98.3	98.9	97.2	97.4
99.0	96.5	96.4	99.6	96.6	96.6	99.7	97.4	97.3
99.3	94.4	93.7	99.7	94.7	93.6	99.4	94.4	92.7
100.4	100.7	99.9	100.2	100.4	99.1	100.0	99.6	99.4
99.9	99.4	98.5	99.6	98.7	98.0	99.7	98.6	98.1
100.0	100.5	101.8	100.2	100.9	101.5	100.0	100.7	101.7
99.0	97.6	96.5	99.5	97.0	96.6	99.9	98.2	96.1
99.8	96.6	96.6	99.1	96.1	96.4	99.4	97.8	97.0

附录1-2

城市	7月								
	新建商品住宅分类价格指数								
	90m²及以下			90—144m²			144m²以上		
	环比	同比	累计	环比	同比	累计	环比	同比	累计
北京	100.3	103.7	104.3	100.1	102.9	103.7	100.7	103.6	104.7
天津	99.5	100.3	99.2	99.8	100.5	99.1	99.9	100.8	98.1
石家庄	99.8	100.3	98.9	99.6	99.2	98.4	100.1	100.2	99.1
太原	100.1	98.0	97.0	100.0	99.1	97.4	100.1	98.8	97.9
呼和浩特	99.6	98.4	98.1	100.0	99.2	98.5	100.0	98.9	97.8
沈阳	99.0	96.9	96.7	99.8	96.5	96.1	99.0	95.8	95.7
大连	99.1	94.6	95.7	99.3	95.7	95.4	99.4	94.9	94.8
长春	99.2	96.9	96.1	99.5	96.1	95.3	98.9	95.5	95.3
哈尔滨	99.2	97.3	96.4	99.8	98.0	95.9	99.2	97.5	95.2
上海	100.4	105.2	105.5	100.2	103.3	103.3	100.2	105.9	105.6
南京	99.9	100.1	100.6	99.7	100.2	100.2	100.5	101.5	101.4
杭州	99.9	103.9	105.4	100.1	103.6	105.3	99.8	103.7	105.2
宁波	99.8	103.7	103.1	99.6	103.7	103.0	99.7	104.3	103.1
合肥	99.8	101.8	103.4	99.7	103.1	103.7	99.7	102.3	103.3
福州	99.6	98.5	98.4	99.5	98.2	98.6	99.9	98.9	98.8
厦门	99.7	97.0	96.8	99.5	98.4	98.3	99.3	96.4	96.3
南昌	99.4	101.6	102.3	99.8	101.7	101.9	99.7	102.2	102.1
济南	100.1	104.0	103.3	100.0	103.4	102.8	100.3	103.3	103.8
青岛	100.1	101.5	101.5	99.7	101.6	102.0	100.4	103.0	102.3
郑州	99.1	100.2	99.7	99.3	98.9	98.9	99.7	98.5	98.8
武汉	99.7	100.5	97.7	100.0	99.5	97.6	99.7	100.3	97.4
长沙	100.0	103.0	103.6	100.0	103.1	103.3	100.5	105.0	104.1
广州	99.7	99.1	99.6	99.9	98.9	99.5	99.5	97.4	99.2
深圳	99.8	96.6	98.0	99.5	97.7	98.4	98.7	96.9	98.5
南宁	99.6	97.5	96.8	99.3	98.3	98.0	98.9	97.0	[illegible]
海口	100.2	103.6	102.2	100.1	101.4	101.4	100.3	103.4	102.2
重庆	100.4	100.0	100.1	100.1	100.6	100.6	100.8	100.8	[illegible]
成都	100.4	108.0	108.8	100.0	105.7	107.7	100.5	107.2	[illegible]
贵阳	99.4	98.4	98.4	99.7	98.6	98.4	99.1	97.2	97.5
昆明	99.8	98.8	98.8	99.9	99.0	98.4	99.6	99.8	98.3
西安	100.5	100.9	101.1	100.5	101.7	101.6	100.6	101.5	101.3
兰州	100.2	99.1	96.7	100.0	99.6	97.2	100.3	98.8	96.5
西宁	99.4	99.9	99.2	99.7	100.1	99.0	99.4	98.4	99.5
银川	100.0	102.6	102.5	99.6	101.6	101.9	99.3	102.1	101.9
乌鲁木齐	99.9	100.0	100.6	99.8	100.3	101.1	99.7	100.3	100.3

续表 12

二手住宅分类价格指数								
90m²及以下			90—144m²			144m²以上		
环比	同比	累计	环比	同比	累计	环比	同比	累计
99.3	100.2	102.7	99.7	100.8	102.8	99.1	101.4	103.8
99.9	96.4	95.0	99.2	96.6	95.3	99.8	96.3	94.6
99.8	97.4	97.4	100.0	97.5	97.5	100.3	96.8	96.4
100.0	97.4	97.0	100.1	97.1	97.0	100.1	96.4	96.2
99.6	95.6	94.9	99.9	96.0	95.6	99.4	95.9	95.0
99.5	93.6	93.6	99.2	95.0	95.3	99.2	93.7	93.7
99.3	94.7	95.2	99.1	95.2	96.3	99.4	96.9	96.5
99.8	94.8	93.3	99.4	94.7	94.2	99.8	94.0	93.7
99.2	94.9	93.2	99.5	95.9	94.1	99.4	93.9	93.1
99.3	98.4	101.2	99.5	99.0	101.7	99.1	99.4	102.0
99.0	97.8	99.3	99.0	98.5	98.6	99.8	99.2	98.8
99.5	97.3	98.3	99.3	97.3	98.5	99.1	97.4	98.7
99.5	97.5	98.7	99.4	97.5	98.6	99.4	97.6	99.0
99.2	98.9	100.1	99.8	98.8	99.9	99.2	97.7	98.2
98.9	96.7	98.2	99.9	97.3	97.6	99.2	96.9	98.0
99.8	95.6	97.4	99.2	94.5	96.3	99.1	94.8	96.7
99.7	97.3	97.6	99.7	97.3	97.8	100.0	97.5	97.7
100.2	98.4	97.5	99.9	98.0	97.8	99.4	99.8	98.2
99.2	95.5	96.7	99.0	96.2	96.8	99.5	96.5	96.9
98.9	94.0	94.3	99.1	95.3	96.1	99.3	96.2	94.9
99.7	95.0	94.9	99.1	97.2	96.4	99.5	95.7	95.5
99.9	101.3	101.0	99.7	101.0	101.0	99.7	102.7	101.8
98.9	97.8	98.9	99.0	96.0	98.3	99.2	96.1	98.5
99.0	98.1	98.1	99.1	98.1	98.1	99.5	99.7	99.2
99.4	95.0	94.6	99.9	94.9	94.4	99.0	95.1	94.5
99.5	96.2	97.0	99.7	96.0	97.2	99.4	96.9	97.4
99.1	95.6	96.9	99.3	96.3	97.5	99.0	96.4	97.8
99.6	105.1	108.1	99.9	105.5	108.5	99.8	105.1	107.8
99.4	97.7	97.3	99.5	98.4	97.6	98.5	100.6	98.5
100.1	101.5	100.4	100.7	100.4	100.4	100.5	101.2	100.3
99.4	98.6	99.6	99.3	99.2	99.7	99.6	99.1	99.3
99.5	96.4	95.2	99.4	97.1	96.1	100.0	97.2	96.7
99.9	99.2	98.4	99.8	99.2	98.4	99.6	100.4	99.9
99.7	97.7	97.2	99.2	98.1	98.1	99.1	97.8	97.2
99.8	96.9	97.1	99.0	97.5	97.8	99.8	97.4	97.1

附录1-2

<table>
<tr><th rowspan="4">城 市</th><th colspan="9">7月</th></tr>
<tr><th colspan="9">新建商品住宅分类价格指数</th></tr>
<tr><th colspan="3">90m²及以下</th><th colspan="3">90—144m²</th><th colspan="3">144m²以上</th></tr>
<tr><th>环比</th><th>同比</th><th>累计</th><th>环比</th><th>同比</th><th>累计</th><th>环比</th><th>同比</th><th>累计</th></tr>
<tr><td>唐 山</td><td>100.0</td><td>97.9</td><td>97.2</td><td>99.6</td><td>98.3</td><td>98.2</td><td>100.3</td><td>99.7</td><td>99.1</td></tr>
<tr><td>秦皇岛</td><td>99.1</td><td>95.3</td><td>95.0</td><td>99.5</td><td>95.9</td><td>95.1</td><td>99.6</td><td>96.9</td><td>95.9</td></tr>
<tr><td>包 头</td><td>99.2</td><td>96.7</td><td>96.6</td><td>99.4</td><td>97.2</td><td>96.9</td><td>99.5</td><td>98.1</td><td>97.5</td></tr>
<tr><td>丹 东</td><td>99.7</td><td>99.1</td><td>97.5</td><td>100.4</td><td>98.3</td><td>96.7</td><td>100.0</td><td>96.2</td><td>96.6</td></tr>
<tr><td>锦 州</td><td>100.0</td><td>98.7</td><td>97.7</td><td>100.1</td><td>97.8</td><td>97.0</td><td>100.2</td><td>99.4</td><td>98.0</td></tr>
<tr><td>吉 林</td><td>99.6</td><td>98.7</td><td>97.0</td><td>99.3</td><td>97.6</td><td>96.4</td><td>99.5</td><td>98.7</td><td>97.4</td></tr>
<tr><td>牡丹江</td><td>99.5</td><td>96.7</td><td>97.4</td><td>99.8</td><td>96.5</td><td>96.9</td><td>99.9</td><td>95.7</td><td>96.3</td></tr>
<tr><td>无 锡</td><td>99.3</td><td>99.5</td><td>99.0</td><td>99.2</td><td>98.8</td><td>99.4</td><td>100.0</td><td>97.8</td><td>98.1</td></tr>
<tr><td>徐 州</td><td>100.5</td><td>101.4</td><td>100.1</td><td>100.2</td><td>100.8</td><td>100.3</td><td>100.6</td><td>100.4</td><td>100.3</td></tr>
<tr><td>扬 州</td><td>99.1</td><td>100.0</td><td>99.3</td><td>99.8</td><td>100.7</td><td>100.0</td><td>99.8</td><td>101.2</td><td>99.8</td></tr>
<tr><td>温 州</td><td>99.5</td><td>96.2</td><td>94.6</td><td>99.6</td><td>96.2</td><td>94.5</td><td>99.9</td><td>96.3</td><td>94.1</td></tr>
<tr><td>金 华</td><td>99.0</td><td>96.1</td><td>97.5</td><td>99.1</td><td>96.7</td><td>97.3</td><td>99.0</td><td>96.1</td><td>96.6</td></tr>
<tr><td>蚌 埠</td><td>100.4</td><td>98.9</td><td>96.7</td><td>99.7</td><td>100.0</td><td>99.3</td><td>99.7</td><td>100.0</td><td>98.[illegible]</td></tr>
<tr><td>安 庆</td><td>100.1</td><td>99.2</td><td>97.4</td><td>99.8</td><td>100.2</td><td>98.1</td><td>100.1</td><td>100.9</td><td>98.[illegible]</td></tr>
<tr><td>泉 州</td><td>100.2</td><td>96.7</td><td>95.9</td><td>100.1</td><td>97.3</td><td>96.1</td><td>100.1</td><td>97.1</td><td>96.[illegible]</td></tr>
<tr><td>九 江</td><td>99.5</td><td>99.8</td><td>99.9</td><td>99.9</td><td>100.2</td><td>99.4</td><td>100.0</td><td>99.6</td><td>100.0</td></tr>
<tr><td>赣 州</td><td>100.0</td><td>98.0</td><td>99.3</td><td>99.3</td><td>97.3</td><td>98.9</td><td>100.0</td><td>97.7</td><td>98.2</td></tr>
<tr><td>烟 台</td><td>99.4</td><td>100.4</td><td>99.6</td><td>99.5</td><td>100.3</td><td>99.9</td><td>99.9</td><td>99.3</td><td>97.7</td></tr>
<tr><td>济 宁</td><td>99.7</td><td>96.7</td><td>96.0</td><td>100.2</td><td>97.4</td><td>96.6</td><td>100.3</td><td>97.6</td><td>96.7</td></tr>
<tr><td>洛 阳</td><td>99.6</td><td>98.1</td><td>97.3</td><td>99.8</td><td>98.5</td><td>97.2</td><td>99.9</td><td>97.2</td><td>97.2</td></tr>
<tr><td>平顶山</td><td>99.9</td><td>98.8</td><td>98.6</td><td>99.6</td><td>98.3</td><td>98.3</td><td>99.5</td><td>98.3</td><td>97.4</td></tr>
<tr><td>宜 昌</td><td>98.4</td><td>95.7</td><td>95.9</td><td>99.3</td><td>96.4</td><td>95.9</td><td>98.2</td><td>95.4</td><td>96.1</td></tr>
<tr><td>襄 阳</td><td>99.8</td><td>99.3</td><td>97.2</td><td>99.4</td><td>99.1</td><td>98.0</td><td>99.5</td><td>98.6</td><td>97.3</td></tr>
<tr><td>岳 阳</td><td>99.5</td><td>96.9</td><td>94.6</td><td>99.4</td><td>96.5</td><td>94.6</td><td>99.1</td><td>97.7</td><td>9[illegible].1</td></tr>
<tr><td>常 德</td><td>100.0</td><td>99.0</td><td>96.9</td><td>100.1</td><td>97.6</td><td>96.2</td><td>100.1</td><td>98.4</td><td>9[illegible].1</td></tr>
<tr><td>韶 关</td><td>98.6</td><td>98.6</td><td>99.4</td><td>99.8</td><td>100.1</td><td>98.8</td><td>99.7</td><td>99.1</td><td>9[illegible].1</td></tr>
<tr><td>湛 江</td><td>99.3</td><td>99.7</td><td>97.2</td><td>99.9</td><td>100.7</td><td>97.0</td><td>99.3</td><td>99.8</td><td>9[illegible].0</td></tr>
<tr><td>惠 州</td><td>99.5</td><td>96.4</td><td>97.2</td><td>99.2</td><td>96.5</td><td>97.6</td><td>100.0</td><td>97.3</td><td>97.6</td></tr>
<tr><td>桂 林</td><td>99.6</td><td>97.0</td><td>96.6</td><td>99.3</td><td>97.2</td><td>97.2</td><td>99.6</td><td>98.3</td><td>95.6</td></tr>
<tr><td>北 海</td><td>100.3</td><td>99.6</td><td>95.5</td><td>100.1</td><td>100.1</td><td>95.3</td><td>100.9</td><td>100.7</td><td>94.7</td></tr>
<tr><td>三 亚</td><td>100.3</td><td>102.7</td><td>101.0</td><td>100.2</td><td>102.2</td><td>100.7</td><td>99.6</td><td>102.1</td><td>100.9</td></tr>
<tr><td>泸 州</td><td>99.1</td><td>98.3</td><td>97.5</td><td>99.5</td><td>99.2</td><td>97.9</td><td>99.3</td><td>98.7</td><td>[illegible]7.8</td></tr>
<tr><td>南 充</td><td>99.5</td><td>100.5</td><td>100.3</td><td>99.8</td><td>100.6</td><td>99.8</td><td>100.2</td><td>101.7</td><td>100.3</td></tr>
<tr><td>遵 义</td><td>99.9</td><td>102.7</td><td>101.0</td><td>100.2</td><td>101.1</td><td>100.6</td><td>100.3</td><td>100.1</td><td>100.2</td></tr>
<tr><td>大 理</td><td>100.6</td><td>99.0</td><td>96.3</td><td>100.2</td><td>97.9</td><td>97.4</td><td>100.4</td><td>97.9</td><td>96.0</td></tr>
</table>

续表 13

二手住宅分类价格指数								
$90m^2$及以下			90—$144m^2$			$144m^2$以上		
环比	同比	累计	环比	同比	累计	环比	同比	累计
99.5	94.4	93.4	98.9	95.1	94.8	99.6	92.9	93.8
99.3	95.8	95.9	99.5	95.5	95.7	99.9	97.5	96.5
99.4	96.4	96.6	99.3	97.0	96.1	99.4	95.1	95.2
99.8	94.5	94.0	99.3	93.2	93.6	99.7	95.4	95.3
99.4	94.7	94.4	99.9	95.8	95.2	99.9	94.2	94.8
99.1	91.5	90.8	98.8	93.0	92.3	98.8	92.5	92.3
99.4	92.5	91.4	99.1	92.5	91.2	99.9	92.8	92.6
99.2	97.7	99.8	99.3	97.7	99.8	99.0	97.4	99.6
98.9	97.7	98.6	99.2	97.8	98.9	99.6	98.0	98.6
99.8	97.6	97.4	99.5	98.1	98.9	99.3	97.0	98.0
99.6	96.6	96.3	99.2	97.0	96.5	98.7	96.1	96.1
99.4	96.5	95.3	99.3	95.9	95.3	99.3	95.8	95.6
99.8	97.1	97.0	99.9	98.9	98.1	99.9	97.9	97.1
99.9	96.4	95.5	99.5	95.2	94.6	99.8	96.2	94.9
99.8	94.3	93.9	99.5	93.7	93.4	99.7	94.9	94.4
99.3	96.9	97.2	99.5	96.9	97.2	99.1	97.3	97.2
99.8	99.5	99.0	100.0	99.6	99.3	100.1	99.6	99.1
99.5	98.1	99.3	98.5	97.6	98.9	99.5	97.5	97.4
99.8	94.8	94.4	100.0	94.9	94.0	99.6	96.3	95.2
99.7	94.4	93.4	99.7	95.6	94.4	100.0	95.0	94.3
99.8	96.8	96.4	99.7	97.0	96.3	99.9	96.3	96.2
99.2	93.9	93.8	99.2	92.9	93.0	99.4	94.6	94.8
99.0	95.7	95.7	99.2	96.3	95.3	98.9	95.6	94.5
99.7	97.2	95.7	99.5	96.3	95.5	99.6	97.4	96.2
100.2	97.9	95.9	100.3	97.0	95.6	100.2	98.0	95.6
99.2	96.9	96.0	99.1	97.3	96.4	99.9	98.0	97.6
99.4	96.7	95.9	99.9	96.9	95.9	99.2	97.1	95.5
100.0	97.2	97.0	100.0	97.8	98.2	100.5	97.6	97.5
98.8	96.3	96.4	99.6	96.7	96.6	99.6	97.3	97.3
100.3	95.4	93.9	100.2	95.8	93.9	100.8	96.0	93.2
99.5	100.5	99.9	99.6	100.1	99.2	99.5	99.3	99.4
99.5	98.7	98.5	99.6	97.8	98.0	99.1	97.9	98.1
99.4	99.8	101.5	99.9	99.9	101.3	99.3	98.9	101.3
99.4	96.6	96.5	99.6	96.3	96.5	99.6	97.3	96.2
100.2	97.1	96.6	100.2	97.0	96.5	100.6	98.5	97.2

附录1-2

城市	8月								
	新建商品住宅分类价格指数								
	90m²及以下			90—144m²			144m²以上		
	环比	同比	累计	环比	同比	累计	环比	同比	累计
北京	99.6	102.5	104.1	99.7	102.2	103.5	99.9	103.3	104.5
天津	99.6	100.1	99.3	99.7	100.8	99.3	99.4	100.4	98.4
石家庄	99.2	100.3	99.0	99.2	98.7	98.5	99.5	100.2	99.3
太原	100.5	99.6	97.3	100.0	99.4	97.7	100.4	99.6	98.1
呼和浩特	99.8	99.5	98.3	99.9	100.0	98.7	99.8	99.9	98.1
沈阳	100.1	97.9	96.9	100.2	97.5	96.3	100.2	96.1	95.7
大连	100.1	95.1	95.6	100.5	96.2	95.5	100.2	95.6	94.9
长春	98.9	95.6	96.0	99.2	95.3	95.3	99.7	95.0	95.3
哈尔滨	99.7	97.2	96.5	99.4	97.9	96.2	99.1	97.5	95.5
上海	100.3	104.8	105.4	100.0	103.0	103.2	100.3	105.3	105.6
南京	99.5	99.4	100.5	99.6	99.4	100.1	99.9	100.9	101.3
杭州	99.9	103.3	105.2	100.1	103.4	105.0	100.2	103.1	104.9
宁波	99.9	103.1	103.1	99.7	103.0	103.0	100.0	104.3	103.3
合肥	99.6	100.7	103.0	99.9	102.8	103.6	99.6	101.4	103.1
福州	99.7	98.5	98.4	99.8	98.6	98.6	99.6	98.8	98.8
厦门	99.6	97.0	96.8	99.5	98.5	98.3	99.9	96.9	96.4
南昌	99.6	101.4	102.2	99.6	101.2	101.8	98.9	101.1	102.0
济南	100.1	103.6	103.4	99.7	103.0	102.8	100.4	103.1	103.7
青岛	99.9	101.2	101.4	99.9	101.1	101.9	99.7	102.5	102.3
郑州	99.4	99.8	99.7	99.3	98.4	98.9	100.2	99.8	99.0
武汉	99.3	100.9	98.1	99.6	100.4	98.0	99.5	101.0	97.8
长沙	100.4	103.0	103.5	100.3	103.2	103.3	100.0	104.7	104.2
广州	99.6	98.9	99.5	99.8	99.0	99.4	99.6	96.9	98.9
深圳	99.7	96.7	97.8	99.4	97.4	98.3	99.2	96.6	98.3
南宁	99.6	98.3	97.0	99.5	98.4	98.0	99.0	96.5	96.[illegible]
海口	100.1	103.6	102.3	100.5	101.8	101.5	100.1	103.4	102.4
重庆	99.8	100.8	100.2	100.3	101.9	100.7	100.0	102.0	100.[illegible]
成都	100.5	108.2	108.7	100.2	105.8	107.5	100.5	106.8	108.[illegible]
贵阳	99.9	98.5	98.4	99.9	98.5	98.4	99.7	97.5	97.[illegible]
昆明	99.7	98.7	98.8	99.4	98.9	98.5	99.2	99.4	98.[illegible]
西安	100.8	101.6	101.2	100.3	101.9	101.6	100.6	102.0	101.[illegible]
兰州	99.7	99.4	97.0	99.5	100.1	97.5	99.0	99.1	96.3
西宁	99.3	99.2	99.2	98.9	99.6	99.1	98.5	97.0	99.3
银川	100.0	102.4	102.5	100.3	101.6	101.9	100.4	101.7	101.3
乌鲁木齐	100.0	100.2	100.5	100.1	100.6	101.1	100.5	100.6	100.3

续表 14

二手住宅分类价格指数								
90m²及以下			90—144m²			144m²以上		
环比	同比	累计	环比	同比	累计	环比	同比	累计
100.6	100.6	102.4	99.9	100.5	102.5	100.3	101.9	103.6
99.3	96.6	95.2	99.2	96.1	95.4	99.3	96.5	94.8
100.0	97.5	97.4	99.3	97.3	97.5	100.0	97.3	96.5
99.7	97.4	97.1	99.7	97.4	97.0	99.5	96.1	96.2
99.7	96.1	95.1	99.5	96.3	95.7	99.7	95.8	95.1
99.5	94.2	93.6	99.8	95.4	95.3	99.3	93.2	93.6
99.6	94.5	95.1	99.2	94.7	96.1	99.0	95.9	96.4
99.6	94.7	93.5	99.9	94.8	94.3	99.9	94.6	93.8
99.6	95.5	93.5	99.2	95.7	94.3	99.0	94.0	93.2
99.6	97.7	100.8	99.8	98.2	101.3	99.9	98.3	101.6
99.7	96.9	99.0	99.1	97.0	98.4	99.4	97.5	98.6
99.4	97.0	98.1	99.8	97.7	98.4	99.5	97.2	98.5
99.1	97.3	98.5	99.3	97.3	98.5	99.6	97.8	98.8
99.8	98.5	99.9	99.6	98.2	99.7	99.2	96.6	98.0
99.6	96.5	98.0	99.5	97.3	97.6	99.4	96.5	97.8
99.4	95.9	97.2	99.7	94.7	96.1	99.2	94.7	96.4
99.0	96.1	97.4	99.6	96.9	97.7	99.1	96.4	97.5
99.6	98.1	97.6	99.3	97.9	97.8	99.7	99.8	98.4
99.3	95.2	96.5	99.2	96.0	96.7	98.9	95.5	96.7
99.2	94.1	94.3	99.3	95.2	95.9	98.6	95.9	95.0
99.6	95.5	95.0	98.9	96.5	96.5	99.2	95.1	95.5
99.5	100.7	101.0	99.8	100.5	100.9	99.0	101.5	101.7
99.0	96.9	98.7	99.9	96.1	98.0	99.3	95.5	98.1
99.8	98.4	98.2	99.8	98.3	98.2	99.6	99.9	99.3
99.4	95.5	94.7	99.3	94.9	94.4	99.8	95.4	94.6
99.4	96.0	96.9	99.7	95.8	97.0	99.1	96.3	97.3
99.4	95.6	96.7	99.5	96.1	97.3	99.3	95.8	97.5
99.5	104.0	107.5	99.8	104.3	108.0	99.4	104.3	107.4
99.4	96.8	97.2	99.3	97.2	97.5	99.4	100.0	98.7
99.0	100.0	100.3	99.4	99.5	100.3	99.5	100.3	100.3
99.4	98.7	99.5	99.8	99.4	99.7	99.8	99.0	99.3
99.2	95.9	95.3	99.3	96.8	96.2	99.1	96.4	96.7
99.6	98.3	98.4	99.8	99.0	98.4	99.1	99.9	99.9
99.8	97.6	97.2	99.6	98.0	98.1	99.4	97.0	97.2
99.8	96.8	97.0	99.2	96.8	97.7	99.6	97.0	97.1

附录1-2

城市	8月								
	新建商品住宅分类价格指数								
	90m²及以下			90—144m²			144m²以上		
	环比	同比	累计	环比	同比	累计	环比	同比	累计
唐山	99.0	97.8	97.3	99.7	98.7	98.2	100.0	99.9	99.2
秦皇岛	99.8	95.9	95.1	100.0	96.5	95.3	99.5	96.7	96.0
包头	99.4	96.9	96.6	99.6	97.4	97.0	98.7	97.4	97.5
丹东	99.9	99.0	97.7	99.7	98.2	96.9	99.9	97.2	96.7
锦州	100.2	99.1	97.9	99.9	98.1	97.1	100.0	99.4	98.2
吉林	99.5	98.9	97.2	99.4	97.7	96.5	100.0	99.1	97.6
牡丹江	99.6	96.6	97.3	99.7	96.0	96.8	99.4	95.3	96.2
无锡	99.9	98.9	99.0	99.6	98.0	99.2	99.8	97.3	98.0
徐州	99.2	101.3	100.2	99.1	100.4	100.3	99.3	99.9	100.2
扬州	99.9	101.0	99.5	98.9	99.9	100.0	99.1	100.4	99.9
温州	99.7	96.3	94.8	99.6	96.2	94.7	99.8	96.4	94.4
金华	98.7	95.2	97.2	99.0	96.0	97.2	99.0	95.7	96.4
蚌埠	100.4	99.7	97.1	99.8	99.8	99.3	99.8	100.1	99.0
安庆	100.0	100.2	97.7	99.6	100.2	98.4	99.8	100.8	98.8
泉州	100.2	97.8	96.2	100.1	98.3	96.3	100.3	98.5	96.5
九江	99.8	99.5	99.9	99.5	99.9	99.5	100.0	99.7	100.0
赣州	100.0	98.2	99.2	99.4	97.0	98.6	99.0	97.8	98.[illegible]
烟台	99.7	100.2	99.6	100.2	100.5	100.0	100.3	99.4	98.[illegible]
济宁	99.9	96.9	96.1	99.9	98.2	96.8	99.8	97.8	96.3
洛阳	99.3	97.4	97.3	99.2	98.0	97.3	99.6	97.4	97.2
平顶山	100.0	99.2	98.7	99.2	97.9	98.2	99.5	98.3	97.5
宜昌	100.1	96.0	95.9	100.1	96.8	96.0	100.2	95.7	96.1
襄阳	99.0	99.7	97.5	99.9	99.2	98.2	99.7	99.1	97.5
岳阳	99.0	96.4	94.8	99.3	96.1	94.8	99.0	97.4	95.4
常德	99.3	98.5	97.1	99.8	98.0	96.4	99.9	99.3	96.5
韶关	99.1	97.3	99.2	99.5	99.4	98.9	99.8	98.8	99.0
湛江	99.0	100.0	97.6	99.5	101.2	97.5	99.5	101.1	97.5
惠州	100.1	96.6	97.2	99.5	96.2	97.4	99.3	96.7	97.5
桂林	99.6	97.0	96.7	99.5	97.4	97.2	99.3	98.0	9[illegible].8
北海	100.1	101.1	96.2	100.5	101.9	96.1	100.2	102.6	9[illegible].6
三亚	99.9	102.6	101.2	100.6	102.8	101.0	100.7	102.8	101.1
泸州	99.6	97.9	97.6	99.5	99.3	98.0	98.8	97.4	97.7
南充	100.0	100.9	100.4	99.4	100.6	99.9	99.8	102.0	100.5
遵义	99.0	101.8	101.1	99.6	100.9	100.7	99.7	100.7	100.3
大理	99.3	98.8	96.6	99.4	97.4	97.4	99.6	97.5	96.2

续表 15

二手住宅分类价格指数								
90m²及以下			90—144m²			144m²以上		
环比	同比	累计	环比	同比	累计	环比	同比	累计
99.3	94.1	93.5	99.6	95.2	94.9	99.7	93.3	93.7
99.6	96.4	96.0	100.0	95.9	95.7	99.7	97.7	96.6
99.6	96.3	96.6	99.5	97.0	96.2	99.4	95.3	95.3
98.9	94.0	94.0	99.1	93.2	93.6	99.1	95.2	95.3
99.2	94.1	94.4	99.3	95.7	95.3	99.8	94.6	94.8
99.8	92.1	90.9	99.4	93.2	92.4	99.5	93.3	92.4
100.1	93.4	91.6	100.0	92.6	91.4	100.5	94.6	92.8
99.1	96.5	99.4	99.6	97.3	99.5	99.3	96.7	99.3
99.0	97.6	98.5	99.6	98.2	98.8	99.9	98.4	98.6
99.7	97.3	97.4	98.7	96.9	98.7	99.8	97.5	98.0
99.5	96.8	96.3	99.3	96.6	96.5	99.2	96.2	96.1
98.9	95.6	95.4	99.3	95.8	95.4	99.1	95.1	95.5
99.9	97.9	97.1	99.8	99.0	98.2	99.8	97.9	97.2
99.9	96.7	95.7	99.6	95.4	94.7	99.9	96.4	95.1
99.1	94.8	94.0	99.0	93.5	93.5	99.3	94.8	94.4
99.5	97.1	97.2	99.4	96.8	97.2	99.8	97.6	97.3
99.8	100.0	99.1	99.9	99.6	99.3	100.0	99.7	99.2
99.7	97.8	99.1	99.5	97.5	98.7	99.9	97.6	97.5
99.6	94.9	94.5	100.1	96.1	94.2	99.7	96.2	95.3
99.2	94.5	93.6	99.6	95.6	94.5	99.8	95.6	94.5
99.6	96.7	96.4	99.9	96.9	96.4	99.7	97.1	96.3
99.8	95.1	94.0	99.5	93.7	93.1	99.7	95.1	94.8
99.5	95.5	95.7	99.3	96.5	95.5	99.7	95.8	94.7
99.5	96.5	95.8	99.3	95.6	95.5	98.7	96.2	96.2
99.9	98.2	96.1	99.9	97.5	95.9	100.3	98.8	96.0
99.5	96.8	96.1	99.5	96.9	96.5	100.2	98.5	97.7
99.3	97.2	96.1	99.7	97.4	96.1	99.5	97.7	95.8
100.0	97.4	97.1	99.8	97.9	98.2	99.1	97.0	97.4
99.4	96.3	96.4	99.2	96.1	96.6	99.5	97.5	97.3
99.3	95.5	94.1	99.2	96.2	94.2	99.3	96.2	93.5
99.8	100.2	100.0	100.3	100.4	99.4	99.7	99.0	99.3
99.4	98.1	98.5	99.3	97.3	97.9	100.0	97.9	98.1
99.9	99.8	101.3	99.6	99.9	101.1	99.9	99.2	101.0
99.3	96.0	96.4	99.5	96.2	96.5	99.1	96.3	96.3
100.1	97.0	96.7	100.1	96.8	96.5	100.2	98.0	97.3

附录1-2

城市	9月								
	新建商品住宅分类价格指数								
	$90m^2$及以下			90—$144m^2$			$144m^2$以上		
	环比	同比	累计	环比	同比	累计	环比	同比	累计
北京	100.1	102.3	103.9	100.0	102.2	103.4	100.7	103.7	104.4
天津	99.6	100.2	99.4	99.8	100.8	99.5	99.8	100.4	98.6
石家庄	99.7	100.1	99.2	99.7	98.9	98.5	99.1	99.4	99.3
太原	99.5	99.8	97.6	99.9	99.6	97.9	99.2	99.9	98.3
呼和浩特	99.9	99.8	98.5	99.7	99.6	98.8	99.7	99.2	98.2
沈阳	100.1	98.1	97.0	100.2	98.0	96.5	100.1	97.0	95.9
大连	99.9	95.3	95.6	99.0	96.0	95.6	99.7	95.7	95.0
长春	99.8	96.3	96.0	99.4	95.2	95.3	99.5	95.2	95.3
哈尔滨	99.2	97.3	96.6	99.4	98.1	96.4	99.3	97.4	95.7
上海	100.2	104.9	105.3	100.9	103.7	103.3	100.2	105.2	105.5
南京	99.4	99.1	100.3	99.1	99.0	100.0	99.5	101.0	101.3
杭州	99.7	102.4	104.8	100.2	103.1	104.8	100.1	102.9	104.7
宁波	100.2	103.2	103.1	100.2	103.0	103.0	100.5	104.6	103.4
合肥	99.8	99.7	102.7	99.9	102.1	103.4	100.0	100.4	102.8
福州	99.5	99.0	98.5	99.5	98.9	98.6	99.3	98.3	98.8
厦门	99.3	96.4	96.8	99.7	98.3	98.3	99.1	96.8	96.4
南昌	100.0	101.4	102.1	99.3	100.2	101.7	99.6	100.1	101.8
济南	99.8	103.3	103.3	99.6	102.3	102.8	99.8	102.6	[illegible]
青岛	99.5	101.1	101.4	99.4	100.9	101.8	99.8	101.9	[illegible]
郑州	99.0	99.0	99.6	99.4	98.2	98.8	99.8	99.9	[illegible]
武汉	99.5	100.5	98.3	99.6	100.9	98.3	100.3	102.2	[illegible]
长沙	100.3	103.3	103.5	100.0	103.1	103.3	100.2	105.0	104.3
广州	99.2	98.9	99.5	99.4	98.5	99.3	99.5	97.0	98.7
深圳	99.8	97.4	97.8	99.2	96.9	98.2	99.9	96.8	98.1
南宁	99.3	98.1	97.1	99.5	98.7	98.1	99.9	96.4	96.2
海口	100.3	103.9	102.5	100.4	101.9	101.5	100.1	103.5	102.5
重庆	100.0	100.7	100.3	100.1	101.7	100.8	100.6	102.2	100.5
成都	99.9	107.1	108.5	100.2	105.1	107.2	100.1	106.6	108.0
贵阳	99.9	98.3	98.4	100.0	98.5	98.4	99.4	96.9	97.4
昆明	99.4	98.6	98.8	99.4	98.6	98.5	99.3	99.9	98.6
西安	100.4	102.3	101.3	100.2	102.6	101.7	100.7	103.3	102.0
兰州	99.8	100.6	97.4	99.6	100.5	97.8	99.1	98.8	97.0
西宁	99.6	98.9	99.2	99.6	99.3	99.1	99.9	97.8	[illegible]
银川	99.0	101.6	102.4	99.7	101.3	101.8	99.3	101.3	[illegible]
乌鲁木齐	99.9	100.4	100.5	99.9	100.6	101.0	99.4	100.7	[illegible]

续表 16

二手住宅分类价格指数								
90m²及以下			90—144m²			144m²以上		
环比	同比	累计	环比	同比	累计	环比	同比	累计
100.8	101.1	102.3	100.9	100.9	102.4	100.2	101.7	103.4
100.1	97.7	95.5	100.2	97.3	95.6	100.0	96.9	95.1
99.9	97.7	97.4	100.3	97.7	97.5	99.8	97.3	96.6
99.4	97.2	97.1	99.3	97.1	97.0	99.1	96.0	96.2
99.1	96.0	95.2	99.8	96.2	95.7	99.7	95.8	95.2
99.2	93.9	93.7	99.5	95.2	95.3	99.7	93.3	93.6
99.7	95.1	95.1	99.3	94.8	96.0	99.3	95.3	96.3
98.7	94.0	93.5	98.9	93.9	94.3	98.9	93.7	93.8
99.4	95.6	93.7	99.1	95.3	94.4	99.1	93.8	93.3
100.8	98.0	100.5	100.3	98.0	100.9	100.8	98.5	101.2
98.8	95.7	98.6	99.2	96.3	98.2	99.8	96.4	98.4
99.6	97.0	98.0	99.9	98.1	98.4	99.4	97.5	98.4
99.3	96.7	98.3	99.2	96.8	98.3	98.7	96.8	98.6
99.7	98.1	99.7	99.5	97.5	99.4	99.1	96.0	97.8
99.2	95.9	97.8	99.1	96.7	97.5	99.6	96.9	97.7
99.7	95.7	97.0	99.1	94.6	95.9	99.0	94.2	96.2
99.8	96.3	97.3	99.8	96.9	97.6	99.5	96.1	97.4
99.0	97.5	97.6	99.0	97.0	97.7	98.4	97.5	98.3
99.8	95.5	96.4	99.3	95.7	96.6	99.9	96.4	96.7
99.6	94.2	94.3	99.4	94.8	95.8	99.4	95.9	95.1
99.5	96.2	95.1	99.4	96.3	96.4	99.7	95.7	95.5
99.8	99.9	100.8	99.6	100.1	100.8	99.5	100.9	101.6
99.2	96.6	98.5	99.3	96.0	97.8	99.3	95.4	97.8
100.0	98.6	98.2	100.1	98.8	98.2	99.9	100.4	99.4
99.3	95.0	94.8	99.8	95.2	94.5	99.8	95.5	94.7
99.3	96.2	96.8	99.7	96.2	96.9	99.5	96.4	97.2
99.1	95.3	96.6	99.0	95.8	97.2	99.2	95.2	97.3
99.9	103.5	107.1	99.6	103.8	107.5	99.9	104.1	107.0
99.6	96.2	97.1	99.8	97.4	97.5	99.4	99.2	98.8
99.7	99.7	100.3	99.7	98.8	100.1	99.4	99.3	100.2
99.4	98.4	99.4	99.5	99.3	99.6	99.9	99.2	99.3
98.6	95.1	95.3	99.7	96.7	96.2	99.6	96.7	96.7
99.9	98.6	98.4	99.1	98.2	98.4	99.6	99.7	99.9
99.5	97.6	97.3	99.8	98.0	98.1	99.9	97.7	97.2
99.2	96.1	96.9	99.9	96.7	97.6	99.9	96.9	97.1

附录1-2

城市	9月								
	新建商品住宅分类价格指数								
	$90m^2$及以下			90—$144m^2$			$144m^2$以上		
	环比	同比	累计	环比	同比	累计	环比	同比	累计
唐山	99.6	98.3	97.4	99.6	98.5	98.3	99.2	100.2	99.3
秦皇岛	100.3	97.0	95.3	99.2	96.3	95.4	99.5	96.9	96.1
包头	98.9	96.8	96.6	99.3	97.2	97.0	98.9	97.3	97.4
丹东	99.4	98.6	97.8	99.6	98.3	97.0	98.8	97.0	96.7
锦州	100.0	99.5	98.0	100.5	98.9	97.3	100.1	99.8	98.4
吉林	99.6	98.5	97.3	99.5	98.3	96.7	99.7	98.8	97.7
牡丹江	98.5	95.3	97.1	99.1	95.2	96.6	99.5	94.8	96.0
无锡	100.1	99.4	99.1	100.0	98.5	99.1	100.3	97.7	97.9
徐州	99.4	100.6	100.3	99.5	100.0	100.3	99.1	99.1	100.1
扬州	98.5	99.5	99.5	99.2	99.6	99.9	98.3	99.3	99.8
温州	99.8	97.0	95.1	99.3	96.2	94.8	99.9	97.6	94.8
金华	100.1	95.8	97.1	99.9	96.6	97.1	100.0	96.0	96.4
蚌埠	100.0	99.8	97.4	99.6	99.6	99.4	99.8	100.0	[illegible]
安庆	100.0	100.2	98.0	99.7	100.4	98.6	100.0	101.3	[illegible]
泉州	100.5	98.8	96.5	100.3	99.3	96.7	100.2	99.0	[illegible]
九江	99.4	99.5	99.8	99.4	99.4	99.5	99.8	99.6	[illegible]
赣州	100.0	98.1	99.1	99.8	96.5	98.4	99.3	97.1	[illegible]
烟台	99.6	100.0	99.7	99.8	100.4	100.0	100.3	101.2	98.3
济宁	99.9	96.9	96.2	99.8	98.1	97.0	99.8	97.8	96.9
洛阳	99.1	96.7	97.2	99.7	98.0	97.3	99.6	98.0	97.3
平顶山	99.1	98.2	98.6	99.8	97.9	98.2	99.4	98.1	97.6
宜昌	100.0	96.7	96.0	99.3	96.7	96.1	99.4	95.7	96.0
襄阳	99.7	99.5	97.7	99.7	99.1	98.3	99.8	99.7	97.7
岳阳	100.0	97.0	95.1	99.9	97.1	95.0	99.8	97.2	95.6
常德	99.7	98.2	97.2	99.6	97.9	96.6	99.7	99.9	96.9
韶关	99.9	97.1	99.0	99.1	99.1	98.9	99.5	98.4	[illegible]
湛江	99.7	100.8	97.9	99.4	101.5	97.9	98.8	100.5	97.8
惠州	99.4	96.5	97.1	99.9	96.4	97.3	98.4	95.2	97.3
桂林	99.1	96.8	96.7	99.4	97.2	97.2	100.0	98.2	[illegible]
北海	99.7	101.4	96.7	99.5	102.1	96.7	100.0	103.4	[illegible]
三亚	100.0	102.9	101.4	100.1	103.3	101.2	100.6	103.5	[illegible]
泸州	99.7	97.8	97.6	99.9	99.2	98.2	99.7	97.5	[illegible]
南充	99.5	100.6	100.4	99.7	101.1	100.0	100.0	102.0	100.7
遵义	99.6	100.6	101.1	99.8	100.5	100.7	99.9	100.5	100.3
大理	100.1	98.5	96.8	100.3	97.2	97.4	100.0	97.0	96.3

续表 17

二手住宅分类价格指数								
$90m^2$及以下			90—$144m^2$			$144m^2$以上		
环比	同比	累计	环比	同比	累计	环比	同比	累计
100.0	94.8	93.6	99.9	95.5	94.9	99.0	93.1	93.7
99.6	96.2	96.0	99.7	96.5	95.8	99.3	97.4	96.7
99.4	96.5	96.6	99.3	97.2	96.3	99.4	95.4	95.3
99.3	94.2	94.0	99.7	93.9	93.6	100.0	95.5	95.3
99.3	94.2	94.4	99.9	95.9	95.4	99.8	95.6	94.9
99.8	92.7	91.1	99.2	92.8	92.5	99.4	93.4	92.5
99.1	93.6	91.9	99.9	93.6	91.7	99.2	95.8	93.1
99.9	96.8	99.1	99.5	96.9	99.2	99.8	97.0	99.0
98.9	97.0	98.3	98.5	96.8	98.6	99.0	98.4	98.6
99.4	97.2	97.4	99.2	96.4	98.4	99.5	97.6	97.9
99.0	96.0	96.3	99.1	95.9	96.4	99.4	95.7	96.0
99.7	95.7	95.4	99.7	96.0	95.5	100.0	95.9	95.6
99.5	97.7	97.2	99.6	99.0	98.3	99.8	98.2	97.3
99.8	97.0	95.8	99.9	95.9	94.9	99.9	97.0	95.3
99.4	94.5	94.1	99.5	93.8	93.5	99.7	95.0	94.5
99.8	97.0	97.2	99.5	96.5	97.1	99.8	97.5	97.3
99.9	100.5	99.3	99.9	99.5	99.3	99.6	100.1	99.3
99.3	97.8	99.0	99.2	97.0	98.5	99.7	97.4	97.5
98.9	94.4	94.5	99.0	96.1	94.4	99.6	96.3	95.4
99.9	94.8	93.7	99.5	95.8	94.6	99.6	95.8	94.6
99.4	96.8	96.5	99.5	97.0	96.5	99.8	97.2	96.4
99.8	95.7	94.2	99.2	93.6	93.2	99.7	94.8	94.8
99.8	95.8	95.7	99.5	96.8	95.6	99.5	95.7	94.8
99.8	97.7	96.0	100.0	96.2	95.6	99.9	96.6	96.2
99.1	97.6	96.3	99.5	97.1	96.0	99.2	98.4	96.3
99.9	97.1	96.2	99.1	96.6	96.5	98.4	97.2	97.6
99.7	97.6	96.2	99.1	97.4	96.3	99.3	97.6	96.0
99.5	97.4	97.1	99.6	97.7	98.1	99.6	96.8	97.3
99.3	96.1	96.4	99.6	96.1	96.5	99.7	98.1	97.4
99.4	95.8	94.3	99.6	96.8	94.5	99.3	96.8	93.9
99.6	100.1	100.0	99.7	100.2	99.5	100.2	99.1	99.3
99.0	97.1	98.3	99.8	96.8	97.8	99.7	97.4	98.0
99.5	99.5	101.1	99.6	99.8	100.9	99.4	99.1	100.8
99.5	95.7	96.3	99.7	96.6	96.5	99.8	96.4	96.3
99.7	97.2	96.7	99.4	96.1	96.5	99.6	97.5	97.3

附录1-2

城市	10月								
	新建商品住宅分类价格指数								
	90m²及以下			90—144m²			144m²以上		
	环比	同比	累计	环比	同比	累计	环比	同比	累计
北京	99.6	101.7	103.6	99.8	101.6	103.2	99.5	102.7	104.2
天津	100.0	100.4	99.5	100.0	101.1	99.6	100.1	100.7	98.8
石家庄	99.8	100.1	99.2	100.4	100.1	98.7	100.3	100.4	99.4
太原	99.8	99.7	97.8	99.6	99.5	98.0	99.2	99.9	98.4
呼和浩特	98.6	98.5	98.5	100.0	99.6	98.9	99.7	98.9	98.2
沈阳	100.0	98.9	97.2	99.8	98.3	96.7	99.8	97.5	96.0
大连	99.1	95.8	95.6	99.9	96.9	95.7	99.8	96.4	95.1
长春	100.1	96.9	96.1	100.1	96.0	95.4	100.5	96.3	95.4
哈尔滨	99.9	97.3	96.6	99.8	98.7	96.6	99.9	97.8	95.9
上海	100.1	104.6	105.3	100.0	103.7	103.3	100.6	105.2	105.5
南京	98.5	98.3	100.1	99.2	98.7	99.9	100.0	101.2	101.3
杭州	100.1	102.4	104.6	100.4	103.2	104.7	100.3	102.9	104.5
宁波	98.8	101.4	102.9	98.9	101.5	102.9	99.6	104.0	103.5
合肥	100.2	99.8	102.4	100.1	101.6	103.2	100.8	100.4	102.[illegible]
福州	99.6	99.4	98.6	99.1	98.4	98.6	99.9	98.8	98.[illegible]
厦门	99.8	97.6	96.9	99.7	98.5	98.4	99.9	97.3	96.3
南昌	98.7	100.5	101.9	99.8	99.9	101.5	99.5	100.3	101.5
济南	100.1	102.8	103.3	99.7	101.8	102.7	100.4	103.0	103.5
青岛	99.9	101.7	101.4	99.7	100.8	101.7	99.8	101.7	102.2
郑州	98.7	98.6	99.5	99.3	97.7	98.7	98.9	99.9	99.2
武汉	99.9	100.9	98.6	99.9	101.6	98.6	100.0	102.3	98.7
长沙	100.8	103.5	103.5	100.4	103.5	103.3	100.0	104.2	104.3
广州	98.8	98.0	99.3	99.5	98.2	99.2	99.3	96.9	98.5
深圳	99.6	97.8	97.8	99.6	97.2	98.1	99.3	96.5	98.0
南宁	99.6	98.6	97.3	99.4	99.0	98.2	99.8	97.3	9[illegible].3
海口	100.2	104.2	102.7	99.9	102.0	101.6	100.3	103.9	10[illegible].7
重庆	99.6	101.0	100.3	100.0	102.3	101.0	99.8	102.6	10[illegible].7
成都	100.4	106.2	108.3	100.0	104.8	106.9	100.3	106.9	107.9
贵阳	100.0	98.1	98.3	100.4	99.2	98.5	101.0	98.5	97.5
昆明	99.4	98.4	98.7	99.3	99.0	98.5	98.9	98.9	98.6
西安	100.1	102.5	101.4	100.6	103.6	101.9	100.6	104.2	102.2
兰州	98.0	98.8	97.6	98.8	99.8	98.0	98.8	97.9	97.1
西宁	99.0	98.6	99.1	99.7	99.6	99.2	99.5	97.5	99.0
银川	100.0	101.6	102.3	99.3	100.9	101.7	99.2	100.6	101.7
乌鲁木齐	99.3	99.7	100.4	99.8	100.8	101.0	99.1	99.8	100.3

续表 18

二手住宅分类价格指数								
90m²及以下			90—144m²			144m²以上		
环比	同比	累计	环比	同比	累计	环比	同比	累计
98.5	99.6	102.0	98.9	99.7	102.1	99.8	100.7	103.1
99.5	97.6	95.7	99.8	98.0	95.9	99.7	97.5	95.3
99.8	98.1	97.5	99.6	97.7	97.5	100.5	98.6	96.8
99.5	96.9	97.1	99.7	97.7	97.1	99.8	96.8	96.2
99.4	95.4	95.2	99.2	95.5	95.7	99.5	95.3	95.2
99.7	94.1	93.7	99.8	95.2	95.3	99.4	93.5	93.6
99.5	95.3	95.1	99.7	95.3	95.9	99.5	95.0	96.2
99.5	93.8	93.6	99.7	94.1	94.2	99.1	94.2	93.8
98.8	95.2	93.9	99.1	95.1	94.5	99.8	94.4	93.4
98.7	97.4	100.2	99.5	97.7	100.6	100.0	98.7	101.0
99.6	95.9	98.3	98.1	94.9	97.9	99.1	96.4	98.2
100.6	98.6	98.1	100.2	99.0	98.4	100.5	98.4	98.4
98.5	95.8	98.1	98.8	96.2	98.1	100.0	97.4	98.5
99.1	97.3	99.5	99.7	97.3	99.2	99.8	96.0	97.6
99.7	96.4	97.6	99.0	96.2	97.4	98.7	95.8	97.5
98.7	94.5	96.8	99.4	94.5	95.8	99.3	94.3	96.0
99.6	95.8	97.1	99.7	96.7	97.5	98.9	95.2	97.2
99.5	97.1	97.5	99.9	97.1	97.6	99.7	98.2	98.3
99.5	95.6	96.3	99.9	96.0	96.5	98.6	96.0	96.6
99.1	93.9	94.2	99.2	94.4	95.7	99.6	96.1	95.2
99.5	96.4	95.2	99.9	96.3	96.4	99.7	96.1	95.6
99.6	100.0	100.8	99.9	99.7	100.7	99.7	100.8	101.6
99.0	96.1	98.2	99.5	96.3	97.7	99.1	95.5	97.6
99.7	98.3	98.2	99.1	98.6	98.3	99.8	100.4	99.5
98.7	94.7	94.8	98.8	94.7	94.5	98.3	94.6	94.7
98.8	95.8	96.7	99.5	96.5	96.9	99.3	96.0	97.1
99.4	95.2	96.4	99.2	95.8	97.0	99.2	95.4	97.1
99.8	103.0	106.6	99.9	103.0	107.0	99.9	103.5	106.6
99.7	97.0	97.1	99.8	97.8	97.5	98.6	97.9	98.7
98.6	98.9	100.1	98.9	98.3	99.9	98.8	98.3	100.0
99.8	98.4	99.3	99.9	99.5	99.6	100.6	99.9	99.4
99.3	95.1	95.3	99.1	96.0	96.2	99.5	97.3	96.7
99.5	98.7	98.5	100.0	99.2	98.5	99.3	99.6	99.8
99.4	97.0	97.2	99.3	97.7	98.1	99.5	97.3	97.2
100.0	96.0	96.8	99.8	96.4	97.5	99.9	96.8	97.1

附录1-2

城市	10月								
	新建商品住宅分类价格指数								
	$90m^2$及以下			90—$144m^2$			$144m^2$以上		
	环比	同比	累计	环比	同比	累计	环比	同比	累计
唐山	98.8	97.5	97.4	99.4	98.1	98.2	99.7	99.9	99.[illegible]
秦皇岛	99.5	97.3	95.5	100.1	97.0	95.6	99.9	97.4	96.[illegible]
包头	99.8	96.6	96.6	99.7	97.0	97.0	99.5	96.8	97.[illegible]
丹东	99.8	98.6	97.9	99.9	98.3	97.2	100.0	97.0	96.[illegible]
锦州	99.3	100.2	98.3	99.9	99.5	97.5	99.9	100.3	98.[illegible]
吉林	100.3	98.9	97.5	100.1	98.7	96.9	100.2	99.4	97.[illegible]
牡丹江	99.8	96.2	97.0	99.2	95.5	96.5	99.8	95.9	96.[illegible]
无锡	98.8	99.5	99.1	99.5	98.8	99.1	99.7	98.1	97.[illegible]
徐州	98.0	98.9	100.1	98.3	98.8	100.1	99.1	98.6	99.[illegible]
扬州	99.4	99.2	99.5	99.3	99.4	99.9	98.1	97.7	99.[illegible]
温州	99.9	97.3	95.3	99.6	96.7	95.0	100.0	98.2	95.[illegible]
金华	99.5	95.8	96.9	99.6	96.8	97.1	99.7	96.6	96.[illegible]
蚌埠	99.9	100.3	97.7	99.8	99.4	99.4	99.8	100.0	99.[illegible]
安庆	100.0	100.2	98.2	99.0	99.4	98.7	98.5	99.4	99.[illegible]
泉州	99.8	99.2	96.7	99.7	99.6	96.9	99.4	99.4	97.[illegible]
九江	99.3	99.1	99.7	98.8	98.7	99.4	99.3	99.2	99.[illegible]
赣州	99.2	97.4	98.9	99.3	96.5	98.2	99.2	96.8	97.[illegible]
烟台	99.7	99.8	99.7	99.7	100.2	100.1	99.5	101.4	98.[illegible]
济宁	99.8	97.2	96.3	99.0	97.8	97.0	99.4	97.5	97.[illegible]
洛阳	99.4	96.4	97.1	99.6	98.3	97.4	99.9	98.6	97.[illegible]
平顶山	99.2	97.4	98.5	99.9	98.1	98.2	100.0	98.6	97.[illegible]
宜昌	100.0	97.3	96.1	99.6	97.4	96.2	99.3	95.8	96.[illegible]
襄阳	99.5	99.3	97.9	99.5	98.7	98.3	98.8	98.6	97.[illegible]
岳阳	99.9	97.3	95.3	100.2	98.3	95.4	99.4	97.2	95.[illegible]
常德	99.5	98.3	97.3	99.9	98.4	96.8	99.5	99.5	97.[illegible]
韶关	100.0	97.2	98.8	98.8	98.3	98.8	98.5	97.4	98.[illegible]
湛江	99.7	101.4	98.2	98.7	100.8	98.2	99.5	100.4	98.[illegible]
惠州	99.3	96.7	97.0	98.2	95.2	97.1	99.0	95.2	97.[illegible]
桂林	99.7	96.9	96.7	99.7	97.2	97.2	99.4	97.7	97.[illegible]
北海	99.4	101.6	97.2	99.0	101.7	97.2	99.1	102.8	97.[illegible]
三亚	100.0	103.1	101.6	100.3	103.8	101.5	99.4	102.6	101.[illegible]
泸州	99.9	98.0	97.6	99.7	99.2	98.3	99.4	97.2	97.[illegible]
南充	99.7	99.7	100.3	100.0	99.8	100.0	99.5	100.6	100.[illegible]
遵义	99.8	100.8	101.0	99.4	100.7	100.7	99.3	99.9	100.[illegible]
大理	99.3	97.9	96.9	99.2	97.2	97.4	99.9	97.3	96.[illegible]

续表 19

二手住宅分类价格指数								
90m²及以下			90—144m²			144m²以上		
环比	同比	累计	环比	同比	累计	环比	同比	累计
99.5	94.8	93.8	99.4	95.2	95.0	99.3	93.3	93.6
99.9	96.7	96.1	99.9	97.2	95.9	99.4	96.8	96.7
99.2	95.7	96.5	99.5	96.7	96.4	99.5	94.9	95.2
99.2	94.0	94.0	99.3	93.8	93.6	100.0	96.5	95.4
99.5	94.9	94.4	99.4	96.2	95.5	99.1	95.9	95.0
99.2	92.8	91.3	99.4	93.2	92.5	99.6	94.3	92.7
99.1	93.7	92.0	98.9	93.4	91.8	98.8	94.6	93.3
99.9	96.9	98.9	100.0	97.5	99.0	99.7	97.2	98.8
98.6	95.5	98.1	99.0	95.8	98.3	98.9	97.0	98.4
99.4	96.8	97.3	98.4	94.8	98.1	99.8	97.3	97.9
99.4	96.2	96.3	99.7	95.9	96.4	99.7	95.7	96.0
99.4	95.5	95.4	99.5	95.9	95.5	99.7	96.0	95.6
99.5	97.9	97.3	99.3	98.6	98.3	99.4	98.0	97.3
99.5	96.8	95.9	99.3	95.8	94.9	99.1	96.7	95.4
98.3	93.5	94.0	99.3	93.6	93.5	99.4	95.3	94.6
99.5	97.5	97.2	99.1	96.5	97.0	99.5	97.7	97.3
99.9	100.3	99.4	99.9	99.5	99.4	99.7	100.0	99.3
98.5	96.1	98.7	99.0	95.8	98.2	99.7	97.5	97.5
98.7	94.4	94.4	99.3	96.2	94.6	99.6	96.3	95.5
99.9	95.6	93.9	99.7	96.3	94.8	99.8	95.9	94.7
99.9	97.0	96.5	99.0	96.6	96.5	99.3	97.1	96.5
99.3	95.8	94.3	99.5	93.7	93.2	99.7	95.4	94.9
98.9	95.3	95.7	98.9	96.1	95.7	99.2	95.4	94.8
99.0	97.0	96.1	99.2	96.2	95.6	99.6	96.6	96.2
100.2	98.4	96.5	99.8	97.8	96.2	99.9	99.1	96.5
99.1	96.7	96.2	99.6	96.5	96.5	99.3	96.6	97.5
99.7	97.8	96.4	99.2	96.9	96.3	99.9	98.3	96.2
99.3	97.1	97.1	99.0	97.2	98.0	99.7	96.7	97.3
99.4	95.9	96.3	99.4	95.8	96.4	99.1	97.9	97.4
99.0	95.7	94.4	99.4	96.9	94.7	99.4	97.4	94.2
99.7	100.2	100.0	100.3	101.3	99.7	100.4	100.1	99.4
99.3	96.7	98.2	99.9	97.7	97.8	99.8	97.6	98.0
99.7	98.9	100.8	99.2	98.9	100.7	99.5	97.9	100.5
99.2	95.6	96.3	99.4	96.3	96.5	99.5	96.7	96.3
99.8	97.0	96.8	99.8	96.3	96.5	99.9	97.9	97.4

附录1-2

城市	11月								
	新建商品住宅分类价格指数								
	$90m^2$及以下			90—$144m^2$			$144m^2$以上		
	环比	同比	累计	环比	同比	累计	环比	同比	累计
北京	99.9	101.5	103.4	99.7	101.0	103.0	100.1	102.6	104.1
天津	100.4	101.7	99.7	100.4	102.0	99.9	100.8	102.1	99.1
石家庄	99.4	99.4	99.3	99.6	100.2	98.8	100.0	100.0	99.4
太原	99.7	100.5	98.0	99.8	100.0	98.2	99.6	100.0	98.6
呼和浩特	99.7	98.2	98.4	99.5	99.1	98.9	99.8	98.7	98.3
沈阳	99.3	98.6	97.3	99.2	98.2	96.8	99.3	98.1	96.2
大连	99.2	95.5	95.6	99.2	96.8	95.8	98.8	95.1	95.1
长春	99.5	96.9	96.2	99.3	96.2	95.4	99.8	97.1	95.5
哈尔滨	99.2	97.6	96.7	99.8	99.4	96.8	99.4	97.9	96.1
上海	100.2	104.5	105.2	100.6	104.2	103.4	100.7	105.5	105.5
南京	99.2	96.8	99.8	98.9	97.7	99.7	99.2	99.5	101.1
杭州	100.2	101.8	104.3	100.3	102.8	104.5	100.8	103.2	104.4
宁波	98.9	100.1	102.6	99.6	101.1	102.7	99.8	103.6	103.5
合肥	99.6	99.6	102.1	99.7	101.0	103.0	100.1	101.1	102.4
福州	99.4	99.0	98.6	99.5	98.1	98.6	99.9	99.7	98.8
厦门	99.0	96.8	96.9	99.4	98.1	98.3	99.8	97.5	96.6
南昌	98.9	99.4	101.7	99.2	99.3	101.3	99.1	99.1	101.4
济南	99.3	102.4	103.2	99.9	101.8	102.6	99.8	102.7	103.4
青岛	99.5	101.1	101.4	99.4	100.4	101.6	99.9	102.1	102.2
郑州	99.8	98.6	99.4	99.7	97.8	98.6	99.3	99.5	99.2
武汉	99.4	100.9	98.8	99.6	101.2	98.8	99.6	102.4	99.0
长沙	99.1	101.7	103.3	99.8	102.9	103.3	99.9	103.5	104.2
广州	99.2	97.4	99.2	99.1	97.9	99.1	99.2	96.5	98.4
深圳	99.0	97.7	97.8	99.2	96.7	97.9	99.4	96.5	97.8
南宁	98.7	97.9	97.3	99.2	98.7	98.2	98.5	96.6	96.3
海口	99.9	104.3	102.8	99.6	101.9	101.6	99.7	103.7	102.8
重庆	99.2	100.7	100.4	100.0	102.5	101.1	99.6	102.8	100.9
成都	100.0	106.0	108.1	100.2	104.6	106.7	100.5	106.5	107.7
贵阳	99.9	98.5	98.4	99.2	99.2	98.6	99.9	98.9	97.7
昆明	100.6	98.7	98.7	100.5	99.2	98.6	100.4	99.3	98.7
西安	99.8	102.5	101.5	100.2	103.9	102.1	100.4	105.4	102.5
兰州	99.9	98.7	97.7	99.9	99.7	98.2	100.6	98.4	97.2
西宁	98.6	97.3	99.0	99.4	99.0	99.2	100.0	97.5	98.8
银川	100.2	101.8	102.3	99.8	101.5	101.7	100.1	101.3	101.6
乌鲁木齐	100.0	99.7	100.4	99.8	100.6	101.0	100.1	99.9	100.3

续表 20

二手住宅分类价格指数								
90m²及以下			90—144m²			144m²以上		
环比	同比	累计	环比	同比	累计	环比	同比	累计
97.9	98.0	101.6	99.2	98.9	101.8	99.2	99.5	102.8
99.9	97.7	95.9	99.6	98.4	96.1	99.8	97.8	95.5
99.3	98.1	97.6	100.1	98.3	97.6	99.2	98.8	97.0
99.3	96.6	97.0	99.8	97.9	97.2	99.9	97.2	96.3
99.5	95.0	95.2	99.2	94.7	95.6	98.4	93.8	95.1
99.3	94.4	93.8	99.2	94.7	95.2	99.1	93.4	93.6
99.5	95.4	95.2	99.3	95.0	95.8	99.2	94.9	96.0
99.6	94.0	93.6	99.1	93.6	94.2	98.9	93.4	93.8
99.0	94.9	93.9	99.9	95.8	94.6	99.9	95.1	93.5
98.3	96.1	99.8	98.4	96.8	100.2	99.3	98.4	100.7
98.0	94.4	98.0	99.3	94.6	97.6	98.4	95.0	97.9
100.0	98.9	98.1	100.1	99.2	98.5	99.9	98.3	98.4
99.3	95.5	97.9	99.8	96.6	97.9	99.1	96.7	98.3
98.6	96.1	99.2	99.4	97.1	99.0	99.9	97.1	97.6
99.0	96.0	97.5	99.3	95.8	97.2	98.8	95.7	97.3
99.3	94.1	96.5	98.0	92.9	95.5	99.2	93.8	95.8
99.2	95.2	96.9	99.4	96.6	97.4	99.4	95.3	97.0
98.6	96.3	97.4	99.7	97.5	97.6	99.8	98.0	98.3
98.5	95.2	96.2	98.5	95.0	96.4	99.6	95.7	96.5
98.9	93.9	94.2	99.2	94.3	95.6	99.5	96.1	95.3
98.7	96.3	95.3	98.7	95.4	96.3	98.6	95.2	95.5
99.4	99.3	100.6	99.3	99.2	100.6	99.8	100.0	101.4
99.5	96.2	98.0	98.3	95.0	97.4	99.5	95.8	97.4
98.4	97.3	98.1	98.7	97.4	98.2	98.2	98.8	99.5
99.1	94.1	94.7	98.7	94.1	94.5	98.6	93.6	94.6
99.4	95.8	96.6	98.8	95.4	96.8	99.3	95.7	96.9
99.1	94.9	96.3	99.5	95.9	96.9	99.5	95.6	96.9
99.6	102.5	106.3	99.4	101.8	106.5	99.2	102.0	106.2
98.9	96.6	97.1	99.6	97.7	97.5	99.1	97.1	98.5
99.2	97.6	99.9	99.0	96.5	99.6	98.8	97.2	99.7
99.4	98.6	99.2	99.3	99.2	99.6	100.0	101.2	99.5
99.1	94.2	95.2	99.3	95.3	96.1	98.8	96.1	96.7
99.6	99.0	98.5	99.1	98.4	98.5	99.0	98.6	99.7
99.6	97.1	97.2	99.5	97.9	98.1	99.6	97.0	97.2
99.9	95.9	96.8	99.7	96.2	97.3	99.4	96.2	97.0

附录1-2

城市	11月								
	新建商品住宅分类价格指数								
	90m²及以下			90—144m²			144m²以上		
	环比	同比	累计	环比	同比	累计	环比	同比	累计
唐山	99.8	98.2	97.5	99.3	98.1	98.2	99.5	100.0	99.4
秦皇岛	99.0	96.7	95.6	99.5	96.7	95.7	99.6	97.3	96.3
包头	100.2	97.6	96.7	99.8	97.0	97.0	99.8	97.0	97.4
丹东	99.1	97.8	97.9	99.8	98.3	97.3	99.9	96.9	96.8
锦州	99.7	99.9	98.4	99.6	99.3	97.7	99.5	99.9	98.7
吉林	100.3	99.8	97.7	100.4	99.5	97.1	100.0	99.9	98.1
牡丹江	99.8	96.4	97.0	99.5	96.2	96.5	99.9	96.7	96.1
无锡	98.6	98.2	99.0	99.3	98.5	99.0	99.7	98.2	98.0
徐州	99.8	98.8	100.0	99.1	98.4	100.0	100.0	99.4	99.9
扬州	99.1	99.1	99.4	99.0	98.5	99.8	99.5	97.6	99.4
温州	99.6	98.0	95.5	99.6	97.1	95.2	99.2	98.1	95.4
金华	99.4	95.8	96.8	99.5	96.7	97.0	99.4	96.3	96.4
蚌埠	99.3	100.6	97.9	99.8	99.8	99.4	99.6	100.0	99.3
安庆	100.0	100.2	98.4	99.2	98.7	98.7	99.3	98.8	99.1
泉州	100.2	99.3	96.9	100.0	98.9	97.1	100.0	99.5	97.2
九江	99.9	99.2	99.7	99.6	98.5	99.3	99.7	99.4	99.8
赣州	99.3	96.8	98.7	99.4	96.4	98.1	99.9	97.2	97.9
烟台	99.6	99.4	99.7	99.3	99.3	100.0	98.6	99.4	98.7
济宁	98.5	97.1	96.4	99.5	98.3	97.2	99.5	98.3	97.1
洛阳	98.9	95.5	97.0	99.5	98.2	97.5	99.9	98.8	97.5
平顶山	99.1	96.5	98.3	99.9	98.3	98.2	99.7	98.4	97.7
宜昌	100.0	97.9	96.3	100.1	97.7	96.3	100.0	96.0	96.0
襄阳	99.8	99.3	98.0	99.8	99.1	98.4	99.4	98.3	97.9
岳阳	99.8	97.7	95.5	99.2	98.0	95.6	99.7	96.9	95.8
常德	98.9	97.2	97.3	99.3	98.1	96.9	98.8	98.3	97.2
韶关	99.2	97.6	98.7	99.2	98.1	98.8	99.5	97.5	98.7
湛江	99.4	101.0	98.5	99.3	100.6	98.4	99.4	100.5	98.3
惠州	99.6	96.5	97.0	99.2	94.7	96.9	99.3	94.9	96.9
桂林	99.8	97.5	96.8	99.8	97.8	97.3	99.9	97.6	97.0
北海	99.4	101.1	97.5	99.8	102.2	97.6	99.1	101.9	97.5
三亚	100.1	102.9	101.7	99.7	103.4	101.6	100.4	102.3	101.6
泸州	98.5	96.4	97.5	99.8	98.6	98.3	99.2	95.7	97.5
南充	100.0	98.8	100.2	99.9	99.5	99.9	99.6	99.4	100.6
遵义	100.0	100.3	101.0	99.5	100.0	100.6	99.7	99.3	100.2
大理	100.0	97.9	97.0	100.2	97.2	97.4	100.1	97.3	96.5

续表 21

二手住宅分类价格指数								
90m²及以下			90—144m²			144m²以上		
环比	同比	累计	环比	同比	累计	环比	同比	累计
99.6	94.8	93.8	99.0	94.8	94.9	99.3	93.1	93.6
99.3	96.2	96.1	99.1	97.0	96.0	98.7	96.0	96.7
99.3	95.3	96.4	99.6	96.7	96.4	99.5	95.4	95.3
99.1	93.5	94.0	99.2	93.8	93.7	98.5	95.7	95.5
99.1	94.6	94.4	98.8	95.5	95.5	99.7	95.9	95.0
99.4	92.9	91.4	99.4	93.5	92.6	99.5	94.3	92.8
99.0	93.8	92.2	98.8	93.5	92.0	99.1	94.6	93.4
98.4	95.8	98.6	99.4	97.0	98.8	99.3	96.8	98.6
97.9	93.2	97.6	98.5	94.3	98.0	98.2	95.2	98.1
98.7	95.9	97.2	98.8	94.0	97.7	99.8	97.2	97.8
98.4	95.5	96.2	98.7	95.2	96.3	98.7	95.2	95.9
99.2	95.6	95.4	98.9	95.1	95.5	99.1	95.4	95.6
99.5	97.4	97.3	99.6	97.4	98.2	99.2	97.1	97.3
99.5	97.0	96.0	99.3	96.0	95.0	99.6	97.7	95.6
98.6	93.0	93.9	99.4	93.8	93.5	99.5	95.0	94.6
98.9	96.9	97.2	98.7	95.6	96.9	98.6	97.1	97.3
99.1	99.4	99.4	99.7	99.5	99.4	99.3	99.3	99.3
98.6	95.3	98.4	98.4	94.5	97.9	99.6	97.5	97.5
98.5	93.9	94.4	98.9	96.2	94.8	99.3	96.7	95.6
98.7	95.2	94.0	99.4	96.5	94.9	99.9	95.8	94.8
99.9	97.0	96.5	99.7	96.9	96.5	99.4	97.1	96.5
99.8	95.7	94.4	99.8	93.8	93.3	99.5	95.0	94.9
99.4	95.1	95.6	98.7	95.2	95.6	98.7	95.1	94.8
99.7	97.4	96.2	99.6	96.3	95.7	99.8	96.6	96.3
99.1	98.1	96.6	99.2	97.5	96.3	98.3	98.1	96.7
99.1	96.3	96.2	99.4	96.7	96.5	99.3	96.0	97.4
99.2	98.0	96.5	99.2	96.8	96.4	99.0	98.5	96.4
99.7	97.0	97.1	99.8	97.1	98.0	100.2	97.3	97.3
99.5	95.7	96.3	99.8	96.5	96.4	99.5	97.9	97.5
99.1	95.2	94.5	99.8	97.5	94.9	99.7	97.5	94.5
99.3	99.8	100.0	99.6	101.4	99.8	99.2	99.4	99.4
99.2	96.9	98.0	100.0	98.6	97.9	99.7	98.0	98.0
99.4	98.4	100.6	99.4	99.1	100.6	99.7	98.4	100.3
99.8	95.3	96.2	99.9	96.5	96.5	99.0	95.9	96.3
99.0	96.9	96.8	99.1	96.0	96.4	98.9	97.7	97.4

附录1-2

城市	12月								
	新建商品住宅分类价格指数								
	90m²及以下			90—144m²			144m²以上		
	环比	同比	累计	环比	同比	累计	环比	同比	累计
北京	100.0	101.4	103.3	99.8	100.7	102.8	100.1	102.4	104.0
天津	99.8	102.2	99.9	99.6	102.3	100.1	99.2	102.1	99.3
石家庄	100.4	100.3	99.3	100.3	101.2	99.0	100.4	100.7	99.5
太原	100.2	101.1	98.3	100.4	101.4	98.5	100.6	100.8	98.8
呼和浩特	99.6	98.7	98.5	99.9	100.4	99.0	99.3	99.6	98.4
沈阳	99.9	99.2	97.5	99.8	98.5	96.9	99.7	98.9	96.4
大连	99.3	95.4	95.6	99.3	96.6	95.9	99.5	94.8	95.1
长春	100.0	98.0	96.3	100.1	97.4	95.6	100.4	98.6	95.8
哈尔滨	99.4	97.2	96.8	99.2	99.0	97.0	99.2	97.6	96.2
上海	100.1	104.0	105.1	100.1	104.0	103.5	100.4	105.2	105.5
南京	99.2	96.2	99.5	98.3	96.0	99.4	99.8	99.5	101.0
杭州	99.8	101.4	104.1	99.9	102.4	104.3	99.7	102.5	104.2
宁波	99.9	100.0	102.4	99.7	100.6	102.6	99.7	103.1	103.5
合肥	99.5	99.0	101.8	99.6	100.7	102.8	100.2	101.4	102.3
福州	99.1	98.8	98.6	99.4	97.7	98.5	99.5	99.3	98.9
厦门	98.4	95.4	96.7	99.4	97.5	98.3	98.3	96.2	96.6
南昌	99.5	99.6	101.5	99.2	98.8	101.1	99.6	99.0	101.2
济南	98.6	101.3	103.0	99.8	101.7	102.5	99.8	102.3	103.3
青岛	99.3	100.1	101.3	99.4	99.5	101.4	98.8	100.5	102.1
郑州	99.4	98.5	99.3	99.6	98.1	98.6	99.5	99.3	99.2
武汉	99.3	100.0	98.9	99.0	100.3	99.0	98.1	100.3	99.1
长沙	99.6	101.1	103.1	99.9	102.3	103.2	100.2	103.2	104.1
广州	99.2	97.0	99.0	99.0	97.2	98.9	99.1	96.3	98.2
深圳	99.2	97.2	97.7	99.1	96.3	97.8	99.1	95.7	97.7
南宁	100.4	98.7	97.4	100.2	99.0	98.3	100.7	97.4	96.4
海口	99.2	103.3	102.9	99.5	101.6	101.6	99.2	103.2	102.8
重庆	99.2	100.1	100.4	99.3	102.2	101.2	99.9	103.5	101.1
成都	100.3	105.4	107.8	99.7	104.1	106.5	100.6	106.2	107.6
贵阳	99.2	98.6	98.4	100.1	99.5	98.6	99.7	98.7	97.7
昆明	99.0	98.3	98.7	99.6	99.5	98.7	99.5	99.6	98.8
西安	100.5	103.0	101.6	100.5	104.3	102.3	100.4	105.6	102.8
兰州	98.9	97.7	97.7	99.4	99.7	98.3	99.8	99.1	97.4
西宁	98.4	95.8	98.7	99.2	98.7	99.1	98.5	96.0	98.6
银川	99.2	100.8	102.1	99.1	100.5	101.6	99.2	100.5	101.5
乌鲁木齐	99.4	100.1	100.4	99.5	100.3	100.9	99.3	99.7	100.2

续表 22

二手住宅分类价格指数								
90m²及以下			90—144m²			144m²以上		
环比	同比	累计	环比	同比	累计	环比	同比	累计
98.4	96.8	101.2	99.4	99.1	101.6	98.6	98.2	102.4
99.9	98.2	96.1	99.2	98.3	96.3	98.9	97.6	95.7
99.5	97.8	97.6	100.1	98.3	97.7	99.7	99.1	97.2
99.1	96.2	97.0	99.2	98.0	97.2	99.4	97.3	96.4
99.6	95.4	95.2	98.9	95.1	95.6	99.6	94.8	95.1
99.6	94.5	93.8	99.8	95.7	95.2	99.9	94.1	93.6
99.8	95.2	95.2	98.9	94.5	95.7	99.6	94.8	95.9
99.5	94.5	93.7	99.9	94.3	94.2	99.4	93.2	93.7
99.4	94.9	94.0	99.3	95.7	94.7	99.5	95.4	93.7
99.0	95.5	99.4	99.7	97.0	100.0	99.9	98.9	100.6
99.1	93.9	97.6	98.6	93.7	97.2	99.1	94.9	97.6
98.4	97.5	98.1	99.0	98.4	98.5	99.8	98.0	98.4
99.3	94.9	97.6	99.0	95.5	97.7	99.3	95.9	98.1
98.7	95.3	98.8	99.1	96.4	98.8	99.7	97.1	97.5
98.7	94.8	97.3	98.6	94.8	97.0	98.9	95.4	97.2
99.0	93.9	96.3	98.8	92.3	95.3	98.5	92.6	95.5
98.7	94.5	96.7	98.8	95.8	97.3	98.6	94.1	96.8
99.0	95.5	97.3	99.8	97.8	97.6	99.9	97.6	98.2
99.4	94.9	96.1	99.9	95.6	96.3	98.7	95.1	96.4
98.6	93.2	94.1	98.8	93.9	95.4	99.2	95.7	95.3
98.3	95.1	95.3	98.6	94.3	96.2	98.1	94.1	95.4
99.7	98.8	100.5	99.4	98.5	100.4	99.1	98.8	101.2
98.5	94.9	97.8	98.7	94.6	97.2	98.0	94.9	97.2
99.3	96.8	98.0	98.4	96.7	98.1	98.4	97.9	99.3
99.2	93.9	94.6	99.8	94.6	94.5	99.8	94.1	94.6
99.1	95.0	96.5	98.5	94.6	96.6	99.1	95.1	96.8
98.7	94.2	96.1	98.5	94.8	96.8	99.0	94.8	96.8
98.7	101.0	105.8	98.4	100.0	106.0	98.4	100.2	105.7
99.1	95.5	96.9	98.9	96.5	97.5	99.0	96.1	98.3
99.1	96.7	99.6	99.1	95.2	99.2	99.6	96.4	99.5
99.7	98.6	99.2	99.3	98.9	99.5	99.6	100.8	99.6
99.3	94.1	95.1	99.4	95.2	96.0	99.5	96.1	96.6
98.8	98.2	98.5	99.6	98.1	98.4	98.7	97.4	99.5
99.6	96.7	97.2	99.8	97.9	98.0	99.9	97.0	97.2
99.9	96.5	96.7	99.7	96.3	97.3	99.4	96.6	96.9

附录1-2

城市	12月								
	新建商品住宅分类价格指数								
	$90m^2$及以下			90—$144m^2$			$144m^2$以上		
	环比	同比	累计	环比	同比	累计	环比	同比	累计
唐山	98.4	97.6	97.5	99.6	98.3	98.2	98.3	98.8	99.4
秦皇岛	100.0	97.6	95.8	99.7	97.0	95.8	99.4	96.9	96.4
包头	99.7	97.3	96.8	99.7	97.3	97.0	99.5	96.6	97.3
丹东	99.2	97.0	97.8	99.8	98.4	97.4	100.0	96.9	96.8
锦州	99.8	99.8	98.5	99.1	99.0	97.8	98.6	98.6	98.7
吉林	99.3	99.5	97.8	99.2	99.2	97.3	99.7	99.8	98.2
牡丹江	99.9	96.5	96.9	99.6	96.3	96.5	100.0	97.6	96.2
无锡	100.0	97.4	98.9	99.5	97.6	98.9	99.4	97.5	97.9
徐州	99.1	98.5	99.9	98.9	97.5	99.8	99.5	99.8	99.9
扬州	99.7	98.3	99.3	99.5	97.4	99.6	99.2	96.3	99.2
温州	99.7	98.0	95.7	99.4	96.8	95.3	98.8	97.2	95.5
金华	99.0	95.2	96.7	99.6	96.7	97.0	99.4	95.7	96.3
蚌埠	99.3	100.3	98.1	99.4	99.4	99.4	99.9	100.0	99.3
安庆	99.0	99.2	98.5	99.3	98.3	98.7	99.0	97.8	99.0
泉州	99.9	98.8	97.1	99.8	98.1	97.2	99.7	98.3	97.3
九江	99.5	98.5	99.6	99.5	98.0	99.2	99.9	98.8	99.7
赣州	100.0	97.4	98.6	100.0	96.7	97.9	99.5	96.8	97.8
烟台	99.8	99.0	99.6	99.2	98.7	99.9	99.8	99.9	98.8
济宁	99.7	97.6	96.5	99.2	97.8	97.2	99.1	97.7	97.2
洛阳	99.9	95.9	96.9	99.7	98.4	97.6	99.4	98.6	97.6
平顶山	99.9	96.6	98.2	99.6	97.7	98.2	99.5	97.7	97.7
宜昌	100.0	98.3	96.4	99.9	97.7	96.4	99.7	95.8	96.0
襄阳	99.8	99.6	98.1	99.3	98.5	98.4	99.7	98.3	97.9
岳阳	99.6	98.0	95.7	99.3	97.8	95.8	99.7	97.6	96.0
常德	99.6	97.0	97.3	99.3	97.8	97.0	99.9	98.3	97.3
韶关	100.0	98.2	98.6	99.3	98.0	98.7	99.8	97.5	98.6
湛江	99.4	101.2	98.7	98.8	100.0	98.5	99.5	100.1	98.4
惠州	99.6	96.6	97.0	99.6	94.9	96.7	99.9	95.4	96.8
桂林	99.7	97.8	96.9	99.6	97.9	97.3	99.9	98.1	97.1
北海	99.5	101.0	97.8	99.3	101.9	98.0	99.3	101.7	97.8
三亚	99.2	102.2	101.7	100.0	103.7	101.8	99.3	102.1	101.6
泸州	99.3	96.4	97.4	99.4	98.4	98.3	99.8	95.8	97.3
南充	99.7	98.7	100.1	99.8	99.2	99.9	100.0	98.7	100.4
遵义	99.8	100.1	100.9	99.5	100.0	100.5	99.9	100.2	100.2
大理	100.2	98.5	97.1	100.0	97.5	97.4	99.7	97.2	96.5

续表 23

二手住宅分类价格指数								
90m²及以下			90—144m²			144m²以上		
环比	同比	累计	环比	同比	累计	环比	同比	累计
98.3	93.7	93.8	99.7	94.8	94.9	99.8	93.3	93.5
99.2	95.4	96.0	99.2	96.8	96.1	99.5	96.1	96.6
99.4	95.7	96.3	99.3	96.2	96.4	99.6	95.5	95.3
99.9	94.6	94.0	99.4	94.0	93.7	99.2	95.6	95.5
99.4	94.3	94.4	99.7	95.4	95.5	99.8	96.3	95.1
99.4	93.1	91.6	99.4	93.6	92.7	99.5	94.3	93.0
99.0	94.0	92.3	99.6	93.9	92.1	99.3	94.0	93.5
99.0	95.1	98.3	99.1	97.0	98.7	97.9	95.1	98.4
98.9	92.0	97.2	98.1	92.2	97.5	99.2	94.4	97.8
98.8	95.3	97.0	98.8	93.0	97.3	97.5	94.9	97.6
99.1	94.7	96.1	98.9	94.4	96.1	98.5	93.9	95.8
99.5	95.2	95.4	99.5	95.0	95.4	99.7	95.4	95.6
99.1	96.6	97.2	99.3	97.1	98.1	99.5	96.7	97.3
99.1	96.7	96.1	99.1	95.4	95.1	99.3	97.4	95.8
99.5	93.2	93.9	99.5	93.7	93.5	99.6	94.9	94.6
99.5	96.5	97.2	98.9	95.0	96.8	99.3	96.6	97.3
99.7	99.1	99.3	99.8	99.4	99.4	99.7	99.3	99.3
99.7	95.2	98.1	99.2	93.6	97.6	99.7	97.3	97.4
99.2	93.4	94.3	99.3	96.4	94.9	99.4	96.8	95.7
99.2	95.1	94.1	98.7	95.8	95.0	98.7	95.3	94.9
99.4	96.8	96.6	99.3	96.5	96.5	99.4	96.6	96.5
99.8	95.9	94.6	99.5	94.0	93.3	99.7	95.2	94.9
99.2	94.5	95.5	98.2	93.6	95.5	99.2	94.4	94.8
99.6	97.4	96.3	99.8	96.6	95.8	99.4	96.6	96.3
98.6	97.3	96.7	98.7	97.2	96.4	98.6	96.9	96.7
99.9	96.5	96.3	99.4	96.5	96.5	99.0	95.4	97.2
99.1	97.2	96.6	99.5	96.9	96.4	98.8	97.6	96.5
99.4	96.8	97.1	99.5	96.7	97.9	99.0	96.9	97.2
99.1	95.3	96.2	98.7	95.9	96.4	99.0	97.0	97.4
99.3	95.9	94.6	98.6	96.9	95.1	99.1	98.0	94.8
99.4	99.1	99.9	98.6	100.2	99.8	99.4	99.2	99.4
99.8	96.5	97.9	99.5	97.9	97.9	99.7	97.8	97.9
98.9	97.7	100.4	99.8	99.3	100.5	99.7	98.5	100.2
99.9	96.6	96.2	99.9	97.2	96.5	99.6	96.1	96.3
99.4	96.9	96.8	99.3	96.1	96.4	99.9	97.6	97.4

附录二

主要经济指标解释

附录 2-1 城乡居民生活主要统计指标解释

城乡住户调查一体化改革

城乡住户调查一体化改革是经国务院批准，由国家统计局组织实施的一项重大统计调查制度改革，把城镇住户调查和农村住户调查合为一个调查制度。通过“五个统一”（统一调查指标；统一抽样方法；统一调查过程；统一数据处理；统一数据发布），建立城乡可比的、以可支配收入指标为核心的居民收支指标体系，设置全体居民和分城镇居民、农村居民可支配收入指标。

可支配收入

指调查户在调查期内获得的、可用于最终消费支出和储蓄的总和，即调查户可以用来自由支配的收入。可支配收入既包括现金，也包括实物收入。按照收入的来源，可支配收入包含四项，分别为：工资性收入、经营净收入、财产净收入和转移净收入。计算公式为：

可支配收入 = 工资性收入 + 经营净收入 + 财产净收入 + 转移净收入

其中：经营净收入 = 经营收入 - 经营费用 - 生产性固定资产折旧 - 生产税

财产净收入 = 财产性收入 - 财产性支出

转移净收入 = 转移性收入 - 转移性支出

消费支出

指住户用于满足家庭日常生活消费需要的全部支出，包括用于消费品的支出和用于服务性消费的支出。根据用途不同，消费支出可划分为食品烟酒、衣着、居住、生活用品及服务、交通通信、教育文化娱乐、医疗保健、其他用品及服务八大类。

恩格尔系数

指食物支出金额在消费性总支出金额中所占的比例。计算公式为：

恩格尔系数=（食品支出金额/消费性总支出金额）×100%

附录 2-2 价格调查主要统计指标解释

居民消费价格指数（CPI）

居民消费价格指数（Consumer Price Index，简称 CPI）是度量一定时期内居民消费商品和服务价格水平变动的相对数，综合反映居民消费商品及服务价格水平的变动趋势和变动程度。

主要内容包括八大类商品及服务项目：食品烟酒、衣着、居住、生活用品及服务、交通和通信、教育文化与娱乐、医疗保健、其他用品和服务。

工业生产者出厂价格指数（PPI）

工业生产者出厂价格指数是生产者价格指数（Producer Price Index，简称 PPI）的重要组成部分。PPI 理论上应涵盖所有产业的生产者价格指数，主要包括：农业生产价格指数、工业生产者价格指数等。在我国，通常把工业生产者出厂价格指数简单称为 PPI。工业生产者出厂价格指数是指某个时期内工业企业产品第一次出售时价格变动的相对数，它反映全部工业产品价格变化趋势和变动幅度。

住宅销售价格指数（HPI）

住宅销售价格指数（Housing Price Index，简称 HPI）是反映房地产价格水平总体变化趋势和变化幅度的相对数，是房地产价格变动趋势定量分析指标。

环比，即以前一期水平为 100 的指数

环比发展速度是报告期水平与前一时期水平之比，表明现象逐期的发展速度。

同比，即以上年同月价格为 100 的指数

同比发展速度指本期发展水平与上年同期发展水平对比，而达到的相对发展速度。

累计同比，即以上年同期价格为 100 的指数

也称累计同比指数。它是当年各季度或 1 月至报告月平均价格水平与上年同期对比计算出的指数，反映若干个月价格变化的平均水平。当报告月是 12 月时，即为全年累计平均数，也就是年度价格指数。

定基比，即以某一固定时期水平为 100 的指数

定基比发展速度也叫总速度。是报告期水平与某一固定时期水平之比，表明这种现象在较长时期内总的发展速度。